Lac Léman
THONON-LES-BAINS
GEX
Pays de Gex
Genève-Cointrin
GENÈVE
Chablais
HAUTE-SAVOIE
Bresse
A 39
A 40
BOURG-EN-BRESSE
Saône
Ain
A 404
NANTUA
A 40
ST-JULIEN-EN-GENEVOIS
BONNEVILLE
TGV SUD-EST
A 40
AIN
Dombes
Bugey
Albanais
ANNECY
Lac d'Annecy
Arve
Pays du Mont-Blanc
A 42
Lac du Bourget
A 41
BELLEY
Lyon-Bron
Lyon - Saint Exupéry
Rhône
Avant-pays savoyard
ALBERTVILLE
Bauges
Beaufortain
Chambéry-Aix-les-Bains
LA TOUR-DU-PIN
Combe de Savoie
Isère
A 43
CHAMBÉRY
A 43
Tarentaise
VIENNE
Plaines et collines du Nord-Isère
Chartreuse
SAVOIE
Vanoise
A 48
Belledonne
Grenoble-St-Geoirs
ISÈRE
TGV SUD-EST
ST-JEAN-DE-MAURIENNE
Sud Grésivaudan
Arc
A 7
Maurienne
A 41
Drôme des collines
GRENOBLE
Isère
A 49
Vercors
Oisans
RNON-RHÔNE
LENCE
Valence-Chabeuil
Drac
DIE
Vallée de la Drôme
GAP
DRÔME
A 7
Rhône
Montélimar
Drôme
TGV SUD-EST
Drôme provençale
Durance
Enclave du Vaucluse
NYONS
Aigues
A 7
DIGNE-LES-BAINS

Voyage Gourmand en Rhône-Alpes

BP 177, 38008 Grenoble cedex

Dépôt légal : septembre 2006
ISBN : 2 7234 5570 X
Achevé d'imprimer, sur les presses de l'imprimerie Pollina
en France en septembre 2006 - n° L40757

Voyage Gourmand en Rhône-Alpes

Textes : **Françoise Petit, Jacques Paté.**
Photographies : **Thierry Vallier.**

Glénat

Remerciements

AIN
M. Sibelle ; Le caveau bugiste, Jean Chaudet ; fromagerie de l'Abbaye, André Mathieu ; maison Renardat-Flachat ; Coopépoisson
ainsi qu'aux chefs cuisiniers
Georges Blanc – Vonnas
Philippe Jousse, restaurant Chapel – Mionnay

ARDÈCHE
M. Grange ; Jean-Claude Balmelle ; André Clape ; Joseph Duclaux ; Stéphane Chaboud ; Alain Galetty ; Bernard Devidal ; maison Teyssier ; Clément-Faugier ; maison Imbert, maison Sabaton
ainsi qu'aux chefs cuisiniers
Christiane Brioude – Vals-les-Bains
Ludovic Sinz - Saint-Agrève

DRÔME
Michel Chapoutier ; Vineum–Paul Jaboulet Ainé ; Alain Graillot ; Jean-Louis Chave ; Jean-Luc Monteiller ; coopérative de Jaillance, Lionel Lerch ; Bernard Pélissier ; coopérative oléicole du Nyonsais, Christian Teulade ; le moulin de Chameil, René Bayle ; Gilles et Pierre Ayme ; Nougats Arnaud Soubeyran, Didier Honoré ; boulangerie Nivon, Denis Maurin ; Saint Jean SAS, Gérard Bel ; chocolats Valrhona
ainsi qu'aux chefs cuisiniers
Anne-Sophie Pic – Valence
Michel Chabran – Pont-de-l'Isère

ISÈRE
Roger Dye ; Jean-Paul Matraire ; Denis Faure ; Pierre Jacquet ; Bruno Neyroud ; caves de la Chartreuse ; chocolats Bonnat, Stéphane Bonnat ; Philippe Moinier ; Cherry Rocher, Jean-Michel Sherrer ; sirops Bigallet ; chocolats Valrhona ; Yves Cuilleron, François Villard, Pierre Gaillard et Pierre-Jean Villa
ainsi qu'aux chefs cuisiniers
Christophe Aribert – Uriage
Patrick Henriroux – Vienne

LOIRE
François Pralus ; Hubert Chevallier ; Stéphane Sérol ; Hubert Tarit ; Daniel Mondon ; Alain Paret ; Hervé Mons ; chocolats Weiss ; source Parot ; confitures Doron ; GAEC de la Cabriole
ainsi qu'aux chefs cuisiniers
Michel Troisgros – Roanne
Gilles Etéocle – Montrond-les-Bains

RHÔNE
Colette Sibilia ; Georges Reynon ; Renée Richard ; chocolats Bernachon ; Jean-Michel Jomard ; Marcel Lapierre ; Jean-Paul Brun ; Marcel et Philippe Guigal ; Christine Vernay ; Huilerie beaujolaise, Jean-Marc Montegottero ; Jean-Paul Fargeton
ainsi qu'aux chefs cuisiniers
Nicolas Le Bec – Lyon
Christian Têtedoie – Lyon

SAVOIE ET HAUTE-SAVOIE
Maison André Vacher, Charles-Henri Gayet ; domaine Jacquin ; domaine du Château de Ripaille, Mme Necker ; cave coopérative de Ruffieux ; Michel Truffe ; Gateaux Labully ; coopérative du Beaufortain, Gérard Oeuvrard ; Nicolas Veyrat ; Marc Agnelet ; fruitière de Gruffy ; maison Raffin
ainsi qu'aux chefs cuisiniers
Pierre Marin – Le Bourget-du-Lac
Jean-Michel Bouvier – Chambéry
Pierre Carrier – Chamonix
Marc Veyrat – Megève

À tous, un très grand merci
pour leur aide et la chaleur de leur accueil.

Voyage Gourmand en Rhône-Alpes

Des reflets irisés des lacs alpins aux vergers d'abondance qui bordent le fleuve Rhône lancé dans sa course sans fin vers la Méditerranée ; des alpages généreux aux vignes plantureuses accrochées aux coteaux ensoleillés, de la Bresse gourmande aux arômes de la Drôme provençale, notre Région se pare de mille paysages comme autant de reflets des talents et des savoir-faire à découvrir.

Ici s'animent des espaces ouverts et lumineux, diffusant les senteurs de terroirs fertiles, façonnés par ceux qui donnent à la terre ses meilleurs fruits et cultivent un vrai art de vivre en Rhône-Alpes. Là s'expriment les saveurs généreuses d'un fin fromage, l'or ou le rubis d'un vin de caractère, la fraîcheur d'un légume croquant, le sel d'une charcuterie goûteuse ou d'une tendre volaille. Là encore scintille le velours d'une olive, tandis que s'exhale le parfum d'un fruit rouge et que l'espièglerie d'un abricot doré nous surprend au détour du palais.

Terre d'abondance, Rhône-Alpes est la Région de toutes les envies. Rabelais y donna naissance à Gargantua. Brillat-Savarin y vit le jour. Paul Bocuse est à la tête d'une cohorte de grands chefs qui célèbrent les produits de la terre et, à force d'imagination et de travail, leur donnent une dimension qui est la source d'une culture authentique. Nourrie de multiples influences, pétrie des souvenirs amassés par d'infatigables voyageurs, Rhône-Alpes s'ouvre à toutes les inspirations, se penchant avec le même goût vers ses voisines méridionales et italiennes.

Ce livre est le fruit d'une passion partagée pour notre belle Région. Partis à la rencontre des femmes et des hommes de nos terroirs, captant les regards, échangeant les émotions, ses auteurs les journalistes Françoise Petit et Jacques Paté, le photographe Thierry Vallier et l'éditeur Glénat ont su capter l'essence du savoir-vivre en Rhône-Alpes. Au gré des rencontres, au fil des pages, ils nous donnent le goût de ce « Voyage gourmand en Rhône-Alpes », que j'ai le bonheur de vous inviter à partager.

Jean-Jack QUEYRANNE
Président de la Région Rhône-Alpes
Député du Rhône – Ancien Ministre

L'Ain

L'Ardèche

La Loire

Le Rhône

La Drôme

L'Isère

La Savoie

La Haute-Savoie

L'Ain

Terre de goûts

L'Ain puise son caractère aux racines gourmandes de sa géographie. Bocages de la Bresse, étangs de la Dombes, vignobles du Bugey, pays de Gex assemblent leurs personnalités pour composer « Ain » véritable art de vivre ! La volaille de Bresse détient l'AOC la plus internationale et prestigieuse qui soit. À 10 000 poulaillers à la ronde, on ne trouvera produit équivalent. D'autres spécialités locales s'expriment au cœur d'un département où poissons, viandes, fromages, vins, fruits donnent aux passionnés de cuisine les moyens de s'exprimer. Le berceau du gastronome Brillat-Savarin se plaît à faire de chaque palais un conte de mille et une recettes.

Repères

Superficie : 5 762 km^2.
Chef-lieu :
Bourg-en-Bresse.
43 cantons,
419 communes.
Population :
525 464 habitants.
4 réserves naturelles,
3 000 km de cours d'eau.

La ronde des AOC

Volailles

La volaille de Bresse est le produit emblématique de l'Ain, du Jura et de Saône-et-Loire. En France et à l'échelle internationale, c'est l'unique AOC du genre. Retenue pour concourir au Bocuse d'Or 2007 (année anniversaire de la création de l'appellation), la volaille bressane occupe le terrain ! Trois régions, Rhône-Alpes, Bourgogne et Franche-Comté, offrent aux aviculteurs l'espace rêvé pour élever poulets, dindes, poulardes et chapons. Cette délimitation AOC (3 536 km^2) remonte à une loi promulguée le 1er août 1957. Les éleveurs bressans de l'époque s'étaient livrés à de véritables combats de coqs pour faire triompher leurs procédés d'élevage basés sur un savoir-faire ancestral.

Fromages

Pâte persillée, le bleu de Gex, appelé selon les cas septmoncel ou bleu du haut Jura, est très caractéristique avec sa texture onctueuse et son zeste d'amertume. Une forte personnalité qui lui a valu une appellation.
Le comté, morceau d'alpage, puisant sa force aromatique dans le massif du Jura, fait partie de la famille des AOC depuis 1952. Il fut l'un des premiers fromages français à obtenir ce label. Associé à la Franche-Comté, il grignote la région Rhône-Alpes pour exprimer toute sa saveur dans l'Ain.
Quant au morbier, autre fromage jurassien, l'Ain lui fournit le lait AOC nécessaire à sa fabrication.

Vins

Le vignoble du Bugey, ancré sur de petits reliefs calcaires entre Savoie et Jura, joue la haute diversité. Tous les vins du département de l'Ain sont concentrés sur cette zone et classés AOVDQS (Appellation d'origine vins délimités de qualité supérieure). Le seul vin AOC est le seyssel qui chevauche généreusement la Savoie. Le travail des vignerons bugistes sur cette mosaïque de cépages augure du classement en AOC de ces vins trop méconnus.

La Bresse

Cocorico !
La célébrissime volaille de Bresse le crie sur tous les toits, elle est ici chez elle, libre. La Bresse, terre nourricière, creuset de tout ce qui est bon, hisse son économie agricole au rang de patrimoine gastronomique. Trois départements se partagent avec gourmandise le territoire bressan : Saône-et-Loire, Jura et Ain, dont la capitale, Bourg-en-Bresse, s'est fièrement accaparé le nom. La Bresse a su conserver son attrait rural, découpée par des bois et des ruisseaux qui cheminent à fleur de sol. Les rivières poissonneuses, telle la Veyle, apportent l'eau aux moulins désaltérant les champs de maïs et de colza. Ici, de longues fermes basses en pisé et des parfums de cheminées sarrasines invitent à la convivialité. La forêt de Seillon, créée par les chartreux, est un poumon vert de 600 ha aux portes de la ville.

Volaille de Bresse : la diva du poulailler

La Bresse est un royaume tout en plumes de 3 536 km^2. La plus grande basse-cour de la planète compte pas moins d'un million deux cent mille sujets ! Élevé au rang de 4e merveille gastronomique après le foie gras, le homard et la truffe, ce produit bressan fut adoubé par le célèbre gastronome Brillat-Savarin. La « reine des volailles et la volaille des rois » est la seule au monde à bénéficier d'une AOC au même titre que les grands vins et fromages ! Ce prestigieux signe de qualité requiert des critères draconiens : pureté de la race, délimitation de la zone géographique, élevage en plein air. Cette poule aux œufs d'or assure l'envol de tout un pan de l'économie locale. La zone d'appellation strictement de Bresse s'étend sur 274 communes et 3 départements : Ain, Saône-et-Loire et Jura. On retrouve sa trace dès 1591 dans les registres de Bourg-en-Bresse. Il aura fallu attendre quatre siècles pour qu'un comité interprofessionnel prenne la volaille de Bresse sous son aile protectrice. Très vite, ce produit va faire l'unanimité, recevant même une consécration de la part du président de la République René Coty, qui signa la loi du 1er août 1957 conférant à la volaille de Bresse l'AOC méritée. La dinde fermière de Bresse eut droit également aux égards du législateur. À la veille de Noël 1976, les éleveurs se réjouissaient de ce cadeau arrivé à point nommé pour les réveillons !

Les différentes volailles de Bresse

Le poulet de Bresse : 4 mois de vie minimum ; engraissement final en épinettes de 8 à 15 jours ; poids minimum : 1,2 kg ; commercialisé toute l'année.

La poularde de Bresse : abattue avant sa maturité sexuelle, elle ne doit pas avoir pondu. 5 mois de vie minimum ; engraissement final en épinettes pendant 4 semaines ; poids minimum : 1,8 kg ; commercialisée toute l'année.

Le chapon de Bresse : castré avant l'âge de 4 mois ; 8 mois de vie minimum ; engraissement final en épinettes pendant 4 semaines ; poids minimum : 3 kg ; commercialisation du 1er au 31 décembre.

La dinde de Bresse : 7 mois de vie minimum ; poids minimum : 3 kg ; commercialisation de novembre à décembre.

Pourquoi la volaille boit-elle du lait ?

« Dis-moi ce que tu manges, je te dirai qui tu es. » La devise s'applique aussi aux animaux. Si la volaille de Bresse est aussi goûteuse (et coûteuse), c'est qu'on l'élève comme un coq en pâte… Elle trotte, gratte, picore, en un mot elle jubile dans de grands espaces herbeux, chacune disposant de 10 m2 pour s'ébattre et reste la seule volaille au monde à être nourrie au lait toute sa vie. Les produits laitiers, qui représentent 5 % de sa ration alimentaire, lui octroient sa robustesse. Le sol bressan étant dépourvu de calcaire, la volaille souffre d'un déficit de calcium ; elle compense cette carence en consommant du lait de vache qui apporte, selon les goûteurs, une douceur à la chair. Sa nourriture est aussi constituée de céréales, produites dans la région, souvent par les éleveurs eux-mêmes. Les bêtes à concours (peau blanche et nacrée oblige) se régalent d'une alimentation à l'ancienne avec du maïs blanc. Si le plancher des vaches permet de faire évoluer les poulets comme de vrais sportifs, il leur fournit aussi des compléments alimentaires naturels : herbes, vers, mollusques, insectes. Ce festin de Bresse prépare l'engraissement des bêtes qui regagnent ensuite les épinettes, sorte de cages en bois. Les poulets y resteront de 8 à 15 jours, les chapons et poulardes pendant un mois. Dans une ambiance sereine, tout ce petit monde mange sans se dépenser et s'arrondit.

CHAPON
DE BRESSE
ELATION D'ORIGINE LEGALEMENT CONTROLEE
FISKARS

La plume virginale, la cuisse ronde et fuselée, la patte outremer, la peau plus fine qu'un cuir de Cordoue, la crête épiscopale… Bref, la volaille de Bresse est la diva absolue du poulailler.

Comment repérer une volaille de Bresse ?

La volaille de Bresse a les couleurs du drapeau français dans la peau. Bleue, la couleur des pattes fines et entièrement lisses. Blanc, le plumage, camail compris (longues plumes recouvrant le cou et la poitrine). Rouge, la crête, simple à grandes dentelures. Pour bénéficier de l'appellation, les volailles doivent appartenir au genre *Gallus* et à la race gauloise ou bresse, variété blanche. La dinde appartient à la race dinde de Bresse, une souche fermière à plumage noir.

Dans le commerce, voici quelques petits trucs infaillibles pour repérer la véritable volaille de Bresse : sa patte gauche doit être baguée, c'est la « griffe » de l'éleveur mentionnant son nom et son adresse ; son cou doit porter un scellé tricolore, apposé par l'abatteur ; et l'étiquette du CIVB complète la panoplie de l'authentique volaille de Bresse.

Vrai ou faux ?

La légende raconte qu'un accident de carrosse obligea le roi Henri IV à faire étape dans la Bresse, où on lui servit une délicieuse volaille. Le palais royal fut séduit au point que le bon roi instaura chaque dimanche à la table des Français la fameuse « poule au pot ». Une histoire qui ne manque pas de panache.

Nippons aiment chapons

Les Japonais sont les premiers importateurs de volaille de Bresse au monde. Chaque semaine, les producteurs expédient 250 spécimens dans la capitale nippone. Suprême originalité, à Tokyo on déguste des sushis de chapons…

Que mange-t-on à Noël à l'Élysée ?

Lors des Glorieuses de Bourg-en-Bresse et de Louhans, le meilleur éleveur, qui décroche le convoité Grand Prix d'honneur catégorie chapon, reçoit un vase de Sèvres, récompense du président de la République. En échange, le *must* des chapons est servi au repas de Noël de l'Élysée ! La Glorieuse de Bourg existe depuis 1862.

Informations pratiques

Comité interprofessionnel
de la volaille de Bresse
Bois de Chize
71500 Branges
Tél. 03 85 75 10 07
www.pouletbresse.com

Musée vivant de
la Volaille de Bresse
Ferme des Planons
Saint Cyr-sur-Menthon
www.ain-tourisme.com

Du sexe des poussins…

Sexeur : un métier rare que Edji Ando maîtrise mieux que quiconque.

Pour faire de la volaille de Bresse, comme dans toute bonne recette il faut des œufs. Yvan Dubois, qui a pris la succession de son père, dirige le couvoir qui porte son nom. À Viriat, son travail consiste à produire des poussins qui deviendront poules ou coqs et, dans le futur, de véritables bêtes de Bresse ! Les plus beaux œufs, ceux qui pèsent au moins 50 g, seront admis au couvoir où ils passeront 21 jours bien au chaud à 38 °C. De la coquille sortira, le jour de l'éclosion, une petite boule de plume : le poussin de Bresse ! Tout jaune et tout candide, il est pris en main aussitôt par un « sexeur ». Un métier rare que Edji Ando maîtrise mieux que quiconque. Examinant chaque poussin duveteux entre ses doigts agiles, il saura d'un coup d'œil reconnaître les mâles des femelles. Formés à l'école spécialisée de Nagoya, les Japonais sont experts en la matière, appliquant une méthode *made in Japan* efficace depuis près d'un siècle. Sous une lampe puissante, en tenue de chirurgien – masque et blouse blanche –, le sexeur officie. Il presse le cloaque du poussin, l'orifice qui réunit les fonctions digestive, urinaire et génitale, pour éliminer la fiente. Edji détermine ainsi le sexe de la bête et sépare les dames des messieurs. Au rythme de 600 poussins par heure, il sexe à toute allure et jusqu'à 13 000 par jour d'éclosion ! Les poussins mâles, futurs chapons, sont placés dans une caisse, les femelles, futures poulardes, dans une autre, avant de partir aussitôt chez les éleveurs. Le prix d'un poussin non sexé est de 0,79 euro. Les poussins sexés sont vendus le double. De cette indication sur le sexe dépend le type d'élevage et les revenus afférents.

Éleveurs d'élite

« Sans les concours, la volaille ne serait pas ce qu'elle est, là où elle est, au sommet. »

Le village de Curtafond se distingue par la présence de deux grandes familles d'éleveurs. Les Sibelle et les Cormarèche sont, en effet, abonnés aux prix les plus prestigieux des Glorieuses, rendez-vous convoité de l'aristocratie paysanne et bressane.
Chez les Sibelle, on est éleveur de grand-père en petits-fils... Jean-Michel incarne la troisième génération sur l'exploitation familiale de Curtafond : « J'ai repris la ferme il y a 15 ans. Avec ma femme et un employé, nous élevons 4 500 volailles, poulets, chapons et poulardes. Cela nécessite beaucoup de travail, de surveillance et de minutie. Je prête attention à toutes les phases, le démarrage des poussins, la croissance, l'alimentation. Je les nourris avec des céréales que je produis sur mon exploitation de 100 ha et du lait frais de mes vaches montbéliardes. L'élevage n'a pas changé depuis des générations, on perpétue la tradition en somme. C'est notre savoir-faire, en ne changeant rien, nous nous démarquons du reste. » En décembre, avant les Glorieuses, une angoisse toute légitime se fait sentir ; à la ferme, l'ambiance est électrique, le moment crucial, explique Jean-Michel Sibelle : « Je dois présenter 50 sujets pour les concours et préparer plus de 1 000 volailles pour le commerce en si peu de temps. C'est important cette période, car les Glorieuses sont une vitrine. On se fait connaître là. Sans les concours, la volaille ne serait pas ce qu'elle est, là où elle est, au sommet. Les articles, les reportages consacrés aux Glorieuses, c'est une pub fantastique ! Tous les éleveurs – 1/3 seulement participe aux Glorieuses – n'en sont pas conscients. L'AOC aussi est un facteur de promotion. Certes, il y a des contraintes, mais elle nous distingue par rapport aux législateurs et aux consommateurs de plus en plus exigeants sur la traçabilité et la qualité. »
Le résultat d'un tel travail est gratifiant. Chaque année des prix en attestent, confortant l'éleveur de Curtafond dans sa belle mission, souvenirs en tête : « Il y a 25 ans, mes parents, qui se rendaient au concours à Pont-de-Vaux la voiture chargée de poulets et chapons, ont eu un grave accident de la route. Les volailles ont bien tenu le choc, ils ont remporté le Prix d'honneur... »

Éliane Cormarèche, femme d'éleveur :
« C'est plus qu'une volaille, plus qu'une bête, on passe tant de temps avec elle... »

Autrefois, l'élevage traditionnel de la volaille de Bresse était exclusivement une affaire de femmes. La vente des poulardes et chapons sur les marchés permettent de faire bouillir la marmite à la ferme. Les changements sociaux ont tordu le cou à cette habitude ! Les hommes ont pris le relais, leurs épouses se sont mises à travailler en ville. C'est le cas d'Éliane, mariée à Max Cormarèche et salariée d'une banque : « J'aide mon mari quand cela est nécessaire notamment pour le "plumage" et les fêtes de fin d'année. Nous élevons 500 chapons et autant de poulardes, nous espérons que tout va continuer malgré les contraintes de l'élevage ; la qualité est là, c'est un produit du terroir qui vaut la peine qu'on le travaille. Pour les éleveurs qui passent 9 mois à choyer leura volaille, c'est plus qu'une volaille, plus qu'une bête, on passe tant de temps avec elle. C'est un mets de fête et de luxe. La volaille fine c'est un peu le "caviar" de la Bresse ! »

« Des artistes ? C'est beaucoup dire, nous nous sommes spécialisés d'année en année, on se remet en question. »

Georges Blanc : « Les éleveurs sont des virtuoses ! »

Restaurant
Georges Blanc
01540 Vonnas

1872. Il était une fois Vonnas, son champ de foire, une auberge bressane… Jean-Louis Blanc et son épouse régalent les coquetiers avec leur copieux casse-croûte du jeudi, jour de marché. Le peuple de Bresse adore la soupe que l'on sert ici avec noblesse. Le relais gourmand de Vonnas communique en pionnier sur le goût des choses ! Georges Blanc, arrière-petit-fils de ces sacrés cuisiniers, poursuit l'histoire familiale avec brio, liant son nom au produit emblématique de « sa » Bresse.

« La volaille et moi, c'est une très longue histoire d'amour… » Le président interprofessionnel de la volaille de Bresse est intarissable sur le sujet. L'engagement du cuisinier charismatique de Vonnas illustre son credo. Homme avisé et intuitif, Georges Blanc ne laisse rien au hasard, défendant « sa » volaille bec et ongles : « La texture de sa chair, due à sa phase d'engraissement en épinette, est incomparable ; la viande est persillée comme les belles viandes rouges ; la graisse est un élément de sapidité qui la rend très goûteuse. La volaille de Bresse, c'est comme le cochon, tout est bon : les foies blonds, le sot-l'y-laisse, les ailerons, les cuisses, les blancs. » Souvent préparé à la broche ou à la crème, cet « objet parfait » se cuisine de bien d'autres façons à Vonnas. L'objet parfait procède d'une œuvre de créateurs, d'artistes, précise Georges Blanc : « Les éleveurs bressans possèdent un savoir-faire unique… Ce sont des virtuoses dans leur manière d'élever, mais aussi de présenter leurs volailles, je fais allusion aux Glorieuses, bien sûr. Tous sont des types formidables, de belles gueules, animés d'une vraie passion. »
La volaille portée au sommet du G7 à Lyon est encore dans les mémoires. Georges Blanc orchestre le dîner gastronomique des chefs d'État. Au menu : fricassée de poulet de Bresse sauce foie gras. Clinton, sous le charme, découvre alors les vertus d'une magnifique AOC made in Rhône-Alpes !

« Les éleveurs bressans possèdent un savoir-faire unique… »

Recette de chef

Ingrédients pour 4 personnes

- 1 poulet de Bresse de 2 kg
- 1 oignon épluché
- 100 g de champignons de Paris
- 60 g de beurre
- 1 gousse d'ail en chemise
- 1 bouquet garni
- 1 cuil. à soupe de farine
- 8 cl de vin blanc sec
- 75 cl de crème fraîche
- 12 gousses d'ail entières pelées
- 60 g de purée de foie gras
- 5 cl de jus de truffe
- 1 trait de vinaigre de vin vieux
- sel, poivre du moulin

La garniture

- Jeunes pousses de légumes : navets, asperges, carottes fanes, petits pois, oignons, blancs, févettes...

Fricassée de poulet de Bresse, sauce foie gras

Couper l'oignon en 4, les champignons en quartiers. Prélever les cuisses et les ailes du poulet. Séparer les cuisses en 2 (pilon et haut de cuisse) et couper les ailerons. Fendre la carcasse en 2 dans le sens de la longueur pour obtenir 2 filets. Ne pas les détacher de l'os. Poser une grande poêle sur feu vif avec un bon morceau de beurre ; y déposer les morceaux de poulet. Saler suffisamment, poivrer. Ajouter l'oignon, les champignons, la gousse d'ail en chemise et le bouquet garni. Faire dorer le tout uniformément (en retournant les morceaux de poulet), saupoudrer de farine et remuer pendant quelques instants pour obtenir un léger roux blond. Déglacer avec le vin blanc. Laisser réduire, recouvrir de la crème fraîche, puis poursuivre la cuisson 30 min environ sur feu moyen à doux. Pendant ce temps, faire dorer au beurre les gousses d'ail épluchées jusqu'à ce qu'elles soient uniformément dorées et fondantes. Faire cuire les jeunes légumes séparément à l'étuvée, avec un peu de beurre et d'eau. Saler et poivrer.
Retirer les morceaux de poulet, lever les blancs de la carcasse, passer la sauce au chinois et la lier avec la purée de foie gras.
Ajouter le jus de truffe et le vinaigre pour la note d'acidité.

Les Glorieuses

Fêtes à concours, les Glorieuses mettent en compétition des éleveurs d'élite.

Les Glorieuses sont des fêtes paysannes qui perdurent dans leur noble tradition.
Ce rendez-vous rural, organisé sur quatre sites et mis en scène avec minutie depuis des lustres, signe la reconnaissance du magnifique labeur des éleveurs bressans.
De Louhans à Montrevel en passant par Bourg et Pont-de-Vaux, les Glorieuses répondent au même credo autour d'histoires d'hommes et de femmes garantissant l'honneur du travail bien fait. Dans des salles communales aménagées pour la circonstance en marché couvert, chaque éleveur aligne ses bêtes à concours.
Villageois, journalistes, enfants du pays, professionnels des métiers de bouche, élus locaux et personnalités diverses ne manqueraient pour rien au monde ce spectacle unique.
Tout commence 48 h avant le jour J. Chez eux, les éleveurs, aidés des membres de leur famille, roulent leurs volailles. Il faut s'armer de patience car la technique prend du temps. « Épilée » jusqu'à la dernière plume, la volaille est en quelque sorte corsetée dans une toile écru.
Le tissu est cousu pour que la chair soit comprimée. La volaille est ensuite massée à la main, et sa toile de nouveau cousue pour former une gaine encore plus serrée. Le matin du concours, les volailles sont démaillotées sur place.

6 h 30 au gymnase de Montrevel-en-Bresse
L'éleveur stressé va savoir si son roulage est réussi, si sa volaille fine va pouvoir prétendre à un prix. Par lots (3, 4 ou 6), il expose ses œuvres. Rubans rose pour la poularde, bleu pour le chapon, rouge pour la dinde. Artistiquement alignées sur des tréteaux et posées sur de petits coussins, les milliers de bêtes en habit d'apparat attendent le verdict. Impeccablement plumées et roulées, sculptées dans leur graisse, enrubannées, elles sont dans le gymnase des candidates à la compétition. Pendant ce temps, les « acheteurs » se réchauffent autour d'un premier pot-au-feu.
7 h 30 Le jury passe en revue les volailles sous l'œil habitué mais toujours étonné de Georges Blanc. Le président de l'AOC croise Paul Bocuse qui vient d'hypnotiser une poule de Bresse devant un parterre de journalistes médusés !
10 h 30 Les prix sont annoncés au micro. Le nom de Sibelle est prononcé plusieurs fois, on ne s'en étonne plus à Montrevel. Les critères pour gagner ? L'uniformité du lot, la blancheur de la peau, l'absence d'hématomes, la beauté du camail et la forme de la volaille qui doit se rapprocher le plus possible du noyau d'olive... de l'objet parfait.
11 h La remise des coupes s'effectue en présence de la confrérie des volaillers, de personnalités et sous les applaudissements d'un public acquis. Les chapons les plus nominés aux « Césars » de la Bresse feront le bonheur des restaurateurs, des volaillers exigeants et, par conséquent, du consommateur. Aussitôt les coupes distribuées, les acheteurs se disputent avec un bel appétit les plus jolies pièces à servir sur les tables de réveillon.
Midi Le traditionnel et réconfortant pot-au-feu, le deuxième de la journée (celui du matin est organisé à l'heure d'un très matinal petit déjeuner), s'inscrit comme un festin de fête carillonnée sur le calendrier affectif des bressans. Un peu avant Noël, les agapes sont rustiques. L'idée de ce rendez-vous gourmand revient aux sociétés Mieral et Chapon Bressan.

BRESSE
BRESSE

Montrevel en Bresse, le 20 décembre 2005
Concours de Volailles de Bresse
Grand Prix d Honneur
Sibelle Jean Michel - Curtafond
Lot de 4
Chapons

Rayon crémerie

Informations pratiques

Syndicat de promotion de la crème et du beurre de Bresse
Montépin - 01340 Étrez
Tél. 04 74 45 47 04

Pourquoi le bresse est-il bleu ?

On croirait un fromage de Schtroumpfs. Bleu dehors, bleu dedans, le bleu de Bresse est rondement bon. Il tire sa couleur d'une recette créée en 1951 à la beurrerie coopérative du village de Servas. Le lait, par une alchimie combinée du *Penicillium* « roqueforté » et du *Penicillum camemberti*, donne le bleu de la pâte persillée, crémeux à cœur.

Le clon.

La crème des AOC

Très impliqués, les professionnels œuvrent depuis 6 ans afin d'obtenir la consécration AOC pour la crème et le beurre de Bresse. Une association rassemblant 3 laiteries beurreries (la laiterie de la Bresse, la coopérative de Foissiat-Lescheroux et la coopérative d'Étrez-Beaupont) harmonise pour cela sa stratégie. Le lait de Bresse est riche et parfumé, il fleure bon l'herbe et le maïs dont se nourrissent les vaches. La bonne alimentation des bovins donne la couleur aux produits suivant les saisons. Beurres et crèmes sont plus jaunes l'été, plus nacrés l'hiver. Dans les années 1930, chaque village bressan possédait sa beurrerie. La méthode depuis reste immuable : laisser faire la nature et donner du temps au temps. Les fromages blancs frais de vache en faisselle font partie de la gamme de produits laitiers de la Bresse. Nature ou sans crème, salés ou sucrés, ils se dégustent très peu égouttés pour que leur note acidulée soit conservée.

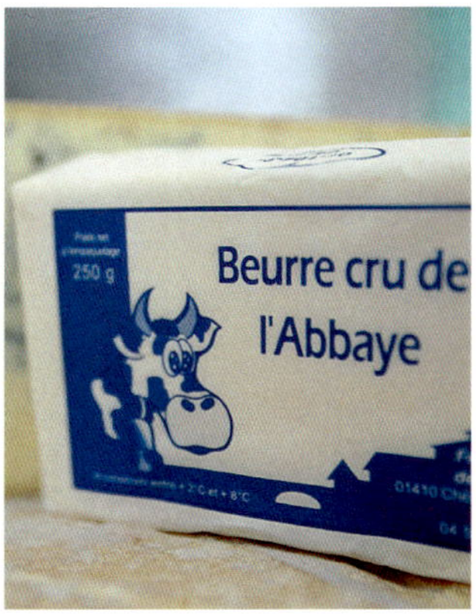

Le beurre et la crème à toutes les sauces ?

Pâtisseries au beurre, galettes à la crème, tarte bressane, poulet de Bresse à la crème, grenouilles au beurre fondu, persillade d'escargots. La cuisine au beurre en crème de Bresse, ce n'est pas du cinéma !

La renaissance du fromage de Clon

Jérôme Dupasquier, travaillant aux Archives départementales de l'Ain, a exhumé dans un document la recette du clon. Ce fromage, fabriqué du Moyen Âge à la Révolution, était vendu sur les foires de son territoire de fabrication, la Bresse, mais s'exportait aussi sur les meilleures tables du duché de Savoie, du royaume de France et même du Vatican ! La redécouverte de cette recette oubliée a permis de relancer la fabrication du produit. Avec le partenariat des Archives départementales de l'Ain, de la Fédération départementale des coopératives laitières et de Jacques Girod, cuisinier, la fromagerie de Drom fabrique désormais du clon. Parfumé au safran, ce fromage se mange à la coupe, en copeaux ou râpé, mais aussi cuisiné.

Gourmandises

Tartes et galettes

La Bresse gâte les gourmands avec ses solides pâtisseries à base d'ingrédients simples. En mordant dans une tarte ou une galette, telle la magie de la madeleine de Proust, c'est le souvenir d'une « grand-mère gâteau » qui ressuscite. Dimanches, jours de fêtes, réunions familiales et associatives sont autant de bonnes occasions de mettre la « main à la pâte ». Il suffit d'une poignée de farine, de quelques œufs frais du poulailler, d'un peu de levure et d'une louche de crème de Bresse pour créer une palette de savoureuses recettes traditionnelles : tartes, galettes, crêpes, gaufres... Inventaire des desserts : la galette bressane avec sa pâte briochée nappée de crème et saupoudrée de sucre, la tarte au quemeau préparée avec du fromage blanc en version salée ou sucrée, la tarte à la gomme, à la papette ou à la frangipane, « le » gaufre bressan, et non « la » gaufre, qui nécessite pour sa réalisation une farine de sarrasin ou de froment.

Tiens, voilà du boudin... bressan ?

En France, il existe autant de variétés de boudins qu'il y a de régions. Ici, la grande différence réside dans le riz qui entre dans sa composition, liant le sang de porc et les flots de crème de Bresse. Le boudin bressan, réputé pour sa finesse, est fabriqué par les bouchers les mois d'hiver. Autrefois (c'est plus rare aujourd'hui), on tuait le cochon dans chaque ferme pour nourrir en premier lieu la famille ; il y avait toujours une part de boudin, de gras, de rouelles ou de côtes réservée à ses proches voisins ou à ses amis.

Qu'est-ce que le civier ?
Le civier est un fromage de tête qui, en Bresse, est particulièrement riche en viandes. Civier tire son nom des cives, ciboules qui aromatisaient jadis le pâté de tête. Il était sur les tablées de toutes les fermes lors des repas de cochon.

Capitale des gaudes

Cette sorte de soupe réalisée avec une très fine farine de maïs torréfié et de l'eau ne doit pas faire de gremottes, dit-on en Bresse.
Avec du sel, du lait, de la crème, ce potage nourrissant nécessite 3 h de cuisson. Gaudes désigne à la fois la farine et la recette. Les gaudes étaient autrefois un plat de résistance. La pomme de terre les a depuis détrônées, mais lors des fêtes de village, les Bressans goûtent à la convivialité de cette tradition rurale.

Fruits et légumes d'antan

En octobre, 15 000 visiteurs se retrouvent au marché des fruits d'automne de Treffort-Cuisiat pour y découvrir une palette de 500 variétés de pommes et de poires dont certaines ont disparu. Depuis 1996, un conservatoire cultive la mémoire des vergers d'antan sur 5 000 m2 d'un musée paysager.
Potager et verger conservatoires du Revermont - 01370 Treffort-Cuisiat
Tél. 04 74 51 32 42

La Dombes

La Dombes se vit au pluriel avec ses mille étangs qui charment et placent cette partie de l'Ain parmi les premières régions piscicoles de France. La pertinence des produits de la chasse, de la pêche ou de la ferme fait oublier l'absence d'AOC au pays des oiseaux migrateurs. En un tir d'ailes, viandes, poissons, fromages, fruits et légumes se retrouvent dans l'assiette. La gastronomie dombiste est une histoire de talents aux couleurs gris marécage.
Déguster la Dombes, c'est croquer un peu de mystère et beaucoup de traditions culinaires. Grenouilles, colverts, hérons, cigognes, sarcelles, nénuphars, jonc, châtaignes d'eau composent un tableau vivant aux reflets sauvages. Les chevaux de selle, élevés crinières au vent, font galoper la Dombes en toute liberté !

Mille étangs de reflets

La région, qui a connu cinq glaciations successives, montre des paysages de forêts et de marécages aux premiers siècles de notre ère. En 953, les moines de Cluny décident d'évangéliser la Dombes, incitant la population à creuser des étangs à main d'homme. Ils appliquent alors des règles ecclésiastiques imposant 180 jours de jeûne par an ! Grâce au poisson, les étangs sont déclarés d'utilité religieuse et recouvrent alors 20 000 ha. Deux siècles plus tard, les moines se retirent... les étangs demeurent. Leur nombre « explose » dès le XVe siècle, car ils permettent d'approvisionner en poisson les habitants de Lyon et de Bourg, gros consommateurs de carpes et de brochets. La Dombes survit grâce à ce marché jusqu'au XVIIIe siècle. Le décret de Danton en 1793 ordonne d'assainir les zones humides (que l'on pense malsaines et porteuses de maladie) et de rendre l'espace aux agriculteurs. 4 000 ha seront asséchés. En 1860, le chemin de fer Lyon-Bourg, qui passe par Villars-les-Dombes, entraîne de nouveaux assèchements. La remise en eau des étangs débute au XXe siècle grâce au sénateur Bérard. La Dombes des pêcheurs et des chasseurs s'ouvre alors aux grandes familles de la région. Bon nombre d'entre elles achètent des gentilhommières pour abriter leur vie privée et leur fortune.

La carpe est-elle la doyenne des poissons ?

Des chiffres plutôt parlants pour une carpe : durée de vie, 40 ou 50 ans lorsqu'elles sont sauvages, 10 à 15 ans lorsqu'elles sont d'élevage.

Carpes et brochets... avenir en ligne

Le temps est clair, doucement lumineux. Au loin, derrière une flèche de clocher, on distingue très nettement le mont Blanc, signe de pluie le lendemain. En attendant, les étangs de la Dombes sont calmes, en apparence. Il suffit de regarder pour voir s'envoler un héron, passer quelques colverts et sauter une carpe. La carpe est une habituée des lieux, et ce depuis des siècles. Un peu méprisée en son pays, la carpe trouvait ses consommateurs à l'export, notamment en Allemagne. Mais des ateliers de transformation du poisson l'ont remise au goût du jour. Elle fait son *come back* sous forme de savoureux filets, frais ou fumés, le « filetage » permettant de récupérer près du tiers du poids du poisson en chair totalement consommable. Du coup, depuis ces trois dernières années, on doit organiser des pêches d'été pour satisfaire la demande locale. Avec 2 000 t, la production dombiste ne suffit plus aux besoins du marché français. Reste que la carpe contemporaine ne doit pas faire oublier les recettes traditionnelles, comme la cuisson, lente, du poisson entier, à four doux, farci ou simplement à la crème. Le brochet, autre locataire des étangs de la Dombes, et grand prédateur, jouit d'une réputation nettement

plus gastronomique. Ce caméléon d'eau douce adopte les nuances des étangs, il est vert, marron, gris. Le « gros » (plus de 50 cm) finit dans l'assiette des bonnes tables. Le « bâtard » (moins de 50 cm) fait alliance avec la quenelle. C'est le « brocheton », dit aussi brochet-portion (20 cm), qui est le plus prisé, le plus cher aussi.

Approvisionnée par Coopé Poissons, la société Vivodouce, installée à Villars-les-Dombes, transforme la carpe en filets, rillettes et cervelas, offrant de nouveaux débouchés à ce mal-aimé des poissons. « Il faut développer la production de carpes de qualité. C'est un secteur économique intéressant pour sauvegarder les étangs menacés par l'agriculture céréalière, car il faut le reconnaître, le maïs rapporte plus que le poisson ! » observe Jean-Paul Mas, secrétaire de la route des Étangs. Théoriquement, l'étang est maintenu deux ans en eau et un an en culture. C'est une particularité unique au monde qui permet de remodeler l'étang et d'éviter son envasement. Une demande d'IGP en cours d'obtention pourrait signer le renouveau de la carpe et du brochet de la Dombes.

Informations pratiques

Office de tourisme
01330 Villars-les-Dombes
Tél. 04 74 98 06 29

Dans les filets de la Dombes

Comme un jour de moisson…

Il est très tôt à Versailleux. Les premiers brouillards voilent la campagne dans une parfaite union entre terre, eau et ciel. Une lumière particulière, un mystère singulier, un faux silence enveloppe l'étang du Chapelier, où l'on doit pêcher. Chaque exploitant choisit son équipe, formée de professionnels, de membres de la famille et de voisins compétents. Les enfants des écoles, les badauds, les riverains observent dans un joyeux désordre les gestes et rituels qui ponctuent cette opération. Les pêcheurs s'activent pour déloger les gros poissons. L'étang se vide doucement. La Dombes, ce matin-là, se donne des airs marins, sous les battements d'ailes de mouettes rieuses, de hérons cendrés et de grandes aigrettes.

Quelques jours avant la pêche, les pêcheurs ouvrent le thou, sorte d'écluse qui permet de vider l'étang. Alors que l'eau s'évacue, le poisson se réfugie dans le bief. Dès le petit matin, les hommes déploient une traîne, un filet de 40 m de long. Postés sur chaque rive, ils tirent à bout de bras la nasse chargée de poissons. Arrivés à la pêcherie, au bord de l'étang, les pêcheurs relèvent le filet à l'aide de bâtons fourchus (« fourchettes »). En tenue de combat et armés d'une épuisette, ils affrontent les eaux froides et vaseuses pour récupérer les carpes mastodontes et autres locataires frétillants du bassin. Des flots de poissons sont déversés dans la gruyère, une grande table de tri. C'est là qu'ils sont pesés, calibrés, puis chargés vivants dans des camions-viviers en route pour leur commercialisation.

Cuisses de grenouilles

La Dombes devance la Sologne

La Dombes est la première région piscicole de France avec 12 000 ha d'étangs devant la Sologne, la Lorraine ou le Forez.

Y a-t-il des grenouilles dans la Dombes ?

Aller manger des grenouilles dans la Dombes fait partie d'un art de vivre bien lyonnais. Mais les grenouilles servies dans les restaurants ne sont pas pêchées en Dombes ! Elles viennent, importées vivantes, le plus souvent des pays de l'Est, de Turquie et d'Égypte. La grenouille locale est réservée à la consommation familiale et ne peut en aucun cas être commercialisée. Fini le temps des « grenouillards » qui proposaient leurs sacs de grenouilles aux restaurateurs. Les effets combinés de l'agriculture moderne (pesticides notamment) et l'appétit féroce des prédateurs ont réduit ces petites bêtes à la portion congrue. Aucune technique d'élevage ne semble possible, remarque un pêcheur : « La grenouille ne s'élève pas, celui qui y parviendra fera fortune. »

Pêche en bas de femme…

L'équipement du pêcheur de grenouille en Dombes est spartiate. Un bâton de bois, un fil et un petit morceau de bas ou de collant… en guise d'hameçon. La grenouille qui, selon les connaisseurs, est un peu naïve, est attirée spontanément ou presque par cet appât. En raison des aspérités de sa bouche, elle est piégée par la maille, le pêcheur n'a plus qu'à l'attrapper et la glisser dans un sac de jute.

Christophe Marguin, roi de la grenouille

La recette des grenouilles en persillade se travaille « au moment », explique le chef des Échets, Christophe Marguin, qui opère « à la lyonnaise », ne laissant que les pattes de derrière : « Il faut bien les sécher dans un torchon avant de les cuisiner. »

Gourmandises

La galette de Pérouges

Dans le village médiéval de Pérouges, qui inspire les peintres et où l'activité touristique fut dopée par la venue de Bill Clinton lors du G7 de Lyon, une visite s'accompagne toujours d'une dégustation de galette. Composée d'une pâte briochée tout au sucre et au beurre, cette pâtisserie de boulanger typiquement locale, de forme ronde (environ 50 à 60 cm de diamètre), craque sous la dent et fond dans la bouche. Avec un chocolat chaud, du cidre ou un verre de pétillant du Bugey, cette galette procure un suave bonheur quand la nuit tombe et que rougissent les bûches dans la cheminée.

Qu'est-ce que la Musculine ?

C'est un produit diététique plus que centenaire. Avant l'heure, les moines de l'abbaye de Notre-Dame-des-Dombes ont contribué au bien-être des organismes en mal de tonus. Sucre, viande de bœuf crue, fruits et miel entrent dans la composition des pastilles de Musculine G. Créé à la demande de professeurs de médecine éminents (en 1868), ce produit est de nos jours fabriqué par la communauté du Chemin-Neuf.

Richart chœur de chocolats !

Réminiscence d'enfance, volupté des arômes, étonnement des sens, la maison Richart a transformé le chocolat en saveurs contemporaines, bousculant les palais reçus. Fragile bijou, qui tient au creux de la main, il commence par séduire le regard. Les yeux s'attardent sur le graphisme, à la fois reflet et ultime écrin du goût à venir. Pour Michel Richart, fondateur de cet atelier incroyable, au-delà du plaisir sensoriel, le bon chocolat est celui qui nous touche au cœur. www.richart.com

Gros plan

Chasse en Dombes

Outils patrimoniaux, les étangs sont des habitats de choix pour le gibier d'eau. Ce véritable paradis pour nemrods a bien changé : « Il n'y a rien de sauvage, tout est d'élevage », dit-on. Mais les chasseurs (beaucoup de citadins) ne rateraient pour rien au monde l'ouverture de la chasse en Dombes au cœur de l'une des dix plus grandes régions du monde pour son avifaune. Des centaines d'espèces d'oiseaux sédentaires ou migrateurs peuplent ce secteur : colverts, souchets, milouins, faucons crécerelles, foulques, mouettes, hérons cendrés, corneilles noires, faisans cohabitent avec hérons pourprés, aigrettes, loriots, coucous, rossignols, sarcelles d'été ou bécasseaux, balbuzards pêcheurs, spatules, cigognes noires.

Philippe Jousse : « La Dombes, un vivier de bonne choses. »

Restaurant Chapel
Route de Bourg
01390 Mionnay

Philippe Jousse est un chef d'honneur. Se référant toujours aux principes d'Alain Chapel, il demeure le garant de sa culture gastronomique. Depuis la disparition de son mari, Suzanne Chapel assure et rassure. Le restaurant vit comme « avant » ou presque. Aux fourneaux, Philippe Jousse y veille avec sa façon de cuisiner vrai et d'aimer la Dombes. Proche de Lyon mais gardant ses distances avec la ville, le Relais & Châteaux de Mionnay adoube la campagne dans l'ambiance bourgeoise d'une maison bien habitée.

Dans une grande casserole en cuivre, qui laisse échapper un petit nuage de vapeur, cuit un court-bouillon, un vrai, avec sa cohorte de légumes et d'aromates. C'est un signe de bonne cuisine ! Au milieu d'un concert de poêles et marmites, Philippe Jousse compose ou réinterprète les recettes apprises auprès de son « maître ». Aussi, les crêtes de coq de Bresse aux rognons (du même coq), champignons et écrevisses cardinalisées ne surprennent pas ici : « C'est un grand classique, une façon inédite d'aborder l'univers des volailles de Bresse. Au départ, les clients sont réticents face à ce plat mais quand ils ont goûté, ils sont agréablement surpris et se régalent. » Philippe Jousse hésite à exporter ces spécialités si françaises au Japon ! Deux fois par an, le chef de Mionnay se rend à Kobe au restaurant Alain Chapel installé depuis 25 ans à l'hôtel Portapia. À cet effet, sans choquer il bouscule les idées reçues : « J'ai osé le civet de lièvre, pour la clientèle japonaise, le parfum est fort et le nom du produit les rebute.

« Ce lien fidèle avec producteurs et éleveurs sur les marchés ou dans les fermes, je ne peux pas m'en passer. »

Difficile aussi de mettre du pigeon au menu, car, au pays du Soleil-Levant, le volatile est un symbole religieux. J'ai quand même réussi à importer du cardon frais de la région lyonnaise, ce fut une réussite. Quant à la volaille de Bresse, il y a un vrai engouement pour ce produit. » La poularde en vessie deviendrait-elle la tasse de thé des Nippons ? Sur les terres qu'il fréquente depuis plus de 20 ans, Philippe Jousse poursuit l'histoire d'une cuisine sincère aux côtés de producteurs, éleveurs, artisans du goût, petits commerçants : « Ce lien fidèle avec eux, sur les marchés ou dans les fermes, je ne peux pas m'en passer. »
La gastronomie est une science du bon sens, du ressenti d'un terroir. C'est aussi un vecteur de communication sans frontière quand Philippe Jousse prend ses valises pour cuisiner au bout du monde le meilleur de la Dombes.

Crêtes et rognons de coq de Bresse en ragoût

À l'aide d'une paire de ciseaux, couper l'extrémité des crêtes, les plonger dans une eau bouillante pendant 30 s et retirer la peau fine à l'aide d'un chiffon.

Dans une casserole, mettre 1/2 l d'eau froide, ajouter 1/2 cuillerée à soupe de farine, un peu de jus de citron et du sel ; ajouter les crêtes de coq et laisser cuire 1 h à petit feu. Les égoutter et les mettre dans une casserole avec 1/2 l de fond blanc salé et laisser cuire jusqu'à ce que les crêtes soient tendres, débarrasser dans la cuisson.

Mettre les rognons de coq dans une casserole avec le 1/2 l de fond blanc restant, saler, monter à ébullition.

Dans une casserole, chauffer du beurre, où l'on fera rouler quelques minutes les crêtes et rognons de coq après les avoir égouttés. Ajouter en plusieurs fois, en laissant réduire à chaque fois, l'équivalent de 2 dl de cuisson des crêtes. On obtient alors un jus très goûteux. Réserver au chaud.

Poêler les champignons au beurre, ajouter les queues d'écrevisses décortiquées et dresser dans des assiettes creuses avec le ragoût de crêtes et rognons de coq. Finir avec quelques pluches de cerfeuil.

Ingrédients pour 4 personnes

- 16 belles crêtes de coq (à commander chez son volailler)
- 12 rognons de coq
- 8 grosses écrevisses cuites au court-bouillon
- 1 l de fond blanc de volaille
- 3 cuillerées à soupe de jus de volaille rôti
- 40 g de beurre
- pluches de cerfeuil
- un mélange de champignons (girolles, trompettes, charbonniers...)

Le Bugey

Le Bugey de Brillat-Savarin communie avec le pain et le vin car les vignobles pétillent comme du cerdon et les fours à pain foisonnent dans les villages. Bien d'autres saveurs donnent l'eau à la bouche dans ce jardin de rêve. Le paysage forme ici une mosaïque de doux contrastes : petits lacs, cascades, collines, plateaux, grottes, sentiers, marais ! Premier contrefort du Jura, le mont Myon, du haut de ses 662 m, fait décoller les parapentistes et les amoureux de panoramas grand angle. L'hiver ancre sur ces paysages blanchis des pistes de ski de fond pour les amateurs d'un tourisme doux. D'origine glaciaire, le lac de Nantua contribue au goût d'une célèbre sauce tout en servant de base aux loisirs nautiques.

Bugey, vins d'ici

Vive le rose

Le cerdon est très léger (7 à 8 °C), facile à aborder, simple et n'a pas la complexité des grands champagnes. Il est rose car le jus de raisin n'est pas complètement fermenté. On retrouve dans ce vin les nuances d'un jus de raisin fraîchement pressé. 50 producteurs ; 8 000 hl par an (500 hl en 1970).

Coup de cœur aux maisons

Alain Renardat-Fâche et Raphaël Bartucci, à Mérignat.

Coup de cœur aux maisons

André Miraillet, à Cheignieu-la Balme. Caveau bugiste, à Vongnes.

Les vins du Bugey ont la particularité d'être très particuliers ! Peu connus mais reconnus par les amoureux de terroirs. 90 % des ventes se réalisent directement à la propriété. L'exportation ne représente que 5 %. Les vins du Bugey sont, à l'image des vins de Savoie, presque tous consommés « localement » et dans la région Rhône-Alpes.

Le vignoble est situé principalement dans le sud du département de l'Ain, entre le Jura au nord, et la Savoie à l'est. Il couvre environ 500 ha (10 000 ha avant la crise du phylloxéra en 1875). Le seyssel est la seule AOC du département de l'Ain, complétée par deux AOVDQS : vins du Bugey et vin du Bugey cerdon et des vins de pays : vin de pays de l'Ain, vin de pays d'Allogrogie (avec la Savoie) et vin de pays des comtés rhodaniens. À l'exception des mousseux et pétillants (montagnieu, cerdon et bugey brut), les vins du Bugey sont des vins monocépages : bugey blanc chardonnay, roussette du Bugey, mondeuse du Bugey… Cette appellation, à une altitude allant de 200 à 380 m, est vinifiée uniquement en blanc, tranquille ou mousseux avec les cépages altesse, chasselas et molette. Les quatre crus qui composent l'essentiel du vignoble du Bugey représentent réunis environ 170 ha ; il s'agit du cerdon, du montagnieu, du manicle et du virieu-le-grand.

Le cerdon

Le cru cerdon, situé à 60 km au nord-ouest de Belley, s'étend sur 8 communes et 200 ha, où les vignes s'étagent entre 300 et 550 m d'altitude. Les rares vins rouges et rosés de Cerdon sont issus principalement du cépage gamay, le poulsard, très présent dans le Jura, n'occupant ici que quelques hectares. On produit essentiellement, à partir des cépages gamay et poulsard, un vin mousseux demi-sec rosé selon la méthode « ancestrale » (fermentation partielle et spontanée en bouteille, comme la clairette de Die). Cela donne un vin très aromatique et peu alcoolisé.

Le manicle

Le cru manicle est situé au pied d'une falaise sur les communes de Cheignieu-la-Balme et Pigieu sur près de 10 ha. Le célèbre gastronome Brillat-Savarin y possédait des vignes. Le manicle rouge est issu du seul pinot noir (autrefois la mondeuse était majoritaire, mais elle a été anéantie par le phylloxéra), le vin blanc est issu du seul chardonnay. Les vins sont riches et bouquetés et aptes au vieillissement.

Le virieu-le-grand

Le territoire du virieu-le-grand, qui s'étend à une trentaine de kilomètres au nord-ouest de Belley, se présente sous la forme d'un cirque entouré au nord par des falaises calcaires. Ce cru était réputé au XIXe siècle pour sa roussette et sa mondeuse, il couvrait à l'époque un peu plus de 150 ha, aujourd'hui moins de 3 ha, dont le propriétaire est un vigneron de manicle. Le Bugey propose également deux eaux-de-vie : le marc du Bugey, issu de la distillation du marc de raisin, et la fine du Bugey, issue de la distillation du vin.

Le montagnieu

Le cru montagnieu, situé à 20 km à l'ouest de Belley, s'étire sur trois communes et 35 ha, et des coteaux très pentus dominant la vallée du Rhône. L'essentiel de la récolte est élaboré en vin effervescent, méthode « traditionnelle » (méthode champenoise), à partir de l'assemblage des cépages jacquère, chardonnay, gamay, pinot noir et même mondeuse. L'altesse, utilisée seule, donne la roussette de montagnieu.

Coup de cœur aux maisons

Maison Duport et Patrick Charlin, à Groslée.
Franck Peillot, à Montagnieu.
François Grinand, à Villebois.
Bonnard, à Seillonnaz.

Champagne !

Pourquoi le montagnieu fut le champagne des Lyonnais ?

Il ne remplace pas le dom Pérignon mais presque ! Le montagnieu fut, selon l'adage, le « quatrième fleuve » de Lyon (après le Rhône, la Saône… et le beaujolais) et pour cause : au XIXe siècle, les bouteilles de montagnieu étaient chargées sur des bateaux qui transportaient les pierres de Villebois (carrière de Sault-Brenaz) utilisées pour construire les immeubles de la cité des Gaules. Le Rhône fit ainsi monter la cote d'amour du montagnieu. De toutes les fêtes, ce pétillant Bugiste s'est imposé dans les banquets républicains. Le champagne du Lyonnais, disait-on.

Effervescence autour du cerdon

« Le cerdon était servi avec un dépôt au fond de la bouteille dans les bistrots du secteur et pour les fêtes locales. »

Ce vin aux fines bulles roses qui est aujourd'hui de tous les apéros chics cache bien ses origines paysannes. Alain Renardat-Fâche, cinquième génération de vignerons, se souvient des racines de ce « petit » vin effervescent : « Il était servi avec un dépôt au fond de la bouteille dans les bistrots du secteur et pour les fêtes locales. Le cerdon étanchait aussi la soif des agriculteurs éreintés par les gros travaux des champs. Un vin sans aucun adjuvant, rien que le jus de raisin à base de poulsard et gamay. »
Dans les années 1950, le boom des vacances a conduit sur les routes des flots d'automobilistes qui s'arrêtaient dans les caves pour déguster ce drôle de pétillant : « Les bouteilles étaient vendues aux touristes de passage en l'état avec le dépôt, le vin n'était pas stabilisé, la fermentation continuait donc. Arrivés chez eux, quand ils débouchaient la bouteille, le cerdon sous la pression se répandait tout en mousse sur la table, c'était folklorique ! Les vignerons travaillaient sans matériel, empiriquement. À partir de 1965, mon père et une poignée de vignerons sont parvenus à maîtriser la mise en bouteille et la fermentation. Le vin a pu voyager plus facilement ! Sans ces passionnés qui ont su mettre en valeur avec toute leur volonté et leur foi le cerdon, ce produit n'existerait plus aujourd'hui », reconnait Alain Renardat-Fâche.

Bugey Cerdon
méthode ancestrale
demi-sec pétillant par fermentation spontanée
ROSÉ SPARKLING WINE
QD 501
ALC 7,5% BY VOL
APPELLATION D'ORIGINE · VIN DÉLIMITÉ DE QUALITÉ SUPÉRIEURE
ÉLABORÉ PAR ÉLIE ET ALAIN RENARDAT-FACHE 01450 MÉRIGNAT
CONTIENT DES SULFITES · PRODUCE OF FRANCE

Vongnes : capitale des vins du Bugey

Ce petit village fleuri de 75 habitants produit 20 % de l'appellation. Jean Chaudet en parle avec enthousiasme : « Ici, les vignerons ne sont pas dans la panade, les chiffres des ventes de vin qui reculent ne nous concernent pas. Au caveau, nous fidélisons la clientèle par l'accueil chaleureux et convivial, la régularité et la qualité des produits. »
Le caveau bugiste de Vongnes est une belle histoire, explique avec enthousiasme Jean Chaudet : « Nous sommes six, mon père, moi et quatre voisins. Avant, chaque vigneron avait un peu de vignes et commercialisait sa production. On s'est associés pour être plus efficace. Laurent Gerra, dans chacun de ses spectacles, cite la volaille de Bresse et les vins du Bugey, c'est une fierté. »

Vendanges tardives en Bugey
fin octobre-début novembre
pour créer un vin légèrement
moelleux nommé “Exception”.
’arfait pour accompagner le foie gras.

Autres spécialités

Le Kario kesako ?

Les moines ont l'art de faire des miracles ! À Belley, le Kario, boisson énergétique, demeure un secret de fabrication. Les frères de la Sainte-Famille veillent aujourd'hui sur cette liqueur à base de noix verte et d'une kyrielle de plantes des Alpes.

Pourquoi la sauce Nantua est née à Nantua ?

Autrefois, l'écrevisse, indispensable dans la composition de la sauce, était très présente dans le lac de Nantua. Et pour cause, elle se nourrissait des restes de viande accrochés aux peaux que les tanneurs faisaient tremper. La recette de cette sauce onctueuse ? Faire une béchamel pour la marier avec un beurre d'écrevisses à pattes rouges (piler la carapace des écrevisses avec du beurre, passer le tout au tamis). Un zeste de piment de Cayenne, un soupçon de vin blanc, une larme de cognac et de la chair de queues d'écrevisses. La sauce Nantua est prête !

La roulette de porc

Les charcutiers du Bugey sont les rois de la roulette. Cette spécialité résume parfaitement la tendance culinaire du pays et ses usages. En casse-croûte ou en début de repas, la roulette du Bugey tient au corps ! Elle se compose de poitrine de porc roulée, ficelée et déjà cuite avant d'être plongée dans un bain de saumure. Cette opération n'est pas la dernière puisqu'elle nécessite plusieurs cuissons dans un bouillon qui apporte du caractère à la roulette, disent les charcutiers.

Pain, tartes et traditions

La nourriture de base des gens modestes à la campagne était le pain. Aussi trouve-t-on dans les hameaux ou petits villages bugistes de nombreux fours. Jadis, les miches étaient préparées à la maison avec la farine du meunier et cuites dans ces fours que se partageaient les villageois. Chacun apportait ses fagots pour la chauffe des trois fournées hebdomadaires. Survivance de cette époque, le four de Condon réveille la tradition. Chaque mois, il est allumé pour fêter le passé.

Y a-t-il des diamants noirs dans le Bugey ?

Le pays de la volaille ne saurait se passer du « diamant noir ». « Il existe des truffes en Bugey qui sont de très haute qualité », écrit Brillat-Savarin dans *Physiologie du goût* (1825). À la fin du XIXe siècle, plusieurs milliers de kilos de truffes débarquaient sur les marchés de Bellegarde et de Belley. Entre ombre et soleil, la truffe du Bugey est essentiellement sauvage. Des plantations commencent à donner leurs premières truffes. La production serait de quelque 500 kg par an.

Spécialités boulangères

Le salé aux noix (abaisse de pâte à pain garnie de rondelles d'oignons), la tarte à la lie (avec des poireaux et de la lie de noix), ou au sucre (pâte briochée) demeurent des saveurs sûres au pays de Brillat-Savarin.

Un pays, un homme

Brillat-Savarin, le goût à la lettre

Jean-Anthelme Brillat-Savarin a publié deux ans avant sa mort, en 1826, la fameuse *Physiologie du goût*. Dans cette véritable bible de la gastronomie qui fait toujours autorité, l'auteur traite la cuisine comme une science exacte. Né à Belley le 2 avril 1755, aîné de huit enfants, il se met à aimer les plats de sa mère, « la Belle Aurore », authentique cordon bleu. Avocat à 23 ans dans le Bugey, puis député à l'Assemblée constituante, Brillat-Savarin, royaliste, est obligé de fuir la France chassé par les Révolutionnaires. De retour des États-Unis en 1796, il s'intéresse à tout : langues, musique, patois, économie, chimie, physique, médecine, archéologie, philosophie et en particulier à la gastronomie. Conseiller à la Cour de cassation, il apprécie les bonnes tables, reçoit beaucoup et n'hésite pas à se mettre aux fourneaux pour cuisiner ses spécialités : l'omelette au thon et le filet de bœuf aux morilles. Le 1er février 1826, Brillat-Savarin meurt d'une pneumonie, à l'âge de 70 ans. Son nom a été donné aux « Entretiens » qui se tiennent chaque année dans sa ville natale.

Gourmandises

Vous avez dit diots ?

Les diots sont des saucisses appréciées en Bugey. Cuits à l'étouffée sur une couche de marc de raisin puis nappés d'une sauce au vin rouge, les diots exhument leur propre identité aux fêtes des fours.

Tracle à tartiner

La tracle du Bugey est un produit à base de caillé de vache mélangé à des restes de fromages. Vin blanc, marc, bouillon de poireaux et aromates entrent dans la composition de cette spécialité fromagère qui se tartine sur du bon pain.

La tome de Belley

C'est un fromage (au lait de vache) à pâte molle. La tome de Belley avec ses 40 % de matières grasse est fabriquée de manière artisanale ce qui en fait un fromage d'exception.

Le ramequin du Bugey

Confidentiel et convivial, le ramequin du Bugey est originaire du canton de Saint-Rambert-en-Bugey. Fromage sec de vache, il se savoure avec une fondue bugiste appelée également ramequin du Bugey.

Le pays de Gex

Proche du lac Léman, en phase avec le crêt de la Neige (1 718 m), le pays de Gex est nature. Voltaire aima l'endroit puisqu'il est venu dire bonjour à Ferney. Sauvage et préservée, cette terre aux parfums d'orchidées et de gentianes accueille chamois et oiseaux à l'ombre d'épicéas au cœur du parc naturel du haut Jura. Broutant sur les premiers plis jurassiens, les vaches du pays de Gex embrassent la plus belle vue de la région. C'est le secret du lait si crémeux qu'elles donnent, mais pour combien de temps encore ? Il ne subsiste que de rares fermes en pierre grise coiffées de toits immenses pour rappeler le passé rural de ce petit territoire de 340 km² fier de ses trois fromages : comté, bleu de Gex et morbier. L'agriculture gessienne a la particularité de vivre hors Union européenne et de bénéficier d'un régime suisse.

Un plateau de fromages

Le fromage bleu au début du XIXe siècle

En pays de Gex, on en produisait jusqu'à 600 t par an. Ce fromage est fabriqué à base de lait de vache cru, légèrement écrémé auquel on ajoute des ferments lactiques, le *Penicillium glaucum* (bleu) qui donne au fromage une légère note d'amertume. Un moment mal inspirés, les producteurs ont tenté d'imiter le roquefort en y ajoutant du lait de brebis. Aujourd'hui, l'Ain ne fabrique plus que 100 t de bleu de Gex.

Niché entre la Suisse et la Franche-Comté, le pays de Gex est un plateau de beaux fromages. Ses vaches, ses paysans, ses fruitières, ses affineurs concourent à la fabrication de trois fromages AOC : le comté, le bleu de Gex et le morbier.

Le bleu de Gex

Au pays de Gex, les vaches pie rouge et montbéliardes prennent de l'altitude pour donner un lait tonique ! Aujourd'hui, le bleu de Gex n'a plus de Gex que le nom… ce fromage s'étant exilé dans le Jura qui assure l'essentiel de la production. La coopérative de Chezery-Forens est le dernier bastion à le promouvoir dans l'Ain. L'affinage de ce fromage AOC est tout un art : ensemencement, caillage, brassage manuel, mise en moule, retournements (tous les trois jours), salage, piquage (pour favoriser le développement des moisissures), temps de pause (l'affinage dure 3 à 4 semaines à 12 °C)… Le bleu de Gex se reconnaît à sa pâte persillée, dans la palette des blanc-bleu ou ivoire-bleu, recouvert d'une croûte rustique.

Le morbier : petit frère du comté

On l'appelle le « petit frère du comté ». Les paysans le fabriquaient l'hiver lorsque le lait, moins abondant, ne suffisait plus pour la réalisation des meules de comté. « Aocisé », le morbier a obtenu le précieux sésame en 2000. Ce fromage n'est pas fabriqué dans l'Ain, mais plusieurs communes du pays de Gex livrent du lait AOC aux producteurs jurassiens. Un lait riche qui donnera au morbier ce goût subtil de crème et de saveurs fruitées.

Quel est le trait de caractère du morbier ?

Ce fromage à pâte pressée non cuite, au léger goût de crème, est reconnaissable à sa raie noire centrale « très couture ». La ligne cendrée du morbier est une histoire qui remonte à deux siècles lorsque les fermiers faisaient cailler le lait du matin dans un moule, puis recouvraient cette préparation dite « pain de caillé » avec de la cendre. Cette cendre prise au cul du chaudron protégeait le fromage en attendant la deuxième couche de lait issue de la traite du soir. Un filet noir séparait alors les deux parties du morbier. Aujourd'hui, il est tracé à la poudre de charbon végétal, un « trait » de caractère purement décoratif.

Comté : montbéliarde sinon rien !

Il a été classé AOC dès 1954. Sa zone s'établit sur le massif jurassien, en Franche-Comté, mais aussi sur une portion du département de l'Ain. Les fruitières (coopératives villageoises) produisent 1 500 t de comté par an, soit 4 % de la production totale.

Ce membre éminent de la famille des pâtes pressées cuites ne tolère qu'un seul lait : celui de la vache montbéliarde nourrie 100 % naturel.

Le comté, fabriqué à base de lait cru entier, pâte ferme mais souple, de couleur ivoire à jaune, croûte solide brunâtre, goût doux ou fruité, fait belle figure sur un plateau de fromages. Le comté est aussi délicieux à l'apéritif, dans les fondues ou dans les plats gratinés. Le lait provenant des traites du matin et du soir est mis en cuve de cuivre de 500 l. Levains traditionnels et flore sauvage vont ensemencer le lait chauffé et emprésuré. Coagulation, décaillage, brassage, chauffage à 50 °C, moulage dans un cercle de bois, mise sous presse, mise en cave… sont toutes les étapes exigeantes de ce pré-affinage. Les meules sont ensuite salées, frottées à la toile de jute, retournées toutes les trois semaines afin de développer la flore de surface qui confère au comté ce goût inimitable. Ces meules (50 à 70 cm de diamètre) sont placées ensuite en caves chaudes, puis froides durant 4 à 12 mois selon la maturité souhaitée. Chaque comté révélera une composition aromatique différente selon sa micro-région d'origine, la saison, le tour de main particulier du maître fromager, la cave où il aura été élevé.

Pourquoi le comté n'a pas de bulles ?

Le comté n'a pas toujours été aveugle. Comme son cousin suisse, il a eu des yeux. L'évolution des pratiques d'affinage et de la vitesse de fermentation a fait disparaître au fil du temps les bulles d'air qui se formaient au cœur de la pâte.

Y a-t-il du vin dans le pays de Gex ?

On ne peut pas passer sous silence le vignoble de Challex, seul village viticole du pays de Gex, situé dans le nord-est du département de l'Ain, au nord-ouest de Genève. Le caveau de Mucelle, appartenant à Jean-Claude Dallemagne et Frédéric Péricard, propose des vins de cépages intéressants et du marc du Bugey.

Le Gex en son pays

« Le bleu de Gex, c'est un vrai médicament ! »

La fromagerie de l'Abbaye est l'ultime unité de production à faire du bleu de Gex dans l'Ain. Il faut se rendre dans le Jura voisin pour découvrir trois autres fabriques. À Chézery-Forenz, André Mathieu gère une coopérative installée tout près des vestiges d'une abbaye cistercienne : « Les caves voûtées en pierre, c'est fini, maintenant c'est tout moderne ; on fonctionne comme dans le temps, mais il a fallu mettre notre bâtiment aux normes. Aujourd'hui, on collecte toujours le lait auprès d'une douzaine de producteurs dans la vallée de la Valserine, de Bellegarde jusqu'au col de la Faucille. À la fromagerie nous transformons 6 000 l de lait par jour pour une production annuelle de 180 t de Gex. » Ayant appris le métier avec André Gros, une référence au pays, André Mathieu se plaît à dire que fabriquer un fromage « n'est pas une science, c'est un tour de main ».

André Gros, fromager à la retraite, est catégorique : « Le bleu de Gex, c'est un vrai médicament ! Il y a du *Penicillium* dans ce fromage ; nos sept enfants en ont mangé dès l'âge de 2 ans, ils ne sont jamais tombés malades, garanti ! »
Ses grands-parents travaillaient la future AOC de façon traditionnelle. On dénombrait alors 40 fromageries sur toute l'appellation et 8 au village, se souvient André Gros. L'ancien de Chezery-Forens raconte volontiers la légende de ce fameux fromage : « Sous Charles Quint, un moine qui s'était perdu dans la forêt a été sauvé par un bûcheron. Pour le remercier, il lui a confié le secret de fabrication du bleu de Gex ! »

Pour que le bleu se développe dans la pâte on piquait manuellement le fromage avec une aiguille. Aujourd'hui, c'est une machine équipée de 150 aiguilles qui le fait. Au contact de l'air, le bleu se disperse, c'est impératif dans la recette. »

L'Ardèche

Des racines et des hommes

Les hommes de la préhistoire avaient élu domicile en Ardèche car il leur suffisait de tendre la main pour se nourrir. Châtaignes, fruits, raisins, lait de chèvre additonnent encore leurs vertus, s'offrant en toute simplicité comme des dons de la terre. Olives, amandes et picodon, au sud, pommes de terre, marrons et myrtilles, au nord : la réunion des goûts en Ardèche joue entre ombre et soleil. Ici, plus qu'ailleurs, les saveurs se découvrent dans le « jus » de leurs contrastes grâce aux Ardéchois qui ont su domestiquer cette nature sauvageonne. Vignerons, maîtres fromagers, bons charcutiers et cordons-bleus misent sur cet attachant territoire montagneux pour conforter l'Ardèche au sommet des raffinements.

Repères

Superficie : 5 529 km^2.
Chef-lieu : Privas.
33 cantons,
339 communes.
Population :
286 160 habitants.
Point culminant :
mont Mézenc (1 754 m).
Parc naturel régional
des Monts d'Ardèche.

La ronde des AOC

Les vins

Sur la rive droite du Rhône, les vignobles se manifestent du nord au sud de l'Ardèche dans des appellations remarquables qui comptent parmi les plus prestigieuses : condrieu (toujours blanc), saint-joseph (rouge et blanc), saint-péray (tranquille ou effervescent) et cornas (100 % syrah). Ce bouquet d'AOC puise sa vigueur sur les terrasses escarpées et ensoleillées du terroir. Les amateurs de vin qui plébiscitent les côtes-du-rhône septentrional et méridional sont attirés par des vins à forte potentialité. Des vignerons nouvelle génération réussissent le pari de faire connaître et reconnaître leurs côtes-du-vivarais et vins de pays des coteaux de l'Ardèche. Issus de terres revêches, les nectars ardéchois, fruits de la passion des hommes, suintent à flot sur les collines ou en bordure du Rhône.

Le picodon

Dans ce pays trop aride et montagneux pour abriter des troupeaux de vaches, ce sont naturellement les chèvres qui occupent le terrain. Avec le picodon au lait qui respire la montagne, l'Ardèche se distingue en pénétrant dans le club très fermé des AOC fromagères (août 2000). Son aire d'appellation franchit le département pour ricocher dans la Drôme, le Gard et l'enclave des Papes (Vaucluse), où poussent les herbes folles dont raffolent les chèvres alpines ou de race *Saanens*. Ce fromage de berger tout rond et tout petit « pique », comme son nom l'indique. En fonction de son affinage (14 jours minimum), le picodon joue sur une palette infinie de saveurs.

La châtaigne

Ce fruit des bois est ardéchois depuis la nuit des temps. Les forêts de châtaigniers qui déploient leur toison sur une grande partie du département fournissent la moitié de la récolte française. Plurielle (65 variétés), la châtaigne d'Ardèche, tendre et sucrée, se glisse dans de nombreuses spécialités, du marron glacé à la bière, en passant par le pisadou. L'AOC (qui concerne également châtaignes fraîches et sèches, brisures de châtaignes, châtaignes entières épluchées, purées de châtaigne et farines) enfin obtenue en 2006 affirme l'identité d'un produit fier de ses racines. Quelque 197 communes – 188 en Ardèche, 7 dans le Gard et 2 dans la Drôme – bénéficient de la suprême récompense. « L'arbre à pain » porté par des producteurs intègres et passionnés amorce sa reconquête.

Le bœuf fin gras du Mézenc

2006 est un grand millésime pour les AOC ardéchoises, le bœuf fin gras du Mézenc a obtenu, en mars, l'appellation d'origine contrôlée. Le fin gras rejoint le taureau de Camargue et le Maine-Anjou dans le trio des viandes bovines de haute qualité. Élevé à 1 100 m d'altitude sur 28 communes perchées de l'Ardèche et de la Haute-Loire, engraissé au foin très riche en ciste (un fenouil sauvage), le fin gras donne une viande persillée qui développe des saveurs fines et racées.

1995
France

L'Ardèche verte

L'Ardèche verte est une terre de production, donc de dégustation... Tout en relief, elle flirte avec le Rhône, tourne le dos aux gens pressés, proposant sa convivialité sur les routes d'Annonay – la ville des frères Montgolfier – ou du côté de Privas, la capitale mondiale du marron glacé. Il faut savoir inspecter, découvrir, ressentir ce petit coin de paradis piqueté de châtaigneraies, de vignes, d'arbres fruitiers ou peuplé de « chèvres à picodon » se grisant au genévrier !
Du Pilat méridional jusqu'au bord du fleuve, dessinant sa frontière avec la Drôme, l'Ardèche est source d'évasion. Haut Vivarais, vallée du Doux et vallée de l'Eyrieux sont des points d'orgue géographiques qui oxygènent les passions et ouvrent de belles perspectives touristiques vers Tournon, Saint-Agrève, Saint-Péray, Saint-Pierreville, Le Cheylard, La Voulte-sur-Rhône et autres villages plus anonymes.

La châtaigne : un fruit de passions

Quand l'été se retire, l'Ardèche d'automne retrouve sa tranquillité auprès de ses géants, les châtaigniers. Ici, l'arbre à pain est un monument botanique érigé depuis l'ère quaternaire, comme en atteste un fossile de l'époque présenté au Musée paléontologique de La Voulte-sur-Rhône. Arbre familier et tenace, le châtaignier stocke en lui la mémoire collective de plusieurs générations de paysans. Sur cette terre, certains châtaigniers ont mille ans d'âge.

Naguère, la châtaigne séchée s'engrangeait afin de constituer pendant l'année un garde-manger pour les familles et les animaux. La farine servait à faire un pain qui tenait au ventre. L'arbre était aussi d'un grand intérêt pour son bois imputrescible, riche en tannins. Reine du terroir, imprégnée de valeurs humaines, la châtaigne d'Ardèche se compare symboliquement à l'Ardéchois : piquant à l'extérieur, sucré et tendre à l'intérieur. Aujourd'hui, le département en a fait son emblème.

La filière châtaigne

La filière châtaigne a atteint un pic de production vers 1900 avec une récolte de 50 000 t, dix fois supérieure au résultat actuel. Après ce record, l'exode rural, l'abattage de châtaigneraies afin de récupérer les tannins du bois et la maladie du châtaignier ont entraîné son déclin. Mais, grâce à la volonté des castanéiculteurs désireux de renouer avec le succès, elle amorce un retour sur la scène ardéchoise grâce à l'AOC. Le parc naturel des Monts d'Ardèche initie, à ce titre, une politique de valorisation aux effets perceptibles. De son côté, le Programme régional de développement agricole s'est chargé de financer des ateliers de transformation. Aujourd'hui, les 5 500 t de châtaignes récoltées sur 6 000 ha représentent la moitié de la production nationale. L'Ardèche compte un millier de producteurs, mais pourrait en agréer davantage, indique Sébastien Debellut, du Comité interprofessionnel de la châtaigne d'Ardèche. « Cette activité offre des revenus satisfaisants. Les jeunes souhaitent donc s'installer, mais il est difficile d'acquérir aujourd'hui des châtaigneraies, car les anciens, attachés à leurs terres, veulent conserver leur propriété. »

Spectacle de variétés

À première vue, une châtaigne ressemble à une autre châtaigne. Pourtant, il en existe une soixantaine de variétés, dont la comballe, la précoce des Vans, la bouche-rouge, la bouche de clos, la merle, la sardonne, la pourette ou l'aguyane. Toutes les châtaignes d'Ardèche sont issues de la *Castanea sativa*.

Pourquoi les Ardéchois sont marteaux du pisadou ?

Le pisadou est un outil qui sert à éclater les bogues de châtaignes, une sorte de marteau planté de clous. Cet instrument s'est transformé en une douceur sous l'impulsion des pâtissiers-confiseurs de l'Ardèche. Lou pisadou, c'est son nom, est, en effet, un gâteau rond de 20 cm de diamètre. Depuis 1994, cette spécialité accompagne fêtes carillonnées et civiles ! Composé d'une pâte sablée, d'amandes, de frangipane, de crème de marrons et de meringue, lou pisadou est fabriqué uniquement par des membres du Syndicat des pâtissiers-confiseurs-glaciers de l'Ardèche.

La châtaigne est-elle la « femelle » du marron ?

Marron et châtaigne sont des fruits jumeaux. Contrairement à ce qu'a écrit Gustave Flaubert dans son *Dictionnaire des idées reçues*, la châtaigne n'est pas la femelle du marron bien qu'elle soit issue du même arbre, le châtaignier. Comment les différencier ? Le marron est une amande entière, tandis que la châtaigne est cloisonnée en deux parties par une peau que l'on appelle le tan. Autres différences, la taille – la châtaigne est plus petite que le marron – et l'utilisation – le marron sera principalement réservé à la confection de marrons glacés, la châtaigne à la fabrication de la crème et de spécialités diverses. Attention, le marron fruit du marronnier d'Inde que l'on trouve en ville ou dans les cours de récréation n'est pas comestible.

Informations pratiques

Comité interprofessionnel de la châtaigne d'Ardèche
4, avenue de l'Europe-Unie
07000 Privas
Tél. 04 75 64 04 61
www.chataigne-ardeche.com

Comme un hérisson

La châtaigne d'Ardèche est comme le cœur des filles : tout hérissé de piquants mais tout chamallow à l'intérieur. C'est en octobre qu'elle est prête pour la cueillette.

Envie de châtaignes

En Ardèche, les idées pour aiguiser l'appétit et promouvoir des produits à base de châtaignes sont infinies !

Petit inventaire :

- Purées, marrons au naturel, confiture de châtaignes, liqueur de châtaigne, castagnou (kir à la châtaigne) : distillerie Jean-Gauthier, à Saint-Désirat ;
- Marrondyne, sucette en forme de châtaigne enrobée de caramel : Atelier des douceurs, à Aubenas ;
- Bière de châtaigne : brasserie Bourganel, à Vals-les-Bains ;
- Bière de miel de châtaigniers : Les Chopes du moulin, à Lamastre ;
- Châtaignes apéritives : Ardèche Marrons, à Davézieux ;
- Croquants, macarons, sablés : Les Châtaignettes, à Saint-Privat ;
- Baguette ardéchoise, châtaignes soufflées : la ferme du Fabre, Le Monteil, à Laboule ;
- Biroulade, pâté végétal aux six parfums : Desbrus, la ferme de la Forêt du Puy, à Saint-Jean-Chambre ;
- Confitures bio de châtaignes et myrtilles : François Rolle, la ferme de Moyère, à Saint-Pierreville ;
- Compotes, purées de fruits, soupes (production biologique) : Sanofruit, à La Chapelle-sous-Aubenas.

Qui a inventé la crème de marrons ?

En 1882, Clément Faugier, ingénieur ardéchois, décide de redonner du travail à une main-d'œuvre sinistrée par la fermeture des usines textiles due en partie à la maladie des vers à soie. La solution passe par la châtaigne. Aidé d'un pâtissier, il se lance dans la production de marrons glacés à Privas. L'opération est délicate : il faut trier, calibrer, éplucher les marrons, puis les envelopper dans un voile de tulle. Ensuite, le fruit imprégné d'un sirop de sucre est confit. Mais les déchets sont nombreux. En 1885, les brisures de marrons glacés et le sirop de glaçage sont transformés par le même ingénieur-confiseur. La célèbre crème de marrons de l'Ardèche vient de naître. Depuis 1938, Marono, le petit personnage en bogues et feuilles de châtaigniers devenu l'emblème de la marque a fait le tour du monde. La société Clément-Faugier occupe aujourd'hui plus de 70 % de ce marché en France.

Qui fait des marrons glacés ?

La société Imbert, que dirige Stéphanie Nogier-Imbert (arrière-petite-fille du fondateur) avec son mari Alexandre Nogier, fabrique des douceurs ardéchoises uniquement à base de châtaignes fraîches (surtout de la bouche-rouge). Les Marrons glacés d'Aubenas ont donc une saisonnalité puisque la marque Imbert n'emploie jamais de marrons épluchés ou congelés.

Sabaton rime avec marron

Les établissements Sabaton à Aubenas amplifient leur savoir-faire depuis trois générations. Outre les marrons glacés, la maison est spécialisée dans le confisage des fruits destinés aux pâtissiers qui glacent eux-mêmes leurs marrons et dans des recettes originales autour du produit emblématique de l'Ardèche.

Les castagnades

Après la récolte, vient le temps des castagnades... Ces fêtes à la gloire de la châtaigne se déroulent du 16 octobre au 16 novembre. De Désaignes à Joyeuse, en passant par Privas, Albon, Saint-André-Lachamp, Meyras, sans oublier Antraigues, sous le soleil ou dans le froid, la reine de l'Ardèche fait sa belle.

Informations pratiques

Musée de la Châtaigneraie
07260 Joyeuse
Tél. 04 75 39 90 66

La maison du Châtaignier
BP 7
07190 Saint-Pierreville
Tél. 04 75 66 64 33
www.chataignier.fr
Ouvert 1er avril-30 novembre

Parc naturel régional des Monts d'Ardèche
07560 Montpezat-des-Monts-d'Ardèche
Tél. 04 75 94 35 20
www.parc-monts-ardeche.fr

Reportage

Moisson d'automne à Lamastre

« Nous avons baptisé cette ancienne chèvrerie la ferme du Châtaignier car c'est l'arbre qui nous fait vivre, c'est une reconnaissance. »

La petite route qui grimpe sur la colline et serpente jusqu'à 700 m d'altitude offre mille raisons de se perdre en chemin et d'admirer le panorama flamboyant de l'automne ardéchois. La ferme du Châtaignier se mérite. Une crêpe épaisse à la farine de châtaignes, tartinée de crème de marrons, récompense les curieux de nature.
Dans l'immense pièce aménagée pour les touristes, tout est organisé autour des saveurs du châtaignier. Derrière les fourneaux, Martine Grange régale le visiteur avec la gourmande bienveillance d'une mère.
« Nous avons baptisé cette ancienne chèvrerie la ferme du Châtaignier, car c'est l'arbre qui nous fait vivre, c'est une reconnaissance. »
Chez les Grange, on voit la vie couleur châtaigne avec des mots qui sonnent juste, se faisant l'écho de trois générations. Louis, Élie et Henri ont consacré leur vie à ce fruit emblématique de l'Ardèche. Aujourd'hui, Michel et sa femme Martine exploitent une châtaigneraie de 25 ha située à Lamastre et Saint-Barthélemy-Grozon. Une exploitation riche de 22 variétés de châtaignes, dont les fameuses comballe et merle.
« Le problème en Ardèche, explique Michel Grange, c'est que les industriels utilisent à tort et à travers le nom et l'image Ardèche qui a une bonne notoriété pour revendre des châtaignes et marrons venus d'ailleurs, du sud-ouest de la France ou d'Italie, du Portugal, d'Espagne ou de Turquie. Des fruits hybrides issus de vergers mécanisés qui rendent les coûts de production moindres. Nous pratiquons la culture traditionnelle et respectueuse du châtaignier. La châtaigne d'Ardèche doit être ardéchoise ou ne pas être. L'enjeu est important pour l'avenir et le maintien en Ardèche d'une population rurale. »
La ferme des Grange est un espace de découverte pour apprendre les multiples façons de consommer la châtaigne.
Il y a surtout un atelier collectif de transformation qui a nécessité un investissement de 400 000 euros subventionné par le Programme régional de développement agricole.

Deux jours par semaine, il est ouvert à d'autres producteurs du canton. Cet outil de travail est indispensable avec l'AOC car la châtaigne doit être produite et transformée sur place. Une transformation plus rigoureuse que la méthode industrielle. Au sortir de l'atelier, la palette des spécialités est impressionnante : châtaignes confites, crèmes de châtaignes au chocolat, aux noisettes, aux fruits à l'alcool, compotes de pommes et châtaignes, veloutés de potimarron et de châtaigne, biscuits, gâteaux, sirops de châtaigne... Cette valorisation est un succès, les consommateurs redécouvrent la châtaigne traditionnelle, qui devient tendance...

La Ferme du Châtaignier
Le Roux
07270 Lamastre
Tél. 04 75 06 30 19

Côtes-du-rhône : les grands d'Ardèche

Producteurs recommandés

cornas :
Thierry Allemand, Alain Voge, Auguste et Pierre-Marie Clape, Jean-Luc Colombo, Mathieu Barret, Balthazar, Vincent Paris, Stéphane Robert...

saint-péray :
Alain Voge, Bernard Gripa, Jacques Leménicier, Thiers, Darona, Chaboud, la cave de Tain-l'Hermitage, Stéphane Robert...

saint-joseph :
Jean-Louis Chave, Bernard Gripa, l'ancien domaine de Jean-Louis Grippat racheté par Marcel Guigal, produisant le très savoureux vignes-de-l'hospice, Pierre Coursodon, Louis Cheze, Raymond Trollat...

Le cornas

Le cornas bénéficie d'une AOC depuis 1938. Connu dès l'époque gallo-romaine (on a retrouvé des fragments de murs, vraisemblablement d'exploitations agricoles, le long de la vallée du Rhône), ce vin de caractère a captivé de grands personnages de l'histoire de France, à l'instar de Charlemagne qui s'en fit livrer à Aix-la-Chapelle, ou Saint Louis et, plus tard, Louis XIV qui l'apprécièrent à sa juste saveur.

La zone d'appellation d'origine contrôlée est située à une dizaine de kilomètres au nord-ouest de Valence, en rive droite du Rhône. Dans le département de l'Ardèche, elle couvre un peu moins de 100 ha sur la seule commune de Cornas. D'exposition sud–sud-est, ce vignoble forme un hémicycle autour du village. Vinifié en rouge uniquement, le cornas est issu du cépage syrah. De couleur grenat foncé, presque noir, ce vin de très bonne garde, viril et charpenté, n'est pas dénué de finesse.

Le saint-péray

L'appellation saint-péray existe depuis 1936, mais la présence de la vigne sur ses coteaux remonterait aux Phocéens (600 ans av. J.-C.). La zone AOC est située à 5 km à l'ouest de Valence, en rive droite du Rhône, sur 60 ha de parcelles localisées sur les communes de Saint-Péray et de Toulaud. Vinifié en blanc, tranquille ou effervescent (seconde fermentation en bouteille : méthode champenoise), le saint-péray est produit à partir de deux variétés de raisin, le marsanne et la roussanne, assemblées ou vinifiées séparément. De couleur jaune clair à or suivant les cuvées, le saint-péray se caractérise par des arômes de fleurs blanches, de miel et de cire.

Le saint-joseph

Le saint-joseph a obtenu son appellation d'origine contrôlée en 1956. Son nom proviendrait d'un ancien monastère planté au milieu des vignes. Ce vignoble de 950 ha est ancré sur 23 communes ardéchoises et 3 ligériennes, côté rive droite du Rhône. Il s'étend sur près de 60 km, de Chavanay au nord, à Guilherand au sud. Les saint-joseph rouges sont issus du cépage syrah, mais l'adjonction de 10 % de raisins blancs est autorisée. Très colorés, ils exhument des notes poivrées et fruitées avec des arômes de cassis et de framboise. Les saint-joseph blancs proviennent des cépages marsanne et roussanne, assemblés ou vinifiés séparément. Couleur or-paille, ils développent de beaux arômes de pêche, de fleurs blanches, de miel et de cire.

Mauves semble être le village de référence pour ce côtes-du-rhône septentrional. Les spécialistes s'accordent à dire que l'on trouve ici des saint-joseph au sommet de leur finesse.

Le condrieu

Appellation d'origine contrôlée depuis 1940, le condrieu étend son influence sur trois départements : le Rhône, la Loire et l'Ardèche. Limony est le seul village ardéchois accueillant cette appellation. Sur la rive droite du Rhône, un peu plus de 100 ha de vignes plantées en coteaux donne ce vin incomparable issu du cépage viognier. Vinifié uniquement en blanc, il étonne par sa complexité et son ampleur. Doté d'une robe d'or pâle et de reflets dorés, le condrieu dégage un puissant bouquet de violette, de chèvrefeuille, de pêche et d'abricot. On trouve également sur l'appellation des vins moelleux, voire liquoreux, issus des récoltes tardives.

Producteur recommandé

condrieu
Louis Cheze.

Cornas : vérité et virilité

« Le cépage du cornas, c'est de la syrah comme le côte-rôtie, mais dans une expression tout à fait différente. »

Les gens du Nouveau Monde aiment se pencher sur le berceau de la syrah. Contre vins et marées, Pierre-Marie Clape focalise sa vérité sur la qualité des côtes-du-rhône : « Le cornas est le rouge le plus au sud des septentrionaux, le plus tannique, le plus rustique. Contrairement aux vins à la mode, consensuels, il faut faire des vins de terroir. Restons implantés dans notre terre, gardons notre notion d'AOC sans concession et renforçons cette éthique. »
Le président de l'appellation symbolise la passerelle existant entre méthodes ancestrales et moyens modernes ; il s'en explique avec clarté : « Le vignoble démarre au bord de la nationale et grimpe en haut de la colline, les conditions de travail sont donc pénibles, la récolte est difficile, avec un dénivelé de 250 m. Tout doit être manuel, porté à dos d'homme. Ma façon de cultiver est proche du bio, même si nous utilisons des hélicoptères pour le traitement de nos vignes dans les zones escarpées. » 75 % de cette production part à l'export (Australie, Europe du Nord, Brésil...). De jeunes vignerons qui veulent s'installer et poursuivre l'œuvre de leurs parents s'accrochent à ce rêve malgré le prix dissuasif du foncier. Chez les Clape, Olivier est prêt à relever le défi de son père pour un vin à notoriété ininterrompue depuis le Xe siècle. Le cornas fut même classé, au XIXe, au même niveau de gloire que le châteauneuf-du-pape !

Les plus anciennes bouteilles datent de 1964 et sont couvertes de duvet noir, un champignon qui ne se développe que dans les vapeurs d'alcool.

Le saint-péray légendaire et distingué

« Qui dit côtes-du-rhône pense vin rouge, nous on est tout blanc ! »

La maison Chaboud fournissait les cours de Russie et d'Angleterre. Wagner aurait écrit son Parsifal en buvant du saint-péray. Stéphane, représentant la sixième génération de la famille Chaboud, en tire une grande satisfaction. C'est Louis-Alexandre Faure, son arrière-grand-père, qui a inventé le saint-péray méthode champenoise. En 1826, un caviste de Champagne s'installe dans la propriété de ce notable d'Ardèche pour développer ce procédé de vinification et parvenir au résultat que l'on connaît aujourd'hui ! La première bouteille est arrosée en 1829 au château de Beauregard. Aujourd'hui, quelques viticulteurs font revivre ce pétillant à la réputation fluctuante. L'appellation produit surtout un blanc tranquille (60 % de la production) que le célèbre guide Parker a baptisé le « chablis des côtes-du-rhône » !

Stéphane Chaboud :
« Le pétillant : une invention de mon arrière-grand-père. »

Duo de fromages

Le picodon en chiffres

500 t de picodon Drôme-Ardèche (production annuelle).
125 producteurs fermiers, dont 40 livrant aux affineurs,
260 producteurs de lait,
4 affineurs et 4 entreprises.
www.picodon-aoc.fr

Le picodon, un petit palet qui ne manque pas de « piquant » !

Si, depuis 2000, la zone d'AOC de ce petit palet est bien délimitée (Ardèche et Drôme, ainsi que le canton de Barjac pour le Gard et l'enclave de Valréas pour le Vaucluse), sa commercialisation et sa réputation ignorent les frontières. Le picodon est l'un des rares fromages de chèvre ne portant pas un nom géographique. C'est pourtant un authentique fromage de terroir, qui tient son nom de l'occitan (selon les époques et les orthographes, *picaoudou*, *picaudou*, *picaïdon*, *picaudon*) signifiant « fromage qui pique » ou tout simplement « petit ». Il doit beaucoup à la chèvre, et pas n'importe laquelle. L'élevage caprin à picodon est concentré dans les Préalpes (côté Drôme) et en bordure ardéchoise du Massif central. Le cheptel se compose de *Saanens* et d'alpines, de leur croisement et de races locales. Ces chèvres mangent principalement du fourrage ou des céréales et pâturent librement au soleil quand le temps le permet. Le picodon doit aussi son succès à sa fabrication artisanale, qui puise ses racines au XIVe siècle. Une faible quantité de présure additionnée au lait entier cru confère simplicité et goût naturel à ce fromage au cœur tendre. Le caillé frais, monté à la louche, s'égoutte durant 7 h dans des faisselles percées et aux bords arrondis. Retourné au moins une fois, le picodon est ensuite démoulé, séché puis affiné pendant 8 jours. Dans sa version « affinage classique », il est commercialisé 14 jours après l'emprésurage. Mesurant de 5 à 7 cm de diamètre, il renferme 45 % de matières grasses et sa pâte, recouverte d'une croûte fleurie, affiche un dégradé de couleurs douces allant du blanc au jaune. Les étiquettes picodon AOC déclinent le portrait de son ambassadrice : la chèvre.

Le caillé doux de Saint-Félicien : forcément artisanal

Saint-Félicien, village du haut Vivarais perché à 542 m d'altitude, véhicule une image de produits fermiers. En témoigne le caillé doux de Saint-Félicien, marque déposée depuis 1980, qui n'a rien à voir avec le saint-félicien dauphinois. Ce chèvre à pâte molle et croûte fleurie est fabriqué de manière singulière. Le lait est emprésuré à chaud juste après la traite, ce qui lui donne un minimum d'acidité. Dès sa coagulation, le caillé est tranché grossièrement pour que le petit-lait s'égoutte. L'affinage dure environ 15 jours. Cette véritable chaîne du froid exclut toute fabrication industrielle pour ce fromage forcément artisanal.

Le rogeret de Lamastre est une variante du caillé doux, en version lait de vache. Il est vendu au kilo, contrairement au caillé doux de Saint-Félicien qui se présente en petit palet. Au rayon des fromages ardéchois, figurent aussi le goudoulet, aéré et moelleux, et le coucouron, un bleu très doux à pâte molle.

Rencontre

Terre à chèvres…

En 1860, le cheptel caprin d'Ardèche était le premier de France. La chèvre ? « C'est l'animal fétiche de l'Ardèche depuis toujours, elle a son monument, au col de l'Escrinet », confirme Christian Moyersoen, producteur de picodon. « Les chèvres se nourrissent de genêts, de bruyère, de feuilles de châtaigniers et d'herbe. Grâce à cela, elles nous donnent ce petit fromage à croûte fleurie, il y en a de toutes les couleurs, du jaune pâle au jaune ocre, tacheté de blanc et de bleu, parfois même de rouge, une vraie collection de couturier… Pas un seul picodon n'a le même goût. Il a cette typicité du terroir liée à ce que mangent les chèvres. »

Reportage

Le berger et le picodon

« Le lien entre la chèvre et l'Ardèche, c'est la pugnacité ! »

Le bout du monde ou presque... Ribes, au-dessus de Joyeuse sur les contreforts du Tanargue, affiche son caractère. Tanargue, « tonnerre » en patois, indique que les orages sont très fréquents ici à fleur de Cévennes et en lisière du plateau ardéchois.
Dans cet environnement tourmenté, Jean-Claude Balmelle mène paître son troupeau de chèvres racées : « J'élève des *Saanens*, dont le berceau d'origine se trouve en Suisse et en Autriche, car l'AOC n'impose pas de race pour le picodon. Elles se comportent comme des vaches et broutent dans les prés. Difficile devant leur gabarit, leur blancheur et leur barbiche de ne pas penser à la petite chèvre de Monsieur Seguin ! Ce sont d'excellentes laitières qui donnent 1,5 à 5 l par jour. Comme elles marchent beaucoup, souvent plusieurs kilomètres avant d'atteindre les pâturages, il leur faut des pis bien arrimés avec des attaches très larges et solides.

Elles se nourrissent d'herbes, de ronces, de branches de châtaigniers, vivent dans un écrin de verdure, où elles composent un fabuleux tableau. Les paysages sont merveilleux, les chèvres sont mon bonheur. »
La chèvre est un animal tout terrain, emblématique d'un pays, d'une culture, d'un terroir. C'est une bête curieuse qui s'accroche, résiste, faisant la vie dure à Jean-Claude Balmelle : « Le lien entre la chèvre et l'Ardèche, c'est la pugnacité. »
Tout rustique qu'il soit, le picodon sort d'une laiterie et d'une fromagerie des plus modernes, mises aux normes européennes. Autrefois, les Ardéchois le conservaient dans des jarres en grès plusieurs mois. Aujourd'hui, ce fromage prend le temps de plaire : il lui faut au moins 14 jours d'affinage !

Tout rustique qu'il soit, le picodon sort d'une laiterie et d'une fromagerie des plus modernes !

De vergers en potagers

Producteurs recommandés

Coopeyrieux, coopérative fruitière de la Vallée de l'Eyrieux
N 86
07800 Beauchastel.

Jean-Paul Laprat, producteur de pêches dans la vallée de l'Eyrieux.

Une pêche « haute culture »

En avril, la vallée de l'Eyrieux déroule ses rubans roses de pêchers en fleur. L'Ardèche est un pays arboricole riche en vitamines. Si la châtaigne reste le premier fruit ardéchois, les pommes, les poires, les cerises, les pêches et les nectarines sont légion autour du parc naturel régional. La vallée de l'Eyrieux, protégée du vent, est particulièrement adaptée à la culture des pêchers avec son sol siliceux, fertile et perméable. La pêche s'est distinguée dès les années 1930 lorsque Silas Faugier inventa la taille en Y des arbres permettant de hauts rendements. La réputation du fruit vedette de l'Eyrieux rayonne au-delà de ses terres d'origine. Ce fruit de belle forme, sans défaut, se cueille mûr à point. Deux coopératives et quelques producteurs indépendants cultivent cette pêche haute couture défilant sur les marchés de la mi-juin à la mi-septembre.

L'Ardèche a la patate !

L'Ardèche, et plus particulièrement le haut Vivarais, est la patrie des pommes de terre. C'est dans cette région que l'agronome Olivier de Serres (voir p. 93) écrivit le premier ouvrage français sur la culture de cette solanacée joliment intitulé *Theatre d'agriculture et mesnage des champs* (1600). La truffole, comme on l'appelle ici, a été plantée dès le milieu du XVIe siècle vers Saint-Alban-d'Ay, où elle est toujours cultivée. C'est une vitelotte, une ratte à la peau noire, surnommée « diamant noir de Bécuse », qui a une sérieuse concurrente locale, la violine de Borée. La violine, dite aussi la bleue de Borée, est une variété rare et ancienne à la chair bleue (mais noire de peau) que des producteurs passionnés cultivent sur les versants du Mézenc.

Primeur ou nouvelle ?

Texture granuleuse et forme bien ronde, la pomme de terre primeur, autre spécialité de la vallée de l'Eyrieux, pousse en terrasses. Une trentaine d'agriculteurs, installés autour de Saint-Sauveur-de-Montagut, en produisent, de façon traditionnelle, quelque 600 t. On trouve cette primeur de terroir sur les marchés entre avril et juillet, principalement à Lyon et à Saint-Étienne. Le parc naturel régional des Monts d'Ardèche, la chambre d'agriculture du département et un collectif de producteurs travaillent à sa valorisation.

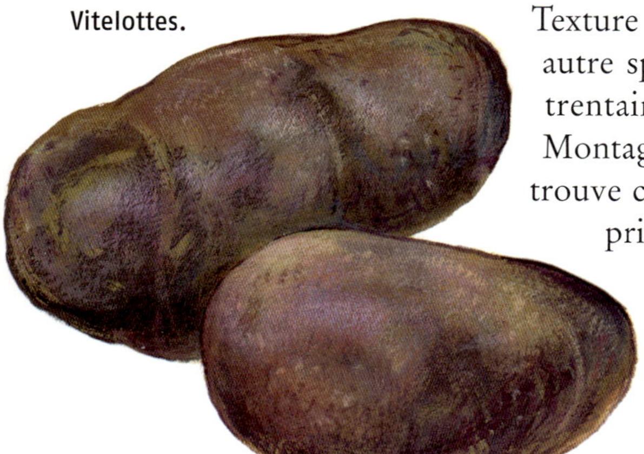

Vitelottes.

Gourmandises

Les copeaux de Saint-Péray

Leur fabrication nécessite un appareil spécifique, introuvable aujourd'hui. Seul le pâtissier de Saint-Péray possède cette drôle de machine à copeaux, datant de 1871. C'est à cette époque que Henri Malavielle créa ces petits biscuits en forme de copeaux de bois. Craquant sous le palais, les copeaux Malavielle, composés de farine, sucre et fleur d'oranger, sont recommandés à l'apéritif ou à l'heure du thé ou du café.

Le pantin d'Annonay

Il trône dans toutes les vitrines des pâtisseries d'Annonay pour les Rameaux et à Pâques, mais on le trouve toute l'année dans la ville des frères Montgolfier. Le pantin d'Annonay doit ses formes figuratives variées – bonhomme, montgolfière, cloche, animal – à une coutume locale. Le jour des Rameaux, les enfants attachaient ces gâteaux aux branches de buis pour les faire bénir et devaient les manger seulement après la messe. La coutume s'est perdue, le biscuit est resté. Sa recette demeure toujours un peu secrète. En sablé ou fait d'une pâte plus tendre, proche du pain d'épices, le pantin tout rose, aux écorces d'orange, fond dans la bouche. On compare souvent ces sujets très décoratifs, mesurant de 8 à 30 cm, à leur cousin, le Suisse de Valence (voir Drôme, p. 145).

La bombine

Cet ancien plat du pauvre est un ragoût de pommes de terre (d'Ardèche, bien sûr). Un « must » l'hiver, surtout si la bombine cuit au feu de bois.

Pour 4 personnes
- 8 pommes de terre
- 1 oignon, ail, thym, laurier, sel, poivre
- Huile d'olive

Faire revenir à l'huile d'olive dans une cocotte en fonte l'oignon émincé, puis les pommes de terre coupées en dés. Ajouter l'ail finement haché, une branche de thym, du laurier, sel et poivre. Couvrir d'eau chaude. Laisser mijoter à couvert, au coin du fourneau ou au four une bonne heure. C'est encore meilleur réchauffé. Plus riche et complète, la bombine peut cuire avec du porc (poitrine, lard, saucisses).

L'Ardèche méridionale

Avant-goût du grand Sud, l'Ardèche méridionale annonce les paysages typés de son voisin le Gard. Amandiers et oliviers donnent le ton et l'accent des produits. Plébiscités par les touristes, les sites naturels et grandioses déploient leur force dans un département au zénith de ses charmes : Vallon-Pont-d'Arc, Joyeuse, Orgnac, Bourg-Saint-Andéol. Grottes et avens gardent à huis-clos la mémoire des premiers Ardéchois qui vivaient là il y a 30 000 ans, comme en témoignent les bouleversantes peintures rupestres. L'Ardèche dévale la montagne à grands flots, ancrant impétueusement ses gorges et ses canyons saisissants. De grandes eaux, dont celle de Vals-les-Bains, jaillissent des jeunes volcans cévenols. Ici, les vignerons mettent le soleil en bouteille, vinifiant des crus expressifs et gouleyants. Mille et une herbes embaument l'atmosphère lorsque thym, serpolet, sarriette, santoline confondent leurs fragrances méridionales.

Les vins du soleil

Producteurs recommandés

Domaine Galetty, domaine du Vigier, les Vignerons ardéchois.

Les côtes-du-vivarais : robustes et gourmands

Appellation d'origine contrôlée depuis 1999, les côtes-du-vivarais sont situés sur les deux rives de l'Ardèche, près des célèbres gorges éponymes. Neuf communes du département de l'Ardèche et cinq du Gard se partagent les 650 ha du vignoble, où se distinguent trois crus : l'orgnac-l'aven, le saint-montan et le saint-rémèze.

Poussant sur un sol calcaire et pierreux, les côtes-du-vivarais sont vinifiés en rouge, blanc et rosé. Les rouges sont issus majoritairement des cépages grenache et syrah, le carignan étant autorisé jusqu'en 2017. De robe grenat sombre, ce vin mêle les notes florales et fruitées (cassis, framboise, groseille, pruneau, violette). Les rosés, qui proviennent de l'assemblage des cépages grenache, syrah et cinsault, sont friands et ronds, dominés par des parfums de fruits rouges acidulés. Les blancs sont composés de grenache blanc, de marsanne et de clairette. De belle fraîcheur, ces côtes-du-vivarais aux arômes de coing, pomme, pêche, fleurs d'acacia et aubépine accompagnent à merveille les truites ou encore le picodon.

Les côtes-du-rhône villages : intenses et équilibrés

Côté Ardèche, quelques communes peuvent revendiquer l'appellation côtes-du-rhône villages : Bourg-Saint-Andéol, Saint-Just, Saint-Marcel-d'Ardèche et Saint-Martin-d'Ardèche. Installé sur des coteaux et des terrasses anciennes, au confluent de la rivière Ardèche et du fleuve Rhône, ce vignoble produit des rouges de garde. Les sols en terre douce donnent vie, quant à eux, à des vins plus légers rouges, blancs et rosés.

Vins de pays des coteaux de l'Ardèche : corsés et rocailleux

Les Ardéchois n'ont pas attendu la conquête romaine pour savoir que le vin avait toutes ses chances de s'épanouir au pays. Depuis plus de 2 000 ans, la vigne fait partie du paysage, bousculant les cailloux pour puiser sa substantifique sève. Sur des terres rêches et rocailleuses pousse un vignoble étonnamment élégant et généreux en arômes. Les coteaux-de-l'ardèche tirent leur caractère pluriel de quatre types de terroirs répartis sur 82 communes (Antraigues, Aubenas, Viviers, Les Vans, Vals-les-Bains…) et 7 300 ha. La variété de ce vin de pays s'exprime dans une mosaïque de cépages :

- pour le rouge : grenache syrah, cabernet-sauvignon, merlot, gamay, pinot…
- pour le rosé : syrah, grenache, cinsault, merlot
- pour le blanc : chardonnay, viognier et sauvignon

Ce terroir original a attiré la séculaire maison bourguignonne Latour en osmose avec les Vignerons ardéchois. Ensemble et en toute complicité, ils réussissent la percée du chardonnay en terre méridionale.

Le chatus

Le chatus est un vieux cépage, cité par Pline l'Ancien et reconnu par Olivier de Serres comme l'un des 38 cépages du royaume de France.
Au XIXe siècle, le chatus était principalement cultivé sur la bordure cévenole du bas Vivarais. Mais la crise du phylloxéra de 1880 décima la quasi-totalité du vignoble.
Sous l'impulsion des vignerons de la cave de Rosières et notamment grâce à la ténacité de Christophe Reynouard du domaine de Grangeon, le chatus amorce sa renaissance, retrouvant ses coteaux d'origine (Vernon et Balbiac à Rosières).
Classé en vin de pays des coteaux de l'Ardèche, il couvre aujourd'hui environ 12 ha.
Le chatus, de robe rouge sombre, développe de beaux arômes de cannelle, eau-de-vie de prune, griotte, mûre, coing, poivre blanc, pruneau et réglisse. Rarement vinifié seul, il est souvent associé à la syrah.

Paroles

« L'Ardèche du Sud n'a pas l'image d'un pays vigneron, pourtant… »

Les côtes-du-vivarais (AOC), les côtes-du-rhône (AOC) et les vins de pays des coteaux de l'Ardèche sont regroupés dans l'association 2000 vins d'Ardèche présidée par Jean-Luc Flaugère : « Notre atout principal, c'est ce groupement des producteurs. Il rassemble 22 des 24 caves coopératives du Sud ardéchois. Pour le suivi œnologique, la mise en bouteille, le commercial, tout est fait en commun afin d'éviter les concurrences entre vignerons. L'Ardèche a l'image d'un vignoble sérieux. On vend du rêve et de la rigueur. Nous allons plus loin que la réglementation. Il serait possible de produire 80 hl / ha, mais l'on préfère s'autolimiter à 40 ou 50 hl, du coup nos vins sont aromatiques. Le rapport qualité/prix du produit est remarquable. »

« Respect du travail, de la terre et du produit »

« Je privilégie les vins de garde et la très haute qualité, je cultive exclusivement en bio. »

Esprit d'indépendance, méthode « haute vigne », passion du bio, Alain Galetty assemble toutes les conditions pour distinguer son domaine et ses vins. Fils d'industriel lyonnais, il effectua sa première vinification en 1981 dans la propriété familiale magnifiée par une bâtisse remontant à 1764 ! Dans ce décor étourdissant de beauté, le vigneron s'exprime et fait parler la vigne : « Je préfère la qualité au détriment du volume. Les soins apportés au vignoble sont de tous les instants dans le respect de la terre, du travail et du produit. Les vendanges sont manuelles, la vinification est personnalisée pour chaque cuvée. Je travaille au ressenti. »

Le domaine, composé de trois types de terroir (argile pure profonde, éboulis calcaire et gravier), assure la typicité nécessaire aux vigueurs aromatiques des côtes-du-vivarais. Le vigneron de Saint-Montan, sous le regard de son jeune fils, la tête dans les cépages, ouvre sa Galetty d'art très personnelle : « Je privilégie les vins de garde et la très haute qualité, je cultive exclusivement en bio, nos rendements sont donc excessivement faibles, de l'ordre de 30 hl/ha. » Et de nectar...

la Syrare
d'Alain Gallety
2003

Christiane Brioude, reine des châtaignes

Hôtel-restaurant
Le Vivarais
07600 Vals-les-Bains
Tél. 04 75 94 65 85

Adèle, Adeline, Julia, Jeanne, aujourd'hui Christiane et sa fille Anne-Sophie ont été élevées aux sourires de l'Ardèche. À la manière des mères lyonnaises, porteuses de saveurs locales, Christiane se donne et donne à la cuisine une vigueur toute particulière. Ancienne présidente des Femmes cuisinières de France et ambassadrice de l'Ardèche à l'étranger, Mme Brioude, adoubée « reine des châtaignes », continue à promouvoir le produit fétiche de son pays.

« À 4 ans, le samedi, le dimanche, pendant les vacances, j'étais dans la cuisine avec mes parents. »

Christiane Brioude évoque l'audace de sa trisaïeule devenue propriétaire d'un restaurant en 1872 ! Adèle étonna le Tout-Neyrac-les-Bains, curistes et touristes compris. L'histoire ne s'est pas interrompue. Confortée par un atavisme, guidée par de solides intuitions, Christiane échoue par hasard à Vals-les-Bains en un jour de novembre 1967. Le plus grand hôtel de la station thermale est à vendre. Elle ne quittera plus la station et les mille et une saveurs de l'Ardèche. Immergée dans le goût des bonnes choses, la propriétaire du Vivarais active sa mémoire gustative comme une crème de beauté : « À 4 ans, le samedi, le dimanche, pendant les vacances, j'étais dans la cuisine avec mes parents, j'allais dans les fermes où je dégustais tout, dont une inoubliable soupe d'orge. » Conservant cette somme d'émotions, Christiane restitue dans chaque recette un extrait d'antan : « On a besoin de ressentir la cuisine, de se faire plaisir, ici on trouve tous les produits, il suffit d'aller les chercher directement chez les paysans, sur les marchés, dans la nature. » Celle que l'on appelle affectueusement la « reine des châtaignes » vit un vrai bonheur à Vals-les-Bains : « Petite, j'avais deux rêves : devenir cuisinière ou paysanne. Cuisinière, je le suis, paysanne, je vais le devenir puisque j'ai hérité de quelques hectares de châtaigneraie et j'ai des idées sur ce que je pourrais en faire. Chaque fois que cela est possible, je fais passer le message : les châtaignes doivent retrouver leurs lettres de noblesse dans la cuisine. La châtaigne, c'est un parfum d'humus, de journées qui raccourcissent, le goût de la pluie, du feu de cheminée, un produit d'amis, aussi puissant que le vin. » La dame du Vivarais est une cuisinière rare qui exhume les velours du marron.

Le cousina

1 Cuire les châtaignes dans l'eau bouillante après avoir enlevé la coque.

2 Quand elles sont cuites, retirer la deuxième peau. Réserver les 2/3 des châtaignes. Passer 1/3 des châtaignes à la moulinette.

3 Faire bouillir le bouillon de volaille avec la noix muscade râpée, les feuilles de céleri et le tiers de châtaignes passé à la moulinette. Poivrer, saler.

4 Au bout de 30 min, ajouter le litre de crème fraîche, et quand elle commence à bouillir ajouter les 2/3 des châtaignes pelées. Rectifier l'assaisonnement et laisser mijoter 1 h.

Ingrédients pour 6 personnes

- 1 kg de châtaignes bouche-rouge
- 1 l de court-bouillon de volaille ou 2 bouillons-cubes
- 1 noix muscade à râper
- Sel et poivre
- 6 feuilles de céleri, de préférence le lapis des vallées ardéchoises
- 1 l de crème fraîche

Collection d'eaux

Un monde pétillant

Grâce aux fracturations et aux fissures de ses sols cristallins, l'Ardèche, terre de jeunes volcans, est parmi les premiers départements producteurs d'eaux minérales. Une demi-douzaine de sources localisées dans le parc naturel régional des Monts d'Ardèche compose une rafraîchissante famille.

Appréciée à la cour de Versailles, puis célébrée par la marquise de Sévigné, la Vals pétille aujourd'hui d'une notoriété retrouvée.

Reconnue et exploitée depuis 1602, elle a vu sa commercialisation décoller grâce à l'arrivée des bouteilles en plastique. Douce et légère, riche en manganèse, la Vals aux fines bulles réhydrate et désaltère. Glissant entre le mont Mézenc et le mont Gerbier-des-Joncs, l'Arcens est purifiée par le filtre naturel des roches volcaniques. Elle se caractérise par sa touche salée et sa pétillante légèreté. Plus confidentielle, la Vernet coule à Prades depuis 1874. Peu minéralisée, cette eau renforcée au gaz de la source est bicarbonatée.

Captée à Asperjoc, la Reine des basaltes, bicarbonatée, calcique et magnésique, favorise la digestion. Trois élégantes s'affichent sur les bouteilles en verre. La Ferrugineuse incomparable est également embouteillée à Asperjoc. La Volcan, dont la source jaillit au pied de l'Aizac, est peu minéralisée et subtilement salée. Toujours de verre vêtue, la finement pétillante Ventadour (elle tient son nom du comte de Ventadour, baron de La Voulte) provient de la source ancienne du Pestrin à Meyras-Neyrac. C'est aussi à cet endroit que l'on consomme, depuis 1868, la Chantemerle, seule eau minérale de table plate danc cet ensemble turbulent.

L'olivier, retour gagnant

Depuis le XIVe siècle, l'olivier s'est enraciné naturellement dans cette région aux influences méditerranéennes. Jusqu'au milieu du XXe siècle, la basse Ardèche vivait de l'olive, avec 500 000 arbres, lorsque survint le gel de 1956 ; les dégâts furent irréparables : 250 000 arbres décimés et 36 moulins fermés. Cette activité semblait enterrée par l'arrivée de plants de vignes et d'arbres fruitiers sur des terrains dévastés par ce terrible hiver. C'était oublier la passion des oléiculteurs pour cet arbre patrimonial. Depuis une décennie, ils s'activent à replanter chaque année 5 000 oliviers. Chaque année, 200 t d'olives sont pressées dans cinq moulins, dont le plus ancien se situe à Saint-Sauveur-de-Cruzières. Si, en 1918, le botaniste J. Ruby avait répertorié jusqu'à 30 variétés d'oliviers en Ardèche, ce sont surtout la rougette (ronde, robuste et violacée) et la négrette que l'on récolte aujourd'hui. De bonnes nouvelles qui nourrissent l'espoir d'une AOC Cévennes-Vivarais.

Gourmandises

La ferrastar, une amande protégée

L'amande est au nougat ce que la cerise est au clafoutis : irremplaçable. C'est encore à Olivier de Serres que l'on doit l'introduction des amandiers dans la région au XVIe siècle. Parmi les différentes variétés, la ferrastar, protégée par l'Institut national de la recherche agronomique (INRA), est une amande fine, de forme très irrégulière et d'un musqué incomparable pour réussir les grands pralinés.

Un pays, un homme

Olivier de Serres

Fervent partisan de l'agriculture raisonnée, agronome distingué, Olivier de Serres (1539-1619) est né à Villeneuve-de-Berg. Sur son domaine du Pradel (200 ha), il étudie l'agriculture de son siècle. Ce chantier ouvert au bon sens est une exploitation modèle aux méthodes infaillibles. Olivier de Serres consacrera un livre à cette expérience unique.
L'auteur du *Theatre d'agriculture et mesnage des champs* sera aussi un acteur agroéconomique de premier choix. Olivier de Serres multipliera, en effet, les « premières » dans son pays en important des plants de mûriers de Chine, du houblon d'Angleterre et de la garance de Flandres.

La montagne ardéchoise

La montagne ardéchoise évoque ces leçons de géographie, où l'on enseignait que la Loire prend sa source au mont Gerbier-des-Joncs (1 551 m). Deux autres sommets, le Tanargue, au cœur des Cévennes, approchant 1 500 m, et le mont Mézenc, l'incontestable géant d'Ardèche (1 753 m), lui tiennent haute compagnie. Ces reliefs au bord du Massif central sont tapissés d'une flore exceptionnelle, narcisses, anémones des Alpes, gentianes et violettes des montagnes. Le lac d'Issarlès, d'un bleu outre-terre, intrigue par son incroyable profondeur (138 m). Les touristes apprécient cette région ardéchoise qui met en valeur un art montagnard et une gastronomie riche en produits nature : poissons, pommes de terre, bœuf fin gras, champignons, fromages ou fruits rouges.

Le bœuf fin gras du Mézenc, une bête à manger du foin

« Le bœuf de Pâques tient son originalité et sa saveur d'un engraissement hivernal au foin, un foin au goût subtil de ciste. »

C'est un bœuf unique élevé dans une vingtaine de communes sur les hauteurs de Haute-Loire et d'Ardèche. Le fin gras du Mézenc tient son originalité et sa saveur d'un engraissement hivernal au foin. Un fourrage renommé sur le massif de Mézenc pour son goût subtil à la ciste, plante pastorale aromatique que l'on appelle aussi fenouil des Alpes. Les bovins de plus de deux ans soigneusement engraissés à plus de 1 000 m d'altitude donnent une viande finement parsemée de pointes de gras qui, en fondant à la cuisson, libèrent leurs arômes. Depuis 1996, les éleveurs du massif Gerbier-Mézenc relancent ce produit traditionnel remontant au XVIIe siècle. Leurs efforts ont été récompensés. En 2006 le fin gras entre dans la grande famille des AOC et dans le cercle fermé des viandes bovines labellisées. Seulement cinq bêtes par exploitation ont le potentiel d'être engraissées dans les règles de l'art. Sa chair ne se consomme que de février à octobre, grillée ou en pot-au-feu. Communes de l'Ardèche concernées : Issarlès, Le Béage, Borée, La Rochette, Saint-Clément, le lac d'Issarlès, Cros-de-Géorand, Sainte-Eulalie, Saint-Martial, Usclades-et-Rieutord, Sagnes-et-Goudoulet, Lachamp-Raphaël, Saint-Andéol-de-Fourchades.

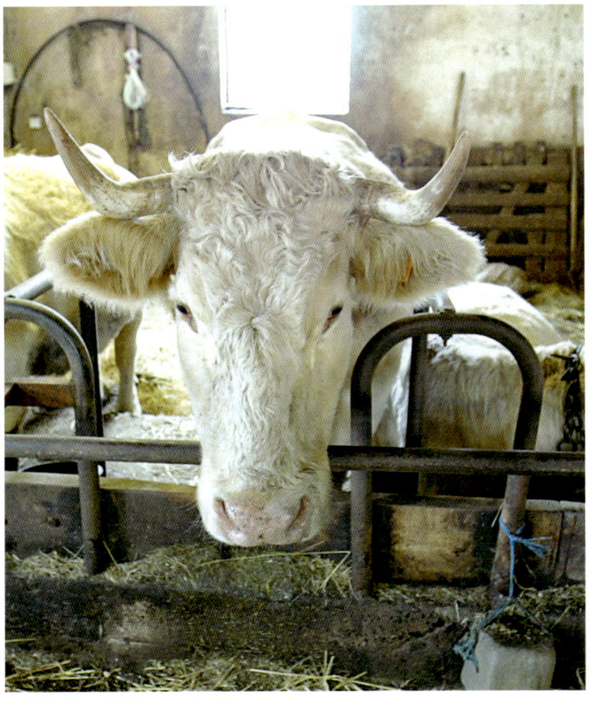

L'association Fin gras du Mézenc, basée à Fay-sur-Lignon, compte parmi ses membres actifs le chef triplement étoilé de Saint-Bonnet-le-Froid Régis Marcon. Des fêtes consacrent celui que l'on appelle aussi le « bœuf de Pâques » ou encore le « roi des étables » à la fin de son engraissement quand il retrouve alors l'herbe fraîche du plateau.

Bernard Devidal est un agriculteur à l'ancienne qui dirige la ferme familiale aux côtés de sa mère. Il élève le fameux bœuf du Mézenc à 1 280 m d'altitude. Castré à l'âge d'un an et engraissé au foin et aux céréales le dernier hiver, ce bœuf fin gras ne se limite pas à une race. Il peut être charolais, aubrac, limousin ou salers.

Ludovic Sinz : l'Ardèche en multi-saveurs !

Hôtel-restaurant
Domaine de Rilhac
07320 Saint-Agrève

Que la campagne est belle pour Ludovic Sinz qui sert les multiples saveurs de l'Ardèche à une clientèle des villes en mal d'essentiel. Dans l'esprit de Michel Bras, ce jeune étoilé cultive le bon air comme un jardin potager. Au domaine de Rilhac, comme sur le plateau de l'Aubrac, on respire et, quand tombe la neige, les idées hibernent pour renaître au printemps. Planté sur les hauteurs, l'hôtel-restaurant de Ludovic et Florence Sinz est un havre de mets. Ici, le chef brille d'une étoile cueillie comme une myrtille après initiation à l'école hôtelière de Tain-l'Hermitage, confirmation auprès de Chibois, Robuchon, Loiseau et fréquentation d'autres maisons de légende.

Ludovic Sinz parle avec passion du bœuf du Mézenc : « Ce bœuf est en appellation de février à fin juin. Il vit sur le plateau et se nourrit de foin trié contenant du ciste. Sa viande est goûteuse, foncée, persillée. Le gras lui donne à la cuisson un goût de noisette. » Inspiré par l'Ardèche, le chef de Saint-Agrève cuisine son territoire de A à Z : « Je travaille mon bœuf avec une réduction de cornas. Un 100 % syrah, donc un vin très tannique qui a autant de caractère que la viande. Un vin local avec un bœuf local ! » Troubadour des saveurs, Ludovic puise son inspiration dans la gamme impressionnante des produits de Rhône-Alpes et défend la qualité : « L'AOC protège les vrais produits contre les excès du marketing agroalimentaire. »
En famille, il se balade dans les bois pour nourrir la maison de brassées de champignons. Être cuisinier à la campagne donne accès à la nature, sans intermédiaire. Un plaisir décuplé par la joie de faire connaissance avec producteurs et produits : « Moi qui apprécie le fromage de chèvre, je sais que chaque producteur de picodon fait son propre picodon », explique ce fils de cordon-bleu se souvenant des goûters salés de son enfance.
À présent, dans sa maison, Ludovic Sinz propose de sacrées recettes : des ravioles imprimées de persil aux écrevisses et ris de veau, des joues de porc au miel de châtaignier, ou encore une tarte tiède au chocolat parfumée aux cèpes.

Ludovic Sinz fait de nouveau scintiller les étoiles qui avaient disparu du ciel ardéchois.

Carpaccio de bœuf du Mézenc au cornas...

1 Éplucher les pommes de terre, les couper en gros cubes. Les mettre dans une casserole, les recouvrir d'eau, ajouter le gros sel. Faire cuire jusqu'à ce que les pommes de terre s'écrasent. Les égoutter, les passer au tamis très fin ou au presse-purée. Ajouter le lait et les cèpes grossièrement hachés. Réserver au bain-marie.

2 Couper le filet de bœuf en très fines tranches. Partager les tranches dans quatre grandes assiettes, les unes contre les autres sans les superposer. Saler et poivrer. Réserver au frais.

3 Faire réduire le vin avec l'échalote hachée et la pincée de sucre. Il doit en rester 20 cl. Monter la réduction avec les 300 g de beurre. Saler et poivrer.

4 Passer les assiettes 2 min dans un four à 220 °C pour faire chauffer la viande. Napper avec la sauce très chaude, parsemer de ciboulette coupée en petits tronçons. Dresser la purée dans des ramequins individuels.

Ingrédients pour 4 personnes

- 800 g de filet de bœuf du Mézenc
- 1 bouteille de cornas
- 1 grosse échalote
- 1 pincée de sucre
- 300 g de beurre frais
- 1 botte de ciboulette, sel, poivre

Pour la purée

- 1 kg de pommes de terre vieilles
- 1/2 l de lait
- 50 g de gros sel, 150 g de beurre, 100 g de cèpes séchés

Couleur myrtille

La myrtille sauvage

L'Ardèche est le premier producteur national de myrtilles sauvages (environ 400 t par an). La *Vaccinium myrtillus* se distingue de la myrtille de culture : elle est petite, noiraude et fragile, sa chair est colorée, tachante et très aromatique. Elle pousse à l'ombre des châtaigniers à partir de 600 m d'altitude, sur un tiers du département, territoire qui se confond avec celui du parc naturel régional des Monts d'Ardèche. Ce fruit 100 % naturel est néanmoins très exigeant. Sans l'ardeur des producteurs professionnels, la myrtille sauvage aurait disparu du plateau ardéchois et, avec elle, une très belle partie du paysage. Les landes à myrtilles, que les Ardéchois ont commencé à entretenir dès les années 1930, nécessitent un laborieux et difficile travail de débroussaillage des ronces, bruyères et genêts. Au moment de la récolte, entre juillet et août, l'échine courbée sur des sols le plus souvent en pente, les cueilleurs travaillent de manière artisanale à l'aide d'un outil en forme de peigne dont les dents décrochent délicatement le fruit de la plante qui tombe dans les grandes corbeilles d'osier. C'est décidément un fruit qui se mérite. Consciente de la qualité de ce produit du terroir – et des enjeux économiques de la filière (producteurs, cueilleurs, transformateurs…) – l'association Montagnes et myrtilles d'Ardèche milite pour la protection de ce patrimoine et de l'environnement ardéchois.

À ne pas manquer

Fête de la Myrtille à Péreyres, en juillet.
Marché de la myrtille à Mézilhac.

Un fruit dans tous ses états

Fraîchement cueillie, la myrtille est simplement saupoudrée de sucre ou nappée de crème. En pâtisserie, elle est la star des tartes et tartelettes, vacherins ou autres douceurs auxquels elle apporte acidité et belle couleur. On la boit – et toutes les vitamines qu'elle apporte – en jus, nectar et sirop. Cuisinées, les myrtilles accompagnent une viande blanche, un civet de sanglier, un cuissot de chevreuil ou une truite fario d'Ardèche. Un artisan local produit un vinaigre aromatisé à ce fruit noir et une bière a été créée par une société ardéchoise.

Pourquoi les pilotes aiment-ils les myrtilles ?

Les pilotes de chasse de la Seconde Guerre mondiale en faisaient une grande consommation en vue de leurs vols de nuit… La raison ? Les myrtilles augmenteraient l'acuité visuelle. La myrtille représente une source de nombreuses substances protectrices. Elle fournit des apports appréciables de vitamine C et de tocophérols (vitamine E), ainsi qu'une quantité record de flavonoïdes (ou vitamine P), dont les propriétés antioxydantes sont reconnues.

Pourquoi la myrtille est-elle bleue ?

C'est grâce à ses anthocyanes, parmi lesquels la cyanidine (le pigment des pensées bleues ou violettes), la delphinidine (présente également dans certaines variétés de cerises) et la malvidine (qui donne aussi sa couleur à la fleur de mauve). Les basses températures sont favorables à la synthèse des anthocyanes. C'est pourquoi les myrtilles qui poussent en altitude, ou dans des zones froides, ont une couleur particulièrement intense.

Pêche en Ardèche

Informations pratiques

Fédération de pêche de l'Ardèche
Avenue Marc-Seguin
07000 Privas
Tél. 04 75 66 38 80
www.peche-ardeche.com

La truite fario, bolide des rivières

5 000 km de cours d'eau, 700 ha de plans d'eau, 30 000 pêcheurs, 42 associations agréées… L'Ardèche est le royaume de la pêche. On y trouve, en effet, toutes les espèces de poissons : ombres communs, aloses, anguilles, brochets, carpes, corégones, sandres, ou encore l'apron du Rhône, dit « le sorcier », sans oublier le barbeau méridional ; des espèces protégées dont la présence atteste la qualité du milieu aquatique. Mais le grand hôte des lieux est sans nul doute la truite fario. Cette belle sauvage, au corps fuselé parsemé de petits points rouges, se plaît notamment en altitude dans les eaux fraîches et limpides du plateau ardéchois, dans la vallée du Doux, les gorges de l'Ardèche, ou encore en haute vallée de la Loire. C'est une espèce autochtone, que le monde de la pêche s'efforce de préserver, et qui est limitée à la consommation personnelle. Autrement dit, aucune chance de la trouver chez un poissonnier. Elle se mérite donc, et de manière plutôt sportive. La truite fario, réputée très combative, a une vitesse de détente estimée

à 40 km/h ! La capture de ce bolide des rivières est strictement réglementée : sa taille est fixée à 20 ou 23 cm minimum. Dans les plus riches eaux, elle peut atteindre 50 cm et peser plusieurs kilos.
On trouve en revanche plus aisément dans les cours d'eau d'Ardèche et dans les restaurants la truite arc-en-ciel. Originaire d'Amérique du Nord, elle a été largement introduite au XIXe siècle dans toute l'Europe où elle se maintient naturellement dans quelques régions seulement, dans des eaux bien oxygénées et froides. La truite arc-en-ciel est abondamment élevée en pisciculture pour satisfaire le repeuplement des cours d'eau et la consommation.

Pêcher sans tuer : les parcours *no-kill*
Une dizaine de parcours *no-kill* ont été mis en place sur les cours d'eau d'Ardèche. Ils sont repérables grâce à une signalétique spécifique. Le principe : tous les poissons capturés sont remis à l'eau avec le plus grand soin. Seule la pêche à la mouche est autorisée. Le pêcheur doit disposer d'une carte (gratuite) à retirer, comme les permis, chez les dépositaires du département.

Plateau de charcuterie

À Saint-Agrève, au cœur du parc régional des Monts d'Ardèche, un record peu commun s'affiche à 1 136 m d'altitude : celui des salaisons les plus hautes de France !
Sur ce plateau, l'air boisé des montagnes est propice aux préparations et aux affinages charcutiers. Stéphane Teyssier, directeur commercial de Teyssier Salaisons, insiste : « L'air est important, avec le même outil de travail, les mêmes matières premières, les mêmes recettes, on n'obtiendrait pas le même résultat à 15 km d'ici. »
La charcuterie séchée en circuit ouvert est bonifiée par l'atmosphère extérieure filtrée et renouvelée en permanence dans les séchoirs. Vif, parfumé, cet air communique goût et saveurs aux salaisons. Les forêts de sapins, le climat vif et froid, la nature sont des parfums purs contribuant à la réussite des charcuteries d'Ardèche. « Dans la tradition, il faut toujours innover, inventer », remarque fièrement Stéphane Teyssier qui travaille avec des réseaux traditionnels, traiteurs, bouchers-charcutiers, épiceries fines, Harrods à Londres... Comme il y a peu d'élevages de porc en Ardèche, la maison Teyssier se tourne vers l'Allier et l'Ain, où les bêtes sont suivies de A à Z jusqu'à l'abattage. « Nos méthodes sont centenaires. Nous sommes attachés aux traditions, c'est l'héritage de nos grands-pères et arrière-grands-pères. Notre maison a été créée en 1871, elle demeure familiale et indépendante. Aujourd'hui, notre outil de production répond à toutes les normes logistiques et sanitaires, ce qui ne nous empêche pas de décliner des savoir-faire d'origine. De nombreuses étapes du processus sont encore manuelles, comme le présalage des viandes qui est directement inspiré des tuailles effectuées dans les fermes ardéchoises. »

Charcutiers en Ardèche
En marge de grands groupes industriels, une dizaine d'entreprises artisanales produit des salaisons dans ce département à forte image d'authenticité.

Depuis 1952, la charcuterie Debroas, implantée à Largentière, fabrique à l'ancienne des saucissons secs, des saucisses, des gros et des petits bridés à fleur naturelle, cette légère moisissure verte de surface signe indiscutable du véritable saucisson traditionnel.
Debroas
Le bas Celas – Le Ginestet
07110 Largentière

Un demi-siècle de présence à Roiffieux pour Léon Chaillot, une pme attachée à la tradition gourmande ardéchoise. Trois générations de charcutiers perpétuent gestes et recettes dans une quête de saveurs ancestrales et tendance. Les saucissons et jambons secs prennent le temps de « mûrir » à point dans les séchoirs du pays.
Léon Chaillot « salaisons de l'Ardèche »
Lapras
07100 Roiffieux

La société Benoît Chazel qui remonte à 1920 s'est créée en son temps autour d'une petite unité d'abattage de cochons. Elle est aujourd'hui spécialisée dans la fabrication de saucissons secs traditionnels ardéchois – pur porc, sans colorant, et en boyau naturel – et autres spécialités : saucissons au poivre vert, à l'ail, aux olives.
Salaisons Chazel
Le Creux de Boule
07700 Saint-Just-d'Ardèche

Fabrication
à l'ancienne
L'Ardéchois®
un produit
Teyssier
07320 ST AGRÈVE

Nobles charcutailles

Saucisson sec, rosette, montagnard, saucisse perche, chaudin, long boyau droit... : chaque produit de cette gamme est proposé également avec des saveurs roquefort, noix ou poivre vert. Jambon sec : noix de jambon, viande séchée de porc au genièvre, coppa, pancetta, bacon. Charcuteries typiques du terroir : boudin noir aux pommes, aux châtaignes, mousses de foies de volailles aux olives, aux champignons, tête roulée, persillée, pâté de campagne.

Gourmandises

Les herbes médicinales

Plantes médicinales et aromatiques poussent au naturel sur le sol ardéchois, mais ne cueille pas qui veut ! Ce parc à l'état sauvage est doté d'une réglementation que Viva-Plantes surveille comme le lait sur le feu. Gardiens de troupeaux, Cévenols des vallées, paysans des hauts plateaux ont contribué à son développement, enracinant leurs méthodes jusqu'à la foire de Sainte-Eulalie. Riche d'une centaine d'espèces, ce jardin des plantes prend ses aises du sud de l'Ardèche au plateau ardéchois. Arnica, aubépine, cynorrhodon (fruit de l'églantier), gentiane, serpolet, thym, laurier, romarin, angélique, bardane, cassis, ciboulette, hamamélis, mélisse, menthe poivrée, passiflore, pissenlit et autres variétés sont ramassées par des cueilleurs qui suivent le cahier des charges de l'agriculture biologique. Regroupés en SICA (Société d'intérêt collectif agricole) pour commercialiser leur production, les 94 sociétaires de Viva-Plantes vendent leurs produits bio aux herboristeries et à l'industrie pharmaceutique.

Les champignons

Au XIXe siècle, le « prince des gastronomes » Curnonsky vantait, à propos de l'Ardèche, les champignons « parmi les choses qui ont le goût de ce qu'elles sont ». Ici, la forêt fournit de nombreux champignons, notamment le fameux cèpe ardéchois qui se plaît beaucoup en zone schisteuse, ou encore les mousserons et les coulemelles.

En quête de champignons

- Lamastre : marché des producteurs locaux (uniquement le matin).
- Aubenas : marché le samedi.
- Coucouron : Festival du champignon, en septembre
- Saint-Martial : foire en novembre
- Saint-Cirgues-en-Montagne : organisation de cueillettes.

Les menus curieux

Velouté aux herbes, terrine de cèpes, courgettes à la mélisse, beignets de morille, lait à la violette... Vous avez dit curieux ? À Usclades-et-Rieutord, quand la rosée fait briller la campagne, Gérard Méjean de l'Auberge de la Besse fait son marché en plein champ. Pimprenelle ou berce bleue se cueillent au bord du chemin. À deux brassées du lac d'Issarlès, la nature appartient au patrimoine et à la tradition : « Nos aïeux utilisaient les plantes et s'en portaient bien. » Le panier rempli d'une farandole de fleurs sauvages, Gérard rentre joyeusement à l'auberge, une ferme au toit de lauzes classée monument historique. Dans ses cuisines, il créée des plats sans artifice au bon goût de pays. Pour Gérard, cette table aux fleurs constitue une ressource économique alternative et une offre touristique originale.

- Auberge de la Besse
  Tél. 04 75 38 80 64
- La Table du Terroir, Jean-François Chanéac
  07450 Sagnes-et-Goudoulet
  Tél. 04 75 38 80 88
- Ferme du Monteil – 07380 Jaujac
  Tél. 04 75 93 28 56

Veaux, vaches, cochons...

Pourquoi la saucisse est-elle sèche ?

L'Ardèche, où la tuade (ou tuaille) du cochon demeure un véritable cérémonial, est très réputée pour ses charcuteries : la fameuse caillette, le jambon, la saucisse et le saucisson. L'altitude, le climat froid et sec favorisent la fabrication de produits de salaisons soumis à un séchage lent et bien aéré. La jambonnette séchée (durant 40 jours minimum), que l'on trouve notamment à Saint-Agrève (à découvrir lors de la fête de la Jambonette, tous les deux ans en juin), se compose d'une farce de viande de porc enveloppée dans une couenne de jambe de cochon. Cuite à l'eau avec un bouquet garni, elle se déguste chaude avec des pommes de terre et une salade, ou froide en entrée. De nombreuses salaisons artisanales et industrielles sont installées dans la montagne ardéchoise – et certaines depuis plus d'un siècle –, à Lanarce, Saint-Cirgues en Montagne, Sainte-Eulalie, Saint-Martial, Antraigues, Cros-de-Géorand.

Les salaisons de l'Ardèche ont obtenu leur reconnaissance (Indication géographique protégée) en 2005 après dix ans de démarches de la filière. Parmi les spécialités ardéchoises concernées, le jambon sec d'Ardèche qui est après celui de Bayonne le deuxième jambon à bénéficier de l'Igp. Quant à la rosette et au jésus confectionnés dans le département, ils ont dans la foulée des célèbres produits lyonnais décroché la précieuse certification.

Régal Viande

L'association regroupe deux professions, les éleveurs et les artisans bouchers. Les boucheries Régal Viande proposent des produits identifiés, veau d'Ardèche, bœuf et génisse d'Ardèche, agneau d'Ardèche et porc. Les aliments distribués pendant l'engraissement ne doivent contenir ni OGM ni substances médicamenteuses. Contrôle des races, mode d'élevage, âge d'abattage, conception des bâtiments et conditions de transport des animaux sont vérifiés par le Groupement ardéchois des viandes de qualité ; 10 boucheries, 160 éleveurs fonctionnent selon cette éthique.

« Goûtez l'Ardèche »

Tous les chemins mènent à Goûtez l'Ardèche, une association qui œuvre pour identifier et valider les meilleurs produits ardéchois.
Parce que la traçabilité, plus qu'une tendance, est une réalité de marché durable, l'Ardèche se met en quatre pour tendre vers 100 % de qualité.
Les restaurateurs jouent le jeu et adhèrent à Goûtez l'Ardèche, avec l'obligation de proposer un menu découverte à base de produits ardéchois uniquement.

Goûtez l'Ardèche
4, avenue de l'Europe-Unie
07000 Privas
www.
goutez-l-ardeche.com

La Drôme

L'éclat des saveurs

Giono, Barjavel, la marquise de Sévigné, Cathelin... la Drôme aime les artistes et se fait aimer en retour. Terre d'inspiration, de respiration, la Drôme charme. Vers Nyons ou Dieulefit, le climat ne bronche pas ; à Montbrun-les-Bains, les eaux remettent en forme et, du nord au sud, les paysages sont réconfortants. Loin de la fièvre touristique de la Côte d'Azur, la Drôme est plus qu'une étape sur la route des vacances, c'est une vraie destination. Tables étoilées ou auberges de campagne puisent leur inspiration dans un garde-manger à ciel ouvert rempli de produits qui parfument les envies. Généreusement, la bucolique gastronomie du Vercors et les subtilités d'une cuisine méridionale croisent leurs tempéraments sur fond de talent de cuisiniers. Les producteurs de fromages (bleu du Vercors ou picodon), d'huile d'olive ou de truffes du Tricastin, les fabricants de ravioles, de nougats ou de pognes ont en commun l'amour des « saveurs faire » ! Entre Vercors et Provence, près du Rhône ou de la Drôme, le département, traversé par l'autoroute du Sud et relié par le TGV, est à portée de train, à la croisée des chemins.

Repères

Superficie : 6 525 km².
Chef-lieu : Valence.
3 arrondissements,
35 cantons,
371 communes.
Population :
414 072 habitants.
Point culminant :
roc de Garnesier (2 388 m).

La ronde des AOC

Les vins

Côtes-du-rhône, côtes-du-rhône villages, côtes-du-rhône villages communaux, vins du Diois, coteaux-du-tricastin… peu de départements en France peuvent se flatter de détenir autant d'AOC viticoles. Historiques comme l'hermitage ou plus récentes, les appellations d'origine contrôlée consacrent un terroir dont Dionysos semble avoir fait son paradis.
La Drôme se pare de 20 000 ha de vignes, produit 900 000 hl de vins. Cultivée dans cette région depuis près de 2 000 ans, la vigne fait partie du paysage, de la tradition et stimule l'économie locale. Trait d'union entre le vignoble du Nord et celui du Sud, la Drôme est un sujet de dégustation pour les grands critiques, amateurs et collectionneurs de vins qui savent entrer en relation avec les acteurs de ce bonheur : les vignerons.

Les fromages

Fabriqué à base de fromage de chèvre, produit d'un savoir-faire ancestral, le picodon a traversé le temps jusqu'à l'obtention en août 2000 de l'AOC. Le dossier, porté par les producteurs opiniâtres, aura demandé 25 ans d'affinage ! Le picodon prend ses aises sur deux départements, Ardèche et Drôme, se distinguant ici par sa « méthode Dieulefit ».
Au nord, le bleu du Vercors-Sassenage respire la montagne et le bon lait des vaches d'altitude. AOC depuis 1998, il a obtenu sa marque de noblesse après six siècles d'histoire. Fabriqué à l'origine par les moines, apprécié par François Ier, il fut commercialisé grâce au baron de Sassenage. Aujourd'hui, les producteurs perpétuent, dans une zone mitoyenne Drôme-Isère, la tradition de ce fromage à pâte demi-molle persillée, aux arômes de noisette.

Olives et huile d'olive

L'olive de Nyons est la meilleure du monde. Cet argument a été entendu en haut lieu puisqu'elle a obtenu l'AOC en 1994, une première du genre ! Du côté des Baronnies, la culture de l'olivier, rescapée du gel de 1956, revient de loin. Aujourd'hui, les vergers s'étendent sur 57 communes du sud de la Drôme et du nord du Vaucluse (1 200 ha). Les 220 000 oliviers produisent 400 t d'olives et 200 t d'huile de Nyons, également AOC. Chauffées par le soleil, tonifiées par le froid hivernal des Préalpes, les oliveraies poétisent la terre de reflets argent. Telles des perles noires, les olives constituent avec la truffe les mille facettes d'une petite Provence en Rhône-Alpes.

L'huile essentielle de lavande

Une jolie fragrance vient parfumer la ronde des AOC drômoises : l'huile essentielle de lavande de Haute-Provence. Avec ses épis mauves, la lavande maquille, en pleine saison, les paysages du sud de la Drôme. Des vagues de fleurs libèrent des effluves qui rappellent l'odeur du linge rangé dans les armoires de nos grands-mères. Après distillation, ces bouquets de senteur donnent naissance à des huiles et autres produits essentiels. La culture de la lavande a toutefois des bleus au cœur. Menacée par une maladie et par la concurrence étrangère, cette activité drômoise est sur le qui-vive.

La Drôme provençale

Il ne lui manque que la mer. Le mistral insuffle de l'air du sud à cette terre qui lorgne la Provence avec gourmandise. Cela se voit, cela s'entend, cela se goûte. Lyon est au loin et le Midi tout proche. Olives de Nyons, lavande, vins et truffes du Tricastin, nougats de Montélimar, abricots, miel ou fromages de chèvre forment une farandole de plaisirs qui attendrissent les amoureux de bonnes choses. Les petits chemins qui conduisent vers les Préalpes du Sud invitent à quitter l'autoroute du Soleil pour pénétrer les secrets d'une Drôme authentique et attrayante. Simples fermes ou mas de rêve, châteaux majestueux comme ceux de Suze-la-Rousse ou de Grignan composent un pays de cocagne admirable sous tous les angles. Ces contrées aux nuances bleu lavande, vert olive ou jaune tournesol exposent devant les touristes des tableaux grandeur nature.

Au pays des olives

L'olive en chiffres

100 000 t : la consommation d'huile d'olive en France.
4 500 t : la production nationale.
250 à 350 t : la production de l'AOC huile d'olive de Nyons.
230 000 arbres en production.

Arbre mythique, presque vénéré, l'olivier s'impose sous le soleil avec ses feuilles argentées truffées de perles noires. En Drôme provençale, l'olivier est roi, permettant à Nyons de capitaliser les plus beaux arômes de la région. Jean Giono avait traduit la force poétique de cette terre de cocagne : « Cet admirable pays de collines heureuses et de lumière me touche au plus profond de mon cœur, Nyons me paraît être le paradis terrestre. » Et René Barjavel de surenchérir : « La seule différence entre Nyons et le Paradis, c'est qu'ici on est bien vivant ! » Dans ce contexte, l'huile d'olive de Nyons développe une jolie complexité et des pics aromatiques étonnants d'herbe fraîchement coupée, d'amande, de noisette et de pomme verte...
Les oliveraies drômoises sont considérées « du nord » par rapport aux zones habituelles de production, mais Nyons et les Baronnies bénéficient d'un microclimat. Le mont Ventoux (1 909 m), au sud, le Pied-de-Vaux, au nord, les Préalpes, à l'est, font rempart aux pluies et au mistral, favorisant un temps ensoleillé et sec. Par prudence, les oléiculteurs de la Drôme provençale ont introduit la tanche, seule variété d'olive qui résiste au froid.

Une double AOC

Dans les Baronnies, rien ne vient perturber l'arbre symbole de paix au destin parfois fragile. Les oliveraies victimes du gel de 1956 avaient été remplacées majoritairement par du vignoble. Quelques oléiculteurs téméraires se sont accrochés à l'idée de sauvegarder ce patrimoine agricole spécifique. Ils ont su attendre quatre décennies avant d'obtenir deux AOC pour l'olive noire et l'huile d'olive de Nyons. Ce combat gagné, Christian Teulade, directeur de la coopérative du Nyonsais, ne l'oublie pas : « L'AOC a été une reconnaissance du travail des oléiculteurs. Elle a motivé en redonnant confiance à la profession. » Pour ambitionner la noble appellation, l'olive et l'huile de Nyons ont dû et doivent encore satisfaire aux exigences biologiques, climatiques, géographiques et techniques très strictes imposées par l'Inao.
L'AOC recouvre 53 communes ; chaque arbre doit disposer de 24 m2 de terrain, être taillé tous les deux ans. Les olives sont cueillies mûres pour être livrées aux moulins ou aux conservateurs. L'INAO ne délivre son feu vert pour la commercialisation qu'après les analyses chimiques et les épreuves de dégustation. Sept moulins à huile, deux conserveries sont répertoriés dans la région. L'olive de Nyons a dopé le tourisme, mis en exergue ses bienfaits sur la santé et développé une économie locale. Aussi contribue-t-elle à faire vivre et à embellir le beau pays nyonsais.

Pourquoi l'olive est-elle noire ou verte ?
Qu'elle soit verte ou noire, l'olive provient du même arbre, c'est la maturité qui fait la différence. Verte, elle n'est pas mûre, noire, elle est à point.

Pourquoi l'olive de Nyons est-elle ridée ?
En hiver, quand la sève n'irrigue plus les branches, l'olivier se met en dormance. Le vent complète l'effet de déshydratation, il sèche l'olive, tanne sa peau comme un pruneau. L'olive de Nyons est la seule qui se récolte à ce stade de maturité.

Pourquoi l'olive noire de Nyons n'est-elle pas noire ?
L'olive noire de Nyons est baignée pendant près de 10 mois dans une saumure composée d'1 l d'eau et de 100 g de sel. La peau de l'olive se décolore dans ce bain et devient de la couleur d'une robe de bure. L'AOC précise « Olives noires de Nyons », mais, en réalité, elles sont couleur marrons…

Informations pratiques

Société coopérative agricole
du Nyonsais
Place Olivier-de-Serres
BP 9
26111 Nyons cedex
Tél. 04 75 26 95 00
www.coop-du-nyonsais.fr

Le musée de l'olivier
Avenue des Tilleuls
26110 Nyons
Tél. 04 75 26 12 12

Institut du monde
de l'Olivier
40, place de la Libération
26110 Nyons
Tél. 04 75 26 90 90

Fête de l'Alicoque
1er dimanche de février
Office de tourisme de Nyons
Tél. 04 75 26 10 35

L'homme aux mille oliviers

« L'arbre est taillé à la main, la terre piochée au pied une fois par an, la récolte se fait aussi manuellement. »

Dans un environnement absolument fabuleux se dessinent des paysages à la Van Gogh. Autour de Venterol, les collines, s'étageant de 200 à 600 m, permettent aux oliveraies de prendre le soleil. Jacques Rouit, la quarantaine, foule cette terre d'un millier d'oliviers depuis son enfance. La propriété familiale La Seraillère se transmet de père en fils : « Je suis fier d'incarner la 4e génération de producteurs. À l'image de nos arbres séculaires, nous avons des racines solides. » La mi-novembre sonne le temps de l'olivaison, la récolte des olives. Par un froid déjà piquant, sous un ciel sans nuage et une lumière bleu d'azur, la cueillette des perles noires se fait le plus souvent dans un climat gaillard. Ce matin-là, Jacques passe chaque rameau d'olivier au peigne fin, un petit râteau à large denture qui décroche des branche les fruits sans les abîmer. Depuis une éternité ces gestes sont immuables. « L'arbre est taillé à la main, la terre piochée au pied une fois par an, la récolte se fait aussi manuellement. » Perché sur son échelle pyramidale qui lui permet de bien pénétrer dans l'olivier, Jacques détaille les étapes de son labeur : « Avec ce système de cueillette au peigne, il faut tendre des filets pour recueillir les olives qui chutent. Certains utilisent des vibreurs pour secouer les branches mais la cueillette traditionnelle reste la plus répandue car l'AOC est exigeante. » Panier après panier, Jacques remplit ses caisses à claire-voie. En fin de journée, il livrera sa précieuse cargaison de « perles noires » au moulin. L'olive amère du verger sera métamorphosée en une huile douce par la magie du moulinier.

L'huile de mon moulin…

Il y a quelques temps encore les moulins à huile exhalaient la poésie d'un Giono chantre de la Provence. L'écrivain savait mettre l'accent sur les outils du moulinier. La pelle de bois, les scourtins – ressemblant à des bérets –, les meules de pierre suintant de pulpe d'olive donnaient à l'huile son caractère fruité. « L'Ambroisie des Dieux », écrivait-il.
Le modernisme a balayé ces ambiances d'antan sur fond de normes européennes. L'énergie électrique a remplacé la traction animale, l'homme s'en accommode, mieux encore, la nouvelle génération de moulinier est optimiste. René Bayle a 34 ans. Il vient de succéder à son père qui a connu les deux styles de fabrication : « Mon père a construit ce moulin à ma naissance. J'ai toujours baigné dedans, c'est un lieu qui me plaît, bien que cela ressemble maintenant à une petite usine. Nous avons beaucoup investi dans le matériel, mais on ne peut pas se plaindre, l'huile se vend bien. Malgré la concurrence, les produits de qualité s'en sortent toujours. »
Au moulin de Chameil, à Mirabel-aux-Baronnies, il faut arrêter les machines pour engager une conversation, le bruit est assourdissant. Le mieux est de rester dans la boutique, il y a toujours quelqu'un au service du client, du touriste, du curieux. Le moulin tourne pendant la saison de novembre à mi-janvier. Inlassablement, de 5 h à 21 h, René travaille en solitaire : « L'odeur, la couleur vert anis du filet d'huile qui coule, je ne m'en lasse pas, c'est du bonheur, de la rigueur, on est responsable de A à Z du produit. »

« La traçabilité du produit, c'est notre force, à partir d'une bouteille d'huile achetée, on peut remonter jusqu'au verger d'où vient l'olive. »

Le moulin de Chameil produit 45 000 l d'huile d'olive par an, dont 70 % en AOC. Ici, la technicité n'a rien ôté au rituel magique, aux parfums envoûtants, et à la noble tradition entretenus avec ferveur et respect par les mouliniers d'aujourd'hui.

« L'odeur, la couleur vert anis du filet d'huile qui coule, je ne m'en lasse pas, c'est du bonheur, de la rigueur. »

Les truffes du Tricastin

Vocabulaire truffier

Brûlé : zone souvent circulaire où le sol, sous l'action des truffes qu'elles contaminent, semble avoir brûlé.
Cavage : faire une cave, creuser. Le chien explore le sol face au vent, nez à terre. Quand il sent une truffe mûre et parfumée, il ne la déterre pas, mais marque l'endroit par un coup de patte. C'est son maître qui retire le diamant noir avec une petite pioche. Satisfait, le chien reçoit toujours une récompense.
Fouji (ou fougier) : crochet qui permet de dégager la truffe.
***Lou picouloun* :** en provençal, petit piolet pour caver.
Marquage : quand il a senti la présence de truffes, l'animal truffier « marque » l'emplacement en grattant le sol.
Mycorhisation : associant un champignon et les racines d'un arbre, la mycorhisation augmente significativement la croissance des végétaux et donc la production potentielle de truffes. L'INRA a développé, au service de la trufficulture, un important programme de plants myrcorhisés pour « semer » la truffe. Il s'agit de jeunes arbres dont les racines ont été préalablement inoculées avec des spores ou des cultures mycéliennes de truffe.
Rabasse : la *Tuber melanosporum* en provençal. Le « rabassier » est le cueilleur de truffes.

La melano du bonheur

La truffe que l'on trouve dans la Drôme exhume un parfum insolent. Pour elle, les fins gastronomes sont prêts à faire des kilomètres, se réjouissant d'aller *in situ* respirer l'odeur du mystère. Le diamant noir du Tricastin, c'est LA truffe par excellence, surtout la variété *Tuber melanosporum* qui aime les sols calcaires, maigres et chauds, et s'épanouit dans une terre riche et humide. Ce champignon vit en symbiose, de préférence, avec des chênes verts ou blancs. Mais la truffe affectionne aussi d'autres terroirs, au pied de châtaigniers, genévriers, noisetiers, lilas. Seule l'expérience, la science du terrain et le nez permettent de localiser dans la nature le précieux tubercule. Le chien truffier sait jouer ce rôle. L'important, c'est que le chien, bâtard ou de race, soit éduqué (et non dressé) par ses maîtres. Sa mère, dont les mamelles ont été badigeonnées de jus de truffe, le conditionne affectueusement à cette activité dès son plus jeune âge. Le cochon, quant à lui, est aujourd'hui d'un usage plus rare, voire folklorique. Moins discipliné que le chien, le porc a tendance à croquer sa trouvaille si l'on n'y prend garde. Certains « rabassiers » embrassent une autre technique. Le nez à ras du sol, ils observent la chorégraphie d'une petite mouche bleutée appelée *Helomyza tuberivora*. L'insecte voltige à la verticale du diamant noir, droit au but ! L'inconvénient majeur est que cette mouche renifleuse ne sait pas discerner la maturité d'une truffe. Le recours au nez électronique, une machine semblable à un détecteur de métaux, est proscrit du côté de Grignan, où l'on favorise les bonnes vieilles méthodes traditionnelles.

Avoir du nez pour choisir ses truffes

Ronde, bosselée ou irrégulière, la truffe pèse de 30 à 60 g, sauf cas exceptionnels. Débarrassée de sa gangue de terre, son enveloppe extérieure (péridium), rougeâtre puis noire à maturité, est hérissée de minuscules pointes de diamant. Sa chair (gléba), ferme à stries blanches, donne des indications sur sa variété : la *Tuber melanosporum* au goût mielleux, enivrant, capiteux se distingue de la Tuber brumale, musquée et poivrée par la densité de ses marbrures. Le néophyte se laisse souvent berner car la confusion est possible. Si d'aventure il se trouve sur un marché aux truffes, personne ne lui précisera la différence. Le langage des trufficulteurs est impénétrable pour l'amateur réduit à observer le ballet des acheteurs professionnels qui s'agglutinent devant les coffres de voitures servant d'étal. La truffe du Tricastin bénéficie d'une appellation d'origine contrôlée qui s'étend sur 68 communes de la Drôme et 15 communes du Vaucluse. Elle se récolte de mi-novembre à mi-mars, atteignant sa parfaite maturité, au sens culinaire du terme, à partir de janvier.

À combien se monte le prix du diamant noir ?

De 600 euros le kilo à 1 500 selon les années. C'est la météo, l'offre et la demande qui déterminent le prix. Produits de luxe, les truffes, à l'instar des bijoux, sont l'objet de toutes les convoitises. Un négociant de la région a été un jour victime d'un « braquage » de diamants noirs. Depuis, les marchés sont placés sous haute surveillance.

Truffe du Tricastin ou du Périgord ?

C'est la même. La truffe du Périgord est le nom botanique de la truffe, comme champignon de Paris, ou chou de Bruxelles. Le Sud-Ouest, Périgord inclus, ne fournit que 5 % de la production française alors que le Sud-Est (nord du Vaucluse et sud de la Drôme) 85 %.

Dieu aime-t-il les truffes ?

Peut-être, car le 3e dimanche de janvier à Richerenches, dans l'Enclave des Papes (Vaucluse), une messe est dite en remerciement au Seigneur pour les bonnes récoltes de truffes. La quête ne résonne pas de pièces jaunes, mais embaume, car l'offrande des fidèles se règle en truffes qui seront vendues aux enchères pour les bonnes œuvres de la paroisse.

Informations pratiques

Marchés

Grignan : dimanche avant Noël, marché du vin et de la truffe et championnat de France de cavage de chiens truffiers.

Acheter des truffes sur les marchés de la Drôme en hiver :
Chamaret (lundi)
Crest (samedi)
Montségur (jeudi)
Nyons (jeudi)
Saint-Donat (lundi)
Saint-Paul-Trois-Châteaux (mardi)
Taulignan (dimanche)
Suze-la-Rousse (vendredi)

Maison de la Truffe
et du Tricastin
26130 Saint-Paul-Trois-Châteaux
Tél. 04 75 96 61 29

Reportage

À la poursuite du diamant noir

« C'est magique, les gens sont émerveillés par l'arôme des truffes quand ils les sentent ou les touchent presque religieusement. »

À quelques champs d'oliviers et d'abricotiers du château de Grignan, le domaine Bramarel se visite comme un monument, se respire comme un parfum, s'offre en cadeau. Deux labradors couleur sable, le nez dans la terre, les pattes griffant le sol, cavent en compagnie d'une bien jolie maîtresse. Avec elle, Aria et Ochoa, élevés dans le culte de la truffe, reniflent centimètre par centimètre les 11 ha de truffières de la famille Ayme, installée ici depuis quatre générations.

Phala, d'origine asiatique, titulaire d'un DEUG de droit et diplômée d'horticulture, a intégré cette famille par le biais d'un stage reconduit... en histoire d'amour ! Au contact de Gilles, désormais son mari, ou de Pierre, son beau-père, elle est devenue une trufficultrice hors pair !

Chaque jour, Phala escorte la chorégraphie canine qu'exige une démonstration de cavage. Le matin, de 10 h à la tombée de la nuit, de novembre à mars, mais aussi en juillet et août pour la truffe d'été, le spectacle est solennel. Baignée de soleil, piquetée de vieux chênes, la campagne est belle sous l'hiver provençal. Les champignons, dissimulés comme des trésors dans une terre sablonneuse et calcaire, se récoltent le plus sereinement possible.

Avec douceur et fermeté, Phala, équipée d'un *picouloun* (outil du « rabassier » en provençal) et d'un petit sac en toile de jute, suit le travail des chercheurs de diamants noirs : « À chaque truffe déterrée, mes chiens ont droit à une récompense, une croquette. Bien qu'ils adorent les truffes, pas question de les manger ! »

Elle soupèse à la main le trophée de l'instant avec satisfaction mais sans triomphalisme. Difficile d'égaler le record maison du grand-père Félicien, dénicheur d'une *Tuber melanosporum* de plus d'1 kg. Escortée de ses deux joyeux labradors, Phala rentre au mas avec sa récolte du jour qu'elle pose sur la table en bois de la cuisine. Son mari, négociant, réceptionne, juge à l'œil et au nez les truffes ramassées par les paysans du coin qui finiront peut-être dans un grand restaurant de New York ou une épicerie fine parisienne. Parfois, pour les amis privilégiés, la journée se termine par une dégustation de diamant noir servi en carpaccio avec de la fleur de sel, du pain et de l'huile d'olive grand cru. Chaque bouchée devient un moment de grâce en communion avec ce trésor singulier de la nature.

« À chaque truffe déterrée, mes chiens ont droit à une récompense, une croquette. Bien qu'ils adorent les truffes, pas question de les manger ! »

Le nougat

Pourquoi du nougat à Montélimar ?

Dès l'Antiquité, le nougat débarque dans le port de Marseille grâce aux Grecs. La friandise trouve un autre port d'attache à Montélimar, dans la vallée du Rhône, où abondent miel de lavande et noix. Cette spécialité s'appelait alors *nux gatum* ou *nugo* en langue d'oc. Au XVIIe siècle, la recette actuelle du nougat est mise au point avec l'adjonction de blanc d'œuf pour aérer et blanchir la pâte. L'amande entre également dans les ingrédients de la recette, sous la délicieuse impulsion d'Olivier de Serres, importateur de l'amandier dans la région. Au xixe, la production s'industrialise avec l'émergence de grandes fabriques. En 1962, l'appellation « nougat de Montélimar » est réservée aux produits contenant 25 % de miel, 30 % d'amandes (ou 28 % d'amandes et 2 % de pistaches) et des blancs d'œuf de poule. L'appellation « nougat » concerne les produits ne contenant que 15 % d'amandes ou de noisettes.

Nationale 7

L'essor de l'automobile et l'engouement pour le nougat ont fait route commune. Sur la nationale 7, glorifiée par Charles Trenet, route mythique des vacances vers le soleil, Montélimar était une étape obligée pour faire souffler les véhicules et se dégourdir les jambes. Les nougatiers comprirent alors que leurs douceurs pouvaient déboucher sur une activité florissante grâce au tourisme. Les dés de nougat trouvèrent place dans la fameuse boîte en forme de borne kilométrique à l'effigie de la nationale 7. Aujourd'hui, les vacanciers pressés empruntent l'autoroute, mais prennent toujours le temps de la pause nougat sur l'aire de Montélimar.

Le nougat en chiffres

11 fabricants sur Montélimar, dont 9 artisans.
Production journalière : 15 t, dont 10 t par les industriels.
Chiffre d'affaires total : 45 millions d'euros / an.

Informations pratiques

Office de tourisme de Montélimar
Tél. 04 75 01 00 20

Palais des Bonbons et du Nougat - Musée international des Sucrerie
Village au Fil du Temps
100, route de Valence
26200 Montélimar
Tél. 04 75 50 62 66

Reportage

Du nougat comme autrefois

« Ici on fabrique 500 kg de nougats par jour, 33 t d'amandes de Provence sont utilisées par an. »

Dans deux chaudrons en cuivre, le sirop bouillonne telle la lave en fusion d'un volcan. La maison montilienne Arnaud-Soubeyran, créée en 1837, est la doyenne des fabriques encore en activité. Christian Gil, responsable de fabrication, révèle, devant un énorme malaxeur, quelques petits secrets de la recette du nougat Soubeyran : « Miel et sucre sont chauffés une heure au bain-marie et additionnés de blancs d'œuf montés en neige. Ce mélange s'incorpore à une préparation de sirop de sucre pour donner de la consistance à la pâte. On y ajoute des chutes de nougat en guise de levain, puis un deuxième sirop avant d'incorporer les fruits secs... » Dans ce laboratoire de gourmandises, la pâte presque nacrée est versée après sa juste cuisson, dans des moules tapissés de pain azyme. Une fois refroidi à température ambiante, le nougat est découpé manuellement en bandes ou petits cubes. Joliment emballés dans des papiers transparents, les bonbons fétiches de Montélimar n'ont que de bonnes choses à montrer. Dirigée par Didier Honnoré et sa femme, la société Soubeyran met un point d'honneur à confectionner un nougat 100 % régional : « Nos matières premières proviennent du terroir, les fruits secs ne sont importés ni de Californie ni du Chili. Pour le miel, nous poussons l'exigence jusqu'à accompagner des transhumances de ruches avec les apiculteurs. Les véritables nougatiers ont conservé la passion d'un métier noble. Le nougat est un produit dont nous sommes fiers, typique de la ville et qui symbolise la confiserie ancienne. »
Le bon nougat fond sur la langue, tel un nuage de miel, moelleux et tendre comme un souvenir sucré d'enfance.

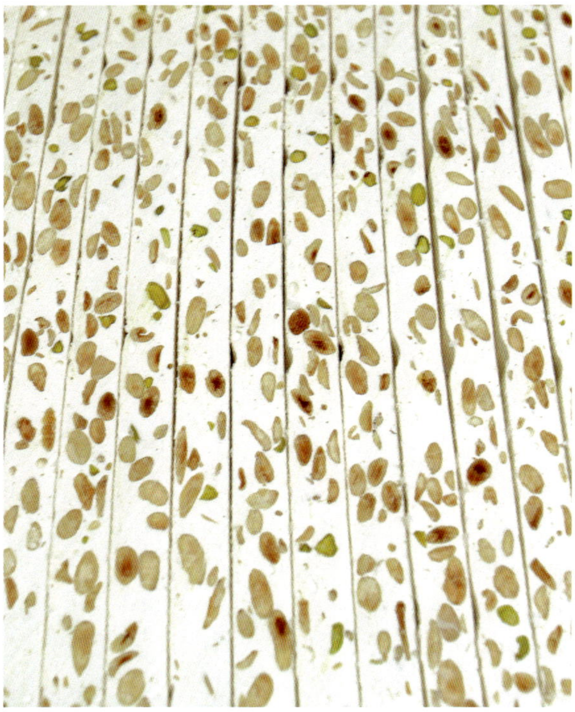

Le nougat, au goût de nostalgie, se décline en d'infinies spécialités, empreintes de créativité.

Vins côté sud

La Drôme viticole comprend différentes appellations à travers trois secteurs géographiques : la partie septentrionale, la partie centrale et la partie méridionale. Cette dernière est composée des AOC côtes-du-rhône régionale, AOC côtes-du-rhône villages, AOC coteaux-du-tricastin, vins de pays de la Drôme zone sud, autour de Loriol, Montélimar, Marsanne et Dieulefit, vins de pays du comté de Grignan, et vins de pays des coteaux de Baronnies dans le haut pays nyonsais.

AOC côtes-du-rhône régionale

Les côtes-du-rhône régionale couvrent 30 communes du département et sont vinifiés en rouges, rosés et blancs. Les vins rouges et rosés sont issus des cépages syrah, grenache, mourvèdre, cinsault et carignan ; les blancs des cépages marsanne, clairette, bourboulenc et grenache blanc.

AOC côtes-du-rhône villages

L'appellation s'étend sur un territoire de 17 communes de la Drôme, 4 de l'Ardèche et 41 du Vaucluse. L'ensemble des côtes-du-rhône villages représente, tous départements confondus, près de 8 000 ha de vignes. Les cépages sont les mêmes que pour les côtes-du-rhône régionale. Cinq communes de la Drôme peuvent compléter la mention côtes-du-rhône villages par leur propre nom du fait de leurs terroirs spécifiques : Vinsobres, Rochegude, Saint-Maurice, Saint-Pantaléon-les-Vignes et Rousset-les-Vignes.

Producteurs recommandés

AOC côtes-du-rhône villages :
Domaine Chaume-Arnaud et domaine de Deurre à Vinsobres.
Domaine Viret à Saint-Maurice-sur-Eygues (adepte de la cosmo-culture).

AOC côteaux-du-tricastin :
Domaine de Grangeneuve (Henri Bour), domaine de Montine...

AOC coteaux-du-tricastin

L'appellation coteaux-du-tricastin (1973) s'étire entre Montélimar et Saint-Paul-Trois-Châteaux, de Dieulefit à Taulignan, sur 22 communes (environ 2 600 ha). Elle est vinifiée en blanc en très petite quantité, en rosé et en rouge. Les blancs proviennent des cépages bourboulenc, clairette, grenache blanc, marsanne, roussanne et viognier. Les rouges et rosés sont issus principalement des cépages grenache et syrah, mais on accepte aussi le carignan, le cinsault et le mourvèdre.

Coteaux-du-tricastin : colorés et parfumés

Remplacer le pastis à l'apéritif par du vin est une gageure ! La boisson culte liée au soleil, aux parties de pétanque et aux répliques de Pagnol semble perdre du terrain en Tricastin. « Depuis que nous produisons du viognier, les gens se mettent à déguster ce vin blanc flatteur même à l'apéritif », se réjouit Jean-Luc Monteillet, producteur au domaine de Montine à Grignan. Ce vigneron sait aussi faire apprécier ses rouges charpentés (grenache et syrah) aux notes de petits fruits pourpres intensément chaleureux.

À l'école du vin

Le château du palais

Le château de Suze-la-Rousse, fleuron de l'architecture du XIIe siècle, est le siège de l'université du vin depuis 1978. Ce vaisseau pédagogique s'ancre sur une mer de vignes entre Valence et Avignon. Dans cette structure unique en Europe, l'ivresse du savoir et le savoir-faire se bonifient autour de formations aux métiers du vin. L'université est équipée de laboratoires et de salles de dégustation des plus performantes. Centre de recherche œnologique, d'analyse, de conseils sur la qualité des cépages et les processus de vinification, le château de Suze accueille chaque année 1 000 stagiaires. Authentique encyclopédie vivante du vin, l'université drômoise dispose également d'un « jardin des vignes » exposant une mosaïque de 70 cépages des principaux pays viticoles.

Université du vin

Château de Suze-la-Rousse
Tél. 04 75 97 21 31
www.université-du-vin.com

La vallée de la Drôme

Ici la Drôme perd le nord ! Point de ralliement entre Dauphiné et Provence, ce pays, métissage savoureux des saveurs, joue sur ses belles différences. Le long de la rivière qui donne son nom au département, la vallée prend le temps de vivre. À Valence, la capitale, le marché provençal et le kiosque des amoureux de Peynet, sans oublier la légendaire maison Pic, sont des bouquets de cœur à déguster. Pour mieux embrasser cette région, le donjon de Crest, le plus haut de France, ouvre des perspectives infinies sur le pays de Die qui bombe le torse, fier de ses reliefs musclés. Sur cette terre de bergers, de forêts et de vignobles, la clairette pétille de bonheur, à l'image des nombreux touristes qui randonnent, nagent, se fondent dans une nature généreuse où pousse la sincérité.

Les vins de Die

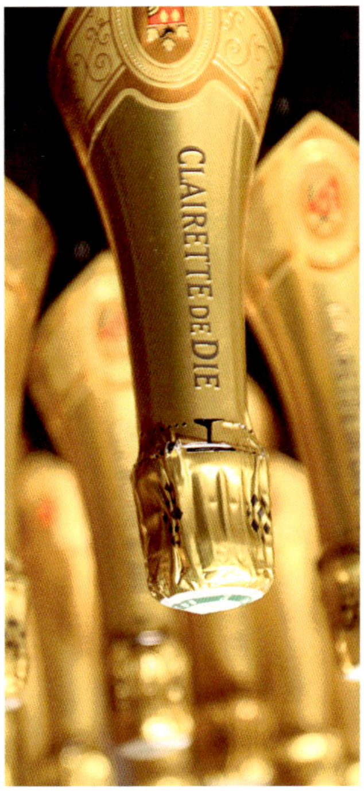

La vallée de la Drôme révèle des vignobles d'un caractère facétieux qui s'expriment dans les vins du Diois : AOC clairette de Die, AOC crémant de Die, AOC châtillon-en-diois, AOC coteaux de Die et des vins de pays de la Drôme, situés autour de Die, Romans, Valence, Saint-Jean-de-Royans, Bourg-de-Péage et Tain-l'Hermitage au nord.

AOC clairette de Die

L'appellation clairette de Die (1 300 ha) remonte à 1942. Elle est située en coteaux le long des deux rives de la Drôme, à une altitude comprise entre 200 et 700 m sur un territoire de 31 communes. Deux cépages la caractérisent : muscat à petits grains pour 75 % et clairette. Elle est vinifiée en blanc mousseux selon la méthode dioise ancestrale (fermentation naturelle en bouteille sans adjonction de liqueur et levure) et en méthode traditionnelle ou champenoise (seconde fermentation en bouteille, l'adjonction de liqueur est autorisée, les vins doivent provenir uniquement du cépage clairette).

AOC coteaux de Die

L'appellation coteaux de Die (1993) se situe sur la même délimitation que la clairette de Die, sur près de 50 ha. Elle est vinifiée en blanc sec, cépage clairette.

AOC crémant de Die

L'appellation crémant de Die (1993) épouse la même délimitation que la clairette de Die sur près de 400 ha. Les vins sont vinifiés en blanc mousseux selon la méthode dite seconde fermentation en bouteille (l'adjonction d'une liqueur de tirage et l'emploi d'une liqueur d'expédition sont autorisés).
Le crémant de Die est obtenu à partir de l'assemblage de trois cépages : la clairette pour 55 % minimum, l'aligoté pour 10 % minimum et le muscat à petits grains entre 5 et 10 %.

AOC châtillon-en-diois

L'appellation châtillon-en-diois (1975), au sud-est de Die, se partage les deux rives de la Drôme, et un peu plus de 65 ha sur 12 communes s'exprimant en trois couleurs. Les blancs sont issus des cépages aligoté et chardonnay, les rouges, des gamay (75 % minimum), pinot noir et syrah. Les rosés et rouges sont l'exclusivité des communes de Châtillon-en-Diois et Menglon.

Gros plan

Jaillance-en-Diois

Depuis la haute Antiquité, la région de Die fait pétiller les cœurs grâce aux bulles de sa fameuse clairette. Dans ce coin de la vallée de la Drôme au charme brut, la vigne s'épanouit au sud sur des coteaux qui captent le soleil jusqu'à 700 m d'altitude. Le muscat, cépage en chef de la clairette, trouve une expression particulière sous ces cieux qui soufflent le chaud et le froid. Au début du XIXe siècle, la clairette était un vin réjouissant servi au verre dans les bistrots. Aujourd'hui, elle est de toutes les fêtes de prestige, tirée vers le haut par les producteurs dès les années 1950. Dans un élan solidaire, ces derniers ont créé la cave coopérative de Die, qui fédère encore actuellement 90 % des viticulteurs. Le travail sur cette appellation a été remarquable. Dans les années 1960-70, les œnologues, l'INRA et la coopérative ont converti la vinification méthode rurale en méthode ancestrale. Dix ans plus tard, s'est ouvert l'ère du bio qui pousse toujours avec vigueur en terroir diois. La machine à vendanger est proscrite par des vignerons restés fidèles aux textes et principes de l'AOC de 1942. Fin 1990, la cave de Die s'est trouvé un nom de famille : Jaillance. Une seule marque pour traduire énergie, élégance et consonance régionale.

La clairette, vin de fête

Pleine de bulles et de sourires, la clairette, dorée, citronnée et florale, donne envie de partager de joyeux moments ! Bernard Pélissier, président de l'AOC clairette de Die et crémant de Die, producteur à Vercheny, en parle avec enthousiasme : « Cousine éloignée du champagne, c'est un vin original élaboré selon une technique complexe. La clairette aromatique, mousseuse, légère en alcool est faite pour plaire à tous. C'est un vin voué à la fête, que l'on peut apprécier sans la peur du gendarme ! » La clairette fait pétiller de fierté tout le pays : « On ne peut la produire qu'à Die et notre AOC puise son caractère particulier de sa situation climatique unique dans les Préalpes drômoises. L'hiver froid dû aux influences de la montagne contraste avec des étés brûlants typiquement provençaux. » Les méthodes des anciens ont toujours fait recette. Elles invitent les vignerons d'aujourd'hui à apporter des soins attentifs au vin depuis les vendanges jusqu'à la mise en bouteilles. Au XIXe siècle, les paysans du Diois plongeaient leurs tonneaux dans des torrents presque glacés afin de ralentir la fermentation. De nos jours, les procédés impliquent des technologies de refroidissement beaucoup plus modernes !

Anne-Sophie Pic : pics de saveurs

Hôtel-restaurant Pic
285, av. Victor-Hugo
26000 Valence
Tél. 04 75 44 15 32

Lorsqu'on s'appelle Pic, il n'est plus nécessaire de se présenter. L'illustre famille valentinoise a tant donné à la cuisine que son nom est naturellement inscrit dans les mémoires. Dans la ville qui épouse les premiers accents du Sud, Anne-Sophie parle le langage des produits du terroir. Entrée en cuisine après la mort de son père, elle monte seule au créneau dans l'univers un peu macho de la profession. Aujourd'hui, Anne-Sophie Pic s'épanouit dans une maison pleine de couleurs et de saveurs plutôt méditerranéennes.

Chaque recette, chaque plat a son histoire, que raconte avec délectation la frêle jeune femme aux solides convictions.

Anne-Sophie s'est trouvé un style pour conforter la notoriété « Pic » et manifester un tempérament hors influences. Tout en finesse, comme un chef, elle conduit sa grosse machine à créer des saveurs. Et pour avancer, la célèbre cuisinière de Valence fait tourner son moteur émotionnel : « Mon grand-père et surtout mon père se plaisaient à faire une cuisine du Sud. L'huile d'olive est ainsi entrée dans nos cuisines. Formidable en assaisonnement de dernière minute sur un poisson, à cru. Fruitée, herbacée avec un peu d'astringence, l'huile de Nyons me fait jouer la carte régionale, mais j'apprécie aussi les huiles d'autres pays méditerranéens. » Inconditionnelle de la truffe du Tricastin, préférée râpée « au moment », Anne-Sophie Pic explique qu'exceptionnellement elle s'autorise à cuire une *Melanosporum* pour cuisiner un chausson aux truffes créé par son grand-père : « J'ai adapté sa recette. En ouvrant le chausson, le client reçoit la vapeur de truffe en plein nez ! J'ai été bercée par ce produit toujours utilisé dans la maison, c'est sentimental, c'est notre terroir. » L'agneau de Rémuzat nourri au thym est aussi un plat irrésistible qu'Anne-Sophie mitonne au printemps : « Le carré d'agneau est rôti au poêlon classiquement, assaisonné d'ail et de laurier avec une tatin de tomates et des petits gris. Ces escargots viennent de la vallée de l'Eyrieux, chez nos voisins ardéchois. Ils ne sont pas très gros, mais savoureux. »

Recette de chef

Ingrédients pour 4 personnes

- 1 carré d'agneau
- 2 gousses d'ail
- 50 cl de jus d'agneau

Tatin

- 16 tomates roma bien rouges
- 1 petite botte de persil plat
- 30 g de purée d'ail (10 gousses d'ail rose)
- 70 g de beurre pommade
- 290 g d'escargots cuits au court-bouillon
- huile d'olive
- sucre semoule
- thym
- sel fin
- poivre du moulin
- Fleurs de thym

Pâte feuilletée

- 4 carrés de pâte feuilletée de 20 cm de côté

Le carré d'agneau de Rémuzat

Rôti, tatin de tomates et escargots petits gris de l'Ardèche, gousses d'ail rose farcies

Cuisson du carré d'agneau
Assaisonner le carré de sel et poivre du moulin. Dans un poêlon, verser 1 cuillerée à soupe d'huile d'arachide, ajouter une noix de beurre demi-sel. Lorsque celui-ci devient mousseux, déposer le carré d'agneau et le faire colorer doucement de chaque côté en l'arrosant de beurre mousseux. Ajouter 2 gousses d'ail en chemise, le thym, une feuille de laurier. Mettre au four (chaleur tournante à 280 °C) pendant 8 min. Puis sortir le carré et laisser reposer à température ambiante 8 min.

Préparation de la tatin de tomates
Cuire un carré de 20 cm de côté de pâte feuilletée entre deux plaques au four à 180 °C pendant 15 min. Puis le tailler au diamètre de la tatin. Monder les tomates à l'eau bouillante pendant 10 s, les couper en 4. Poser ensuite les pétales de tomate sur une plaque Téfal avec du papier sulfurisé. Assaisonner de sel et d'une pincée de sucre semoule. Garnir de trois fines lamelles d'ail dégermé, puis arroser d'huile d'olive. Parsemer de fleur de thym. Confire au four à environ 100 °C pendant 2 h. Compter deux pétales de tomate séchée en brunoise par personne. Mélanger cette brunoise avec le persil plat ciselé finement, la purée d'ail des gousses, le beurre en pommade, les escargots hachés finement et vérifier l'assaisonnement. Dans une assiette, placer un emporte-pièce rond de 12 cm de diamètre, disposer les tomates en étoile en les chevauchant. Étaler l'appareil à la fourchette sur 1/2 cm d'épaisseur. Au moment, passer au four les tatins pendant 7 min à 180 °C et ajouter la pâte feuilletée pendant les 2 min restantes, retourner sur une assiette de service.

Finition et dressage
Au moment, réchauffer le carré 3 min au four, parer les deux extrémités du carré et tailler trois côtes épaisses. Les disposer harmonieusement autour de la tatin, et saucer de quelques virgules de jus d'agneau.

Côté ferme. Picodon, caillette, pintadeau, œufs et poulets

Picodon affiné « méthode Dieulefit » : plus de temps et de piquant

La Drôme partage avec l'Ardèche, sa voisine, un trésor : l'appellation d'origine contrôlée pour le picodon. Dans la Drôme, la méthode Dieulefit bénéficie d'un affinage très particulier en deux temps. Pendant un mois, le séchage s'effectue lentement en cave afin que le picodon se pare d'une belle robe bleue. Les arômes du lait se concentrent, le fromage fleurit en silence. Il en va du talent du fromager pour que ses picodons passent à la maturité supérieure. Cette deuxième opération nécessite encore un mois d'affinage dans une autre cave humide à 16 °C. Les fromages sont alors lavés, plongés dans un bain d'eau à deux ou trois reprises et brassés. Le bleu de la croûte se détache. Ce procédé Dieulefit (deux mois d'affinage contre 14 jours seulement pour le picodon traditionnel de la Drôme) donne un moelleux exceptionnel à ce fromage. Autrefois, ces petits palets de chèvre étaient acheminés de Dieulefit à Montélimar par un train baptisé « le Picodon ». Ce produit typique du sud de la région Rhône-Alpes a su traverser les époques à grande vitesse !

Quel astronaute a fait décoller le picodon ?

Jean-Jacques Favier a au moins deux signes distinctifs : originaire de Saoû, il est astronaute et amateur de picodon. Et plus étonnant encore, il a réussi l'exploit de fusionner ces deux passions… dans l'espace. En 1996, lors d'un vol habité sur la navette spatiale *Columbia*, le Drômois a convaincu les Américains (allergiques à l'importation sur leur territoire d'un fromage au lait cru) d'embarquer quelques exemplaires du « grand petit fromage ». Dans le seul but de faire partager du terroir au énième ciel !

La caillette : un pâté de cochon au nom d'oiseau

La caillette, qui se décline en d'innombrables recettes en Drôme, Ardèche et Loire, fait l'objet de véritables débats d'experts. On peut cependant tenter une définition commune : spécialité charcutière à base de viande et d'abats de porc, de feuilles de légumes verts, maintenue dans une crépinette. Dans la Drôme, cette charcuterie est incontournable près de Valence et plus particulièrement dans le village de Chabeuil, où elle a trouvé ses aficionados. Depuis 1967, la confrérie des Chevaliers du Taste-Caillette œuvre pour la sauvegarde et la renommée de cette spécialité. Riche en viande (échine, gorge et foie de porc), la caillette de Chabeuil est garnie de blettes, épinards et salades, alors que les Ardéchois la préfèrent avec du chou. L'appareil est haché au couteau ou au hachoir, assaisonné, mis en boule à la main, puis enveloppé d'une crépine. La cuisson à l'étouffée, douce et longue, garantit le moelleux final.

Pintadeau de la Drôme : il court, il court

C'est l'un des fleurons du terroir, consacré depuis 1969 par une appellation. Avec son plumetis chic gris et blanc, son cou bleuté, ses pattes sombres, le pintadeau de la Drôme est une bien jolie bête. Élevée dans des volières, cette volaille non désailée se dépense en plein air, les jours de beau temps, car la « peureuse » est délicate et craint le froid. Les élevages qui se sont vraiment développés dans la région à la fin du XIXe siècle demeurent quasi artisanaux. La production de volailles dans la Drôme s'est poursuivie et fait l'objet d'une IGP et d'un Label rouge. Créé en 1968, le Syndicat de défense du pintadeau de la Drôme regroupe une cinquantaine de professionnels qui élèvent 20 000 pintadeaux par semaine. Nourri à 70 % de céréales, « fini » aux pépins de raisin, le pintadeau est commercialisé au bout de 94 jours. Un goût de tendre volaille et de jeune gibier se dégage de sa viande racée.

On l'appelle parfois la « poule africaine ». Car la pintade viendrait d'Afrique. Son arrivée en Drôme remonterait à la deuxième guerre punique lorsque le général carthaginois Hannibal, en route vers Rome, s'est arrêté à Crest. Lors de cette étape, des pintades vivantes transportées pour nourrir ses troupes se seraient échappées. Les volatiles avaient trouvé leur nouvelle terre d'asile.

Qui pond plus d'un milliard d'œufs ?

4e région avicole de France, Rhône-Alpes est numéro deux pour la ponte d'œufs : un milliard deux cent mille, dont la moitié viennent des poulaillers de la Drôme.
Ce département est le nid de l'aviculture régionale avec ses poulets (certifiés jaunes, ou label « fermier de la Drôme »), pintadeaux (label rouge IGP Drôme), pintades et dindes.
La volaille drômoise représente 50 % de la production régionale, elle est suivie par l'Ain, l'Ardèche, la Loire, l'Isère, le Rhône et les Savoie.

Fruits et légumes

Informations pratiques

Fête de l'Abricot et de la Lavande à Saint-Sauveur-Gouvernet le 15 août
Fête de l'Abricot fin juillet à Bren.
Visite dégustation : www.defermeenferme.com

C'est un verger extraordinaire...

Vitamines à gogo… les pêches, nectarines, brugnons, abricots gorgés de jus, sont beaux et bons dans leurs robes de velours, aux subtils dégradés rouge orangé. La pêche drômoise insolente de fraîcheur est sensuelle dans sa chair douce et nacrée. L'abricot, plus ferme, cueilli mûr sur l'arbre révèle de délicats parfums de roses. Poires, pommes, kiwis, noix et fruits rouges composent dans la Drôme une salade de fruits prête à être mangée toute crue ou transformée. Tarte, sirops, confitures, jus, sorbets, les fruits se mettent au parfum. De la vallée du Rhône jusqu'aux terrasses arides, la Drôme est un vaste et délicieux verger offrant un spectacle coloré au rythme des quatre saisons. Au printemps, la nature se réveille et se drape de fleurs et pétales aux teintes nacrées : blanc, rose ou mauve. L'été, les arbres enfantent des fruits chargés de sucre et de soleil. À l'automne, les vergers flamboyants alertent de l'arrivée du général hiver ordonné par d'interminables alignements d'arbres dépouillés taillés en Y.

Crise de fruits

Après la catastrophe viticole due au phylloxera, les vignerons avaient planté des vergers. Dans la Drôme, le sol, léger mélange de diluvium alpin et de sables de molasse, est propice à la culture des arbres fruitiers à noyau.
Un réseau d'irrigation, créé il y a 100 ans (détournement de la rivière la Bourne), a permis l'arrosage des arbres fruitiers de la plaine de Valence. En 1945, Châteauneuf-sur-Isère est déclarée capitale de la pêche. La commune avec 1 800 ha représentait 10 % de la production nationale. Il n'en subsiste aujourd'hui que 400 ha d'où la morosité de certains producteurs face à la crise qui frappe la filière. Ces mêmes producteurs développent le tourisme à la ferme afin de vendre en direct leurs fruits frais ou transformés. Gérard Roc, à Châteauneuf-sur-Isère, a même dû se soumettre à la tentation de la pêche plate originaire de Chine hybridée avec des variétés européennes. Ses qualités gustatives, sa teneur en sucre et sa présentation originale sont très recherchées. Les arboriculteurs s'interrogent, certains ont trouvé une réponse en replantant des châtaigneraies comme au XVIIIe siècle.

Pointe d'ail

Ce grand parfumeur de mets vient pour 80 % de la production nationale des semences certifiées de la Drôme qui ont pour noms Thermidrôme, Messidrôme… L'ail de la Drôme est bien blanc. Pour être classé « extra », les têtes qui comptent 12 à 18 caïeux doivent avoir un diamètre minimum de 45 mm. La société Valdrom'ail est spécialisée dans le tressage industriel de l'ail.
Un conseil pour bien l'apprécier : préférer l'ail pilé au mortier, plus digeste et plus savoureux que haché.

Gourmandises

Croquets, croquettes ou craquants ?

C'est la même chose, mais chaque fabricant drômois a sa propre recette pour ce biscuit aux amandes réservé aux bonnes dents et que l'on appelait autrefois casse-museaux. La biscuiterie Le Père Craquant a décidé dans les années 1970 de rebaptiser les croquettes aux amandes du nom moins canin de « craquant ». Cette entreprise familiale fabrique toujours quelque 4 t de biscuits par semaine d'après la recette ancestrale héritée d'un boulanger de Saillans surnommé le père Craquant. Passé à une production semi-industrielle et diffusé partout en France et en Belgique, ce gâteau n'a rien perdu de sa qualité d'origine. Le croquet, croquette ou craquant s'apprécie localement avec de la clairette de Die ou trempé dans le café, histoire d'attendrir cette robuste et savoureuse douceur.

Que fait le Suisse à Valence ?

L'origine du Suisse est liée à un épisode historique : la mort du pape Pie VI à Valence le 14 juillet 1799. Fait prisonnier par Bonaparte, le Saint-Père regagnait alors Paris. Ses reliques, son cœur et ses entrailles sont toujours conservées à la cathédrale Saint-Apollinaire. Les Valentinois éprouvaient beaucoup de sympathie pour le Saint-Père, ce qui donna l'idée à une boulangère de l'époque de confectionner un biscuit à l'effigie des gardes suisses du Vatican. Depuis plus de 200 ans, les pâtissiers valentinois donnent vie à ce petit pantin en pâte sablée avec des écorces d'oranges confites. Une confrérie célèbre chaque année cette spécialité. Pour le bicentenaire de la mort de Pie VI, une délégation s'est rendue à Rome avec un Suisse géant destiné à Jean-Paul II ! L'accueil fut exceptionnel. Les gardes suisses du pape s'en souviennent encore...

La Drôme des collines

En douceur, ce pays expose ses rondeurs avec fierté, affichant sa couleur préférée, le vert, tout naturellement. Les rivières qui désaltèrent les paysages serpentent et les vergers foisonnent offrant à la Drôme des collines de multiples visages : rose et blanc au printemps, rouge au temps des cerises, orange « abricoté » en juin et teint de pêche tout l'été. Cette Drôme vitaminée devient grisante du côté de Tain-l'Hermitage grâce aux vignobles en terrasses. Romans ne manque pas de spécialités et Hauterives se fait palais idéal par la folle poésie du facteur Cheval. Les collines prennent de la hauteur vers Royans-Vercors. Taillée à vif dans la falaise, la route des Grands-Goulets conduit vers cette émouvante terre de résistance. Un vent de liberté souffle toujours sur le plateau. Pays de caractère, il produit le bleu du Vercors.

Michel Chabran : « La Drôme est un pays béni des Dieux ! »

Restaurant
Michel Chabran
29, avenue
du 45e-Parallèle - N 7
26600 Pont-de-l'Isère
Tél. 04 75 84 60 09

Ce fils et petit-fils de bistrotier est à la cuisine ce que Charles Trenet est à la nationale 7, une chanson mettant du baume au cœur. « Dans les années 1950-60, avec l'essor de la voiture et des congés, j'ai vu arriver dans la salle du café des flots de clients qui cassaient la croûte, j'étais môme, je vivais là, au milieu d'eux, mon père voulait vendre. À 15 ans, j'avais trouvé ma voie. » Michel Chabran raconte cet hier qui a façonné sa vie de cuisinier en un lieu stratégique. Installer sur la route des vacances une étape gastronomique fut son enchantement.

« Ici, il n'y a qu'à se baisser et ramasser. On a tout sauf les poissons de mer ! »

Chez Michel Chabran, on apprend à connaître sa région dans l'assiette. Les produits nobles ou rustiques, très cuisinés ou proposés dans leur expression naturelle, exhument sur chaque assiette des parfums de terroir. « J'aime les choses les plus simples possible, traitées avec exception, comme une ratte avec une truffe écrasée arrosée d'huile d'olive ou un poulet rôti, un chevreau, un sandre du Rhône. » Le marché du village, les producteurs et éleveurs alentour font le bonheur de ce cuisinier de campagne qui tranquillise en avouant aimer « tout ce qui est bon » ! La pintade de la Drôme fait partie de la kyrielle des produits pertinents, un peu moins connus que d'autres, mais particulièrement plaisants à promouvoir, confesse Michel Chabran : « Il y a 50 ans, dans les fermes, on préparait les pintades pour les moments festifs, vendanges, repas de famille, Toussaint. C'est quelque chose de très goûteux, qui nous a été rapporté d'Afrique au temps d'Hannibal. La pintade a une chair exceptionnelle, mi-gibier, mi-volaille de basse-cour. » Voulant toujours surprendre, sans tomber dans l'excès de zèle, le chef étoilé œuvre pour réhabiliter les légumes oubliés : « Rutabagas, topinambours sont associés à des périodes d'austérité, tragiques, difficiles. Il faut les anoblir, les accommoder de beurre ou d'huile de truffe ; on assiste aujourd'hui à une résurrection de ces légumes. Le topinambour se rapproche de l'artichaut ; le rutabaga a de l'acidité et de l'amertume qui, avec du potiron en brochettes avec de la truffe, fait un mariage merveilleux. » Au marché, Chabran exulte car à portée de panier tout est là : fruits, miel, fromages, laitues, cardons, châtaignes. « Manger en toute simplicité, ensemble, c'est passer un immense moment d'amour ou d'amitié », se plaît-il à dire inlassablement.

Ingrédients pour 4 personnes

- 4 ailes de pintades avec les filets (ou 4 suprêmes)
- 200 g de truffes + huile
- 500 g de topinambours
- 150 g de potiron
- 150 g de rutabagas
- 1 dl de crème
- 100 g de beurre
- sel et poivre du moulin
- 1 dl de vin blanc + 1 dl de fond blanc de volaille
- 2 gousses d'ail
- 5 cl d'huile de tournesol

Aile de pintade rôtie en cocotte et légumes oubliés

Purée de topinambours
Éplucher, laver et cuire les topinambours dans l'eau salée jusqu'à ce qu'ils soient fondants. Les égoutter et les mixer avec la crème et 50 g de beurre. Ajouter de la truffe hachée et de l'huile de truffe. Réserver 12 bâtonnets de truffe.

Brochette de potiron
Éplucher le potiron et le rutabaga. Les blanchir dans l'eau salée, les garder assez fermes. Couper des dés de 1 x 1 cm (de potiron, de rutabaga et de truffe, 16 de chaque). Monter les brochettes sur un cure-dent en intercalant les dés de rutabaga, de potiron et de truffe, deux fois. Faire 8 brochettes.

Ailes de pintade
Dans une cocotte, faire colorer les ailes avec le beurre, l'huile de tournesol et les gousses d'ail éclatées. Assaisonner. Terminer la cuisson au four en arrosant fréquemment pendant 10 min. Déposer les ailes sur une assiette, dégraisser et déglacer la cocotte avec le vin blanc et le fond de volaille, faire réduire de moitié et passer au chinois dans une saucière.

Les vins du 45e parallèle

Les vignobles de cette contrée septentrionale ont la particularité d'être traversés par le 45e parallèle et jouissent d'une grande notoriété : AOC crozes-hermitage, AOC hermitage, AOC côtes-du-rhône (dont le Brézème), vin de pays des collines rhodaniennes, vin de pays de la Drôme.

Producteurs recommandés

Alain Graillot, Laurent Combier, Emmanuel Darnaud, château de Curson, Gilles Robin...

AOC crozes-hermitage

L'appellation crozes-hermitage remonte à 1937 pour la seule commune de Crozes-Hermitage ; elle fut étendue en 1952 sur 10 autres communes de la Drôme : Beaumont-Monteux, Chanos-Curson, Érôme, Gervans, Larnage, Mercurol, Pont-de-l'Isère, La Roche-de-Glun, Serves-sur-Rhône et Tain-l'Hermitage. Située à une vingtaine de kilomètres au nord de Valence, côté rive gauche du Rhône, elle évolue aujourd'hui sur près de 1 250 ha, ce qui en fait l'appellation la plus vaste des crus septentrionaux. Les terroirs de crozes-hermitage sont très diversifiés : le Nord est composé de vignobles en terrasse, le Sud de plaines. Les vins rouges sont issus du cépage syrah pouvant s'associer à des raisins blancs (jusqu'à 15 %). Les vins blancs proviennent de cépages marsanne et/ou roussanne.

AOC hermitage

L'appellation hermitage (1937) est située à une quinzaine de kilomètres au nord-ouest de Valence, sur près de 130 ha de vignes en coteaux sur les communes de Tain-l'Hermitage, Crozes-Hermitage et Larnage, côté rive gauche du Rhône. Cette appellation produit des vins rouges issus de syrah avec un maximum de 15 % de raisins blancs marsanne et/ou roussanne. Ce sont des vins puissants et fins à la fois et de grande garde. Les blancs qui émanent des cépages marsanne et/ou roussanne sont des vins gras, tout en rondeur, qui vieillissent également très bien. Les hermitages blancs sont tout aussi réputés que les rouges. Une petite production de vin de paille, dont les raisins ont été ramassés en sur-maturité – séchés au minimum 45 jours sur claies ou lits de paille ou suspendus à température ambiante dans un local ventilé –, donnent un vin doux, aux parfums de fruits confits et de marrons glacés.

Producteurs recommandés

Domaine Jean-Louis Chave, domaine Viale, domaine Desmeures, domaine Sorrel, maison Chapoutier, maison Jaboulet Aîné...

Quelle est l'origine de la syrah ?

La célèbre syrah, carte d'identité des côtes-du-rhône, puise son « origine mondiale » entre nord et sud de l'hermitage. Elle ne vient pas de Syracuse ! C'est un croisement de mondeuse blanche et de duréza, cépage de l'Ardèche.

L'AOC 7 jours sur 7

La cave de Tain-l'Hermitage produit en quantité la moitié des cinq grandes appellations d'origine contrôlée alentour. Propriétaire de 22 ha en hermitage, elle vinifie des crozes-hermitage, saint-joseph, saint-péray, hermitage, cornas et des vins de pays des collines rhodaniennes. La cave, d'excellente notoriété, joue la séduction en proposant également « son » vin de paille (hermitage blanc). Les équipements modernes, le savoir-faire, la qualité et la rigueur expliquent le succès de cette cave, ouverte 7 jours sur 7, qui fait de l'AOC son porte-drapeau.

Le crozes-hermitage : stylé et poivré

« Le vin doit être contemporain, s'inscrire dans la société actuelle et ne pas se figer sur l'histoire et la tradition. »

Le grand vigneron Alain Graillot a curieusement commencé sa carrière en col blanc dans une société pharmaceutique parisienne. La raison de son revirement professionnel : 17 ha de vignes à faire revivre sur la commune de Pont-de-l'Isère. Il y a un quart de siècle, l'appellation crozes-hermitage végétait, ronronnait, décevait même. Alain Graillot arrive à point nommé pour réveiller une AOC endormie : « Appartenir à une AOC, cela donne des droits, mais cela implique des devoirs. De nombreux vignerons ont oublié la deuxième partie ! Je regrette qu'elle ait été distribuée trop largement à une époque. L'AOC, c'est fondamental. Je ne fais pas de la syrah, mais du crozes sur une terre qui est la mienne, le climat qui est le mien avec les levains qui sont les miens et la sueur qui est la mienne ! »

Les vignerons de l'ancienne génération, arboriculteurs pour la plupart, traitaient la vigne comme les vergers, avec des pratiques agricoles productivistes et peu d'expérience en cave. Les années 1990 marquent un tournant. Alain Graillot accompagne cette évolution : « Les fils qui ont remplacé les pères ont suivi des études, s'orientant vers plus de qualité. Certains ont quitté la coopérative, sont passés du vrac à la bouteille, se sont installés à leur compte, les styles se sont multipliés. L'appellation est devenue incontournable. On a pris la place des bordeaux supérieurs, des bourgognes génériques et des beaujolais. »

Dans le sillon de son père, Maxime s'est lancé dans l'aventure et appartient à ces jeunes vignerons détenteurs de diplômes d'œnologie et d'apprentissages à l'étranger. En 2004, Graillot junior a produit son premier millésime, un vin généreux plein d'élégance et de fruit.

2001
CROZES HERMITAGE

H ou sans H et Histoire

La légende de l'hermitage évoque le retour de croisade du fameux chevalier Gaspard, mais l'histoire remonte plus certainement aux Grecs et aux Romains. L'hermitage s'écrivait sans h, lié à l'ermite, le h s'est greffé plus tard.

C'est le sol qui exprime le mieux l'origine de ce vin aux grands équilibres : en blanc, puissance, finesse, élégance, en rouge, tannins virils et fruits mûrs compotés côtoyant la violette.
Géographiquement, l'hermitage est idéalement situé sur des coteaux exposés plein sud, qui apportent chaleur et maturité aux raisins.
20 producteurs d'hermitage exploitent les 5 collines riches d'une géologie exceptionnelle qui compte 7 sols différents.

Hermitage : velouté et épicé

Tel un monastère distillant du silence ou cultivant ses secrets, la cave Chave (le h qui différencie le mot et le nom est évocateur) consacre l'appellation la plus mythique de la vallée du Rhône : l'hermitage ! Ce vin de tsar fut expédié en Gironde pour offrir aux bordeaux la structure et la couleur qui lui manquaient. On disait alors qu'on « hermitageait ». Lassé de jouer les seconds rôles, l'hermitage reconquiert ses origines racées en 1936, date de l'AOC obtenue par jugement, rien de moins !
Poursuivant l'œuvre de son père Gérard, Jean-Louis Chave, nourri de références patrimoniales (famille dans le vin depuis 1481 !) et bardé de diplômes, est pragmatique : « Le vin doit être contemporain, s'inscrire dans la société actuelle et ne pas se figer sur l'histoire et la tradition. C'est ce qui fait qu'un produit existe ou qu'il meurt. Si on se dit "je fais le vin comme mon père, comme mon grand-père", on est dépassé, les vignerons français doivent aller plus loin, être en phase avec le marché. » Jean-Louis Chave, le nez dans la vigne, observe avec lucidité et sensibilité l'histoire de l'AOC hermitage qu'il aime rappeler : « À l'origine, les AOC étaient réservées à des crus historiques comme l'hermitage, la côte-rôtie et les grands crus de Bourgogne ; c'était un concept viticole qui garantissait une certaine vérité sur le produit. Leur élaboration devait découler des expériences acquises dans le temps, la loyauté, donc la vérité, avec une vision à long terme – constant – non soumise aux effets de mode. Les autres restaient des vins de bistrots. Mais cette philosophie s'est transformée en idée marketing. D'autres régions y ont vu un intérêt, d'où une explosion des AOC pour des raisons économiques et parfois politiques. »

Passion

Terroir, terre, terreau

Chantre de la vallée du Rhône, Michel Chapoutier est un étonnant vigneron intarissable sur le sujet de la vigne. Il peut parler de sa passion pendant des heures aussi bien au micro de France Culture que dans son caveau de Tain-l'Hermitage. Attaché au terroir et respectueux de l'environnement, Michel Chapoutier cultive son art selon des méthodes biodynamiques en laissant, dit-il, à la terre « le soin de façonner le caractère des vins lorsque cépages d'exception, géologie de rêve, sol inspiré, terroir de légende s'additionnent ». Ce trublion distingué, enraciné dans son pays qu'il connaît par cœur, greffe les recettes empiriques des ancêtres aux techniques les plus modernes. Michel Chapoutier avoue sa fierté de vivre à quelques encablures du seul endroit au monde où s'observent à l'œil nu les périodes primaire, secondaire, tertiaire et quaternaire. Cette variété géologique unique qui permet d'insuffler de l'esprit à l'hermitage donne encore des frissons au vigneron et homme d'affaires avisé que l'alchimie du terroir interpelle : « Le sol composé d'humus – décomposition du végétal – et d'argile – décomposition de la pierre – joue sur le goût du vin. La nature fait bien les choses car dans ce terreau fertile la bactérie transmute le minéral en végétal afin qu'il soit assimilable par la vigne. » Le climat, le millésime, la tradition et l'humain réunis complètent les éléments de magie nécessaires à créer des vins légendaires.

Repères

Fac et Spera... « Fait et espère... » C'est la devise de la maison que Michel Chapoutier dirige au cœur du vignoble hermitage, dont le nom s'inscrit sur la colline de Tain... comme Hollywood en Californie.
La maison Chapoutier produit des vins de toute la vallée du Rhône depuis 1997, possède trois domaines en Australie.
www.chapoutier.com

Monument

« De la Chapelle à la cathédrale... »

La Maison Jaboulet établie à Tain-l'Hermitage depuis 1834 a été rachetée en 2005 par le groupe d'investisseurs Frey (champagne Billecart-Salmon et vin Château-La Lagune). La famille Jaboulet restera toutefois associée à jamais au fameux hermitage rouge La Chapelle. Ce vin, « puisé » au sommet d'un coteau de vignes en terrasses, est un joyau d'arômes. L'appellation aux marches de la chapelle Saint-Christophe est mythique. La petite église acquise par Paul Jaboulet en 1919 fut construite en 1235 par le chevalier Gaspard de Stérimberg, qui trouva ici son « ermitage ». Un autre lieu ancre le nom Jaboulet dans l'univers du vin : le Vineum de Châteauneuf-sur-Isère. Cette caverne souterraine, lovée dans de vieilles carrières creusées par les Romains, fut inaugurée en 2001. L'ancienne champignonnière, qui servit d'entrepôt à la Luftwaffe, abrite aujourd'hui un espace de dégustation et d'initiation à la gloire des plus belles appellations de la vallée du Rhône.

Vineum Jaboulet
Châteauneuf-sur-Isère
Tél. 04 75 84 68 93

La Drôme des vergers

La Drôme manquerait-elle de vitamines ?

Considérée longtemps comme le verger de la France, la Drôme semble détrônée par d'autres départements notamment les Bouches-du-Rhône (plaine de Crau) ou le Gard. Elle reste toutefois un important bassin de production avec 250 arboriculteurs. Les conditions économiques conjuguées aux ravages de la sharka hypothèquent gravement la filière. La sharka, une virose apparue il y a 15 ans, s'est installée insidieusement. Ce virus transmis par les pucerons fatigue l'arbre, perturbant malheureusement l'épanouissement de ses fruits. L'arrachage est le seul moyen d'éviter la contamination des autres arbres. L'épée de Damoclès est aussi d'ordre économique. En effet, le coût de la main-d'œuvre, qui représente 56 % du prix du produit (ramassage, culture, conditionnement), pèse lourdement sur la compétitivité de la filière fruits régionale par rapport à la production espagnole. Les fruits drômois se vendent essentiellement dans l'Hexagone. Des cahiers des charges ont été mis en place pour valoriser les produits locaux. Patrick Eymard, directeur du Centre d'économie rurale de la Drôme, en parle avec conviction : « Les producteurs qui font de la qualité ont un retour économique intéressant contrairement à ceux qui font des fruits plus basiques. Nous mettons l'accent sur la maturité, le "mûr à point" cueilli sur l'arbre, pas trop irrigué avant la récolte, bref le naturel. C'est une filière très en crise, le nombre de producteurs a baissé, je ne sais pas s'il y aura encore une production de fruits dans la Drôme dans 20 ans… c'est mon inquiétude malgré notre terroir efficace. »

Pêches et abricots

Depuis deux ans, l'abricot occupe le terrain ! Sur une superficie de 5 000 ha, ce fruit prend toutes ses aises. Historiquement, la pêche était le produit phare avec sa capitale Châteauneuf-sur-Isère. Ce noyau de production s'est confronté aux difficultés économiques et au développement de la sharka. Les arrachages de pêchers ont entraîné la réduction des surfaces, faisant passer les vergers de 7 000 à 4 000 ha. Mais le tonnage pêche reste dominant : 25 t par ha contre 15 t pour l'abricot.

L'abricot s'épanouit au sud, dans les Baronnies, sur des coteaux secs, et au nord, sur la zone d'Anneyron à Valence. La pêche est disséminée d'Anneyron jusqu'au sud de Montélimar. Une cinquantaine de variétés est répertoriée : diamond Ray, ivoire, jade, topaze, Rich Lady, O Henry, Big Top, bénédicte, émeraude, zéphyr, Spring Lady…

Le bergeron représente 90 % de la production. Cette variété ancienne est la mieux adaptée au terroir. Le bergeron se consomme en fruit frais, en confiture, c'est l'abricot « passe-partout ». L'orangé de Provence, cultivé dans le Sud, est de plus petit calibre, plus coloré, un brin exotique. La consommation de l'abricot se développe au détriment de la pêche, car c'est un fruit plus facile à manger.

Pommes, poires, cerises et kiwis

La production de pommes et de poires n'est plus significative dans la Drôme, d'autres fruits s'accrochent aux branches !

Au-dessus de Valence, dans le couloir rhodanien, la cerise burlat se développe car le virus de la sharka n'atteint pas le cerisier (il ne s'attaque qu'aux arbres de l'espèce *Prunus* : pêchers, abricotiers).

Le kiwi, en vogue il y a 20 ans, quelque peu abandonné, signe son retour en terre drômoise. Il pousse sur des lianes grimpantes de 2,50 m de haut. Cette nouvelle voie de diversification arboricole nécessite toutefois une grosse mise de fonds (installation des palissages, des poteaux, des tendeurs).

Une cinquantaine de producteurs sont recensés au sud de Valence.

Chocolats...

Succès croquant

Valrhona, ancienne fabrique d'artisan pâtissier ardéchois, est spécialisée dans le chocolat de couverture pour les professionnels. Aujourd'hui, la société drômoise connaît un succès international. On lui doit, en 1986, l'idée du petit carré de chocolat à déguster avec le café. Identifier et sélectionner les plus belles variétés de cacaoyers est une mission parmi celles très nombreuses que Valrhona s'impose. Possédant ses propres plantations dont deux au Venezuela, l'entreprise de Tain-l'Hermitage développe des partenariats avec les Caraïbes, Madagascar, ou l'Amérique du Sud. *In situ* avec la complicité d'un vieux planteur, Valrhona a pu réhabiliter une fève en voie de disparition, le Porcelena. Sa particularité ? Une absence totale d'amertume, des notes subtiles de malt et de pain et une belle intensité chocolat.

Cacaothèque

Valrhona chasse les nouvelles tendances en permanence. Une dégustation hebdomadaire des chercheurs de goûts à la cacaothèque met les palais en émoi. Un chocolat aux arômes de tapenade, pourquoi pas ? Mais silence, on tourne de belles histoires de chocolat ici, peu de choses filtrent, la confidentialité est de rigueur. Inlassablement, Valrhona élabore des chocolats authentiques, insolites, inédits. La gamme « laboratoire » offre un éventail d'environ 90 chocolats destinés à la réalisation de préparations sucrées et la gamme « consommateur » affiche son originalité dans plus de 50 pays.

Le chocolat fait école

Depuis 1988, l'école du Grand Chocolat accueille 800 professionnels par an. Venant du monde entier, artisans, pâtissiers, chefs de cuisine se perfectionnent aux formules spécifiques Valrhona. Des stages sont également proposés à tous les fondus de chocolat !

Valrhona emploie 500 salariés,
produit 10 000 t de chocolat par an.
www.valrhona.com

Ravioles et pognes

Qui a inventé la raviole ?

La raviole remonte à l'Antiquité, elle était alors composée de rave (d'où son nom). Plus tard, au XVIe siècle, les bûcherons piémontais employés dans le Vercors ont adapté les fameux raviolis italiens à la mode locale. La viande fut donc remplacée par une matière première qu'on trouvait sur place, le fromage blanc de chèvre. La raviole du Dauphiné était née dans le Royans (Isère) et à Romans (Drôme).

D'où la pogne tire-t-elle son nom ?

Il faut une bonne poignée de pâte pour faire une pogne (500 à 700 g en fonction de la main). D'où son nom. Pétrie de fine fleur de farine, de sucre, d'œufs et de beurre, la brioche est parfumée à la fleur d'oranger. Fabriquée pour les fêtes pascales, elle est aujourd'hui dégustée au quotidien dans sa forme d'origine, une couronne. Quatre incisions sur sa croûte dorée laissent apercevoir l'intérieur jaune pâle de sa pâte au levain. Romans et Valence revendiquent la paternité de ce gâteau. Fabriquer une pogne est un art que Denis Maurin sait transmettre en haut lieu quand il donne des cours à l'université populaire de Valence. Le pâtissier valentinois, héritier de la maison Nivon, est le gardien des traditions : « Chez nous, les ingrédients n'ont pas changé depuis 150 ans ; notre pétrin en bois et en fonte date de 1852. Entièrement sur levain, la pogne demande 3 jours et demi entre le pétrissage et la cuisson. Elle se conserve longtemps, jusqu'à trois semaines. On peut donc l'expédier en Guyane, en Nouvelle-Zélande, au Japon, aux États-Unis ou en Australie. »

Combien pèse une raviole ?

1,2 g exactement soit 0,6 g de pâte et 0,6 g de farce. Un poids plume !

Saint-Jean, leader du marché des ravioles ?

2 500 t de ravioles sortent annuellement d'une usine ultramoderne située à Romans. La société vise les 6 000 t grâce à sa toute nouvelle unité de production. Saint-Jean, filiale à 100 % de Sabaton, produit et commercialise pâtes fraîches (45 000 t par an) et ravioles sous deux autres noms : Ravioles de Royans et Truchet.

Les belles maisons de pognes

Nivon à Valence (la plus ancienne) ;
Jean-Charles Pascalis, qui a créé un musée de la Pogne à Bourg-de-Péage ;
Pierre Mourier à Romans et Ronjat à Saint-Donat.
Les fabricants de pognes affichent leur volonté de créer une appellation Pogne de la Drôme.

La raviole du Dauphiné : 48 carrés par plaque

C'est vraisemblablement une cousine du ravioli italien. La raviole du Dauphiné, protégée par un Label rouge depuis 1998, est indissociable de la région de Romans. Cette spécialité de fabrication familiale se professionnalise au XIXe siècle grâce aux « ravioleuses » qui se proposent de mettre la main à la « pâte » de fermes en maisons. En fait, ces femmes louaient leurs services, préparant à la demande des « grosses de ravioles » (une grosse est une unité de mesure représentant 3 plaques de 48 carrés de 2 cm de côté). Ce plat drômois devint si populaire qu'Émile Truchet mit au point, en 1930, la première machine à ravioles. La fabrication amorce un virage industriel dans les années 1960 ; cette spécialité culinaire étend alors sa réputation au-delà du Dauphiné.

Aujourd'hui, six entreprises locales produisent chaque année quelque 2 000 t de ravioles alimentant le marché national.

La recette des petits coussins bombés ? Une pâte à la farine de blé tendre farcie de comté et de fromage blanc frais et persillé. Il suffit de pocher les plaques 1 à 2 min dans une eau frémissante, le temps que la raviole remonte à la surface. La raviole croustillante à l'apéritif se prépare, elle, comme une friture.

RAVIOLES
MERE MAURY
MAISON CENTENAIRE

L'Isère

La vitalité au sommet

Partagé entre plaines et montagnes, ce département est une destination qui ouvre l'appétit, offrant avec prodigalité ses produits pur terroir : noix, fruits, laits, fromages, céréales. Des Alpes du Nord à celles du Sud, des galets du Rhône aux neiges de l'Oisans, en passant par les reliefs de Belledonne, de la Chartreuse et du Vercors, l'Isère affiche une forme olympique. Côté ville, sa capitale Grenoble, intelligente et sportive, appartient au club des métropoles dynamiques, tandis que Vienne, gallo-romaine, entonne les premiers accents du Sud. Côté campagne, la vitalité de l'Isère attire les plus sportifs sur les sommets, dont certains culminent à plus de 3 000 m. Ici, le tourisme d'hiver fait la joie des amateurs de glisse et le tourisme des trois autres saisons offre la possibilité de rêver dans la nature, de visiter le riche passé du pays et de déguster des spécialités : gratin dauphinois, tommes, saint-marcellin, bleu, huile de noix, cuisine locale ou liqueurs.

Repères

Superficie : 7 467 km^2.
Chef-lieu : Grenoble.
3 arrondissements,
58 cantons,
533 communes.
Population :
1 016 228 habitants.
21 000 ha de forêts,
2 100 km de rivières,
1 parc national (Écrins)
et 2 parcs naturels régionaux (Chartreuse et Vercors).
Point culminant :
barre des Écrins (4 102 m).

La ronde des AOC

La noix de Grenoble

Appellation obtenue dès 1938, la senior des AOC se décline en trois variétés : la mayette, la franquette et la parisienne. La zone d'appellation qui longe la rivière Isère occupe 21 cantons du département, déborde sur quatre cantons drômois et s'échappe aussi en terre savoyarde. Vinay, Tullins, Saint-Marcellin et Pont-en-Royans forment le noyau historique de la noix de Grenoble. L'AOC se déploie sur 9 000 ha et regroupe 1 500 producteurs.

Le bleu du Vercors-Sassenage

Ce fromage de vache prend racine au XIVe siècle dans la montagne du Vercors, sur les terres du seigneur de Sassenage. Aujourd'hui, le bleu est produit sur quelques communes de l'Isère et de la Drôme au cœur du parc naturel régional du Vercors. Une génération de jeunes fermiers signe le renouveau de cette pâte persillée menacée de disparition. Le bleu du Vercors-Sassenage, AOC 1998, est fabriqué en quantité limitée : pas plus de 160 t par an.

Le saint-marcellin

C'est en bonne voie, ce fromage va faire son entrée sous peu dans le saint des saints AOC ! Apprécié par Louis XI, le saint-marcellin est aujourd'hui très populaire auprès des gastronomes. Fabriqué à 35 millions d'exemplaires, ce palet au lait de vache porte la signature de son terroir. Depuis 2004, le Comité national des produits laitiers (CNPL) a reconnu officiellement la zone de production du saint-marcellin, qui englobe 298 communes de l'Isère, de la Drôme et de la Savoie.

Un vin de Savoie en Isère

Chapareillan est la seule commune de l'Isère à bénéficier de l'appellation d'origine contrôlée vin de Savoie. Ici, au Moyen Âge, le mont Granier s'est effondré suite à un glissement de terrain qui a balayé villages et cultures. C'est sur cette terre meurtrie que les paysans feront pousser la vigne. Le cru abymes, vinifié par une quarantaine de vignerons, illustre cette émouvante histoire. Plus typiquement isérois, les Balmes dauphinoises et les coteaux du Grésivaudan sont des vins sincèrement « terroir ».

SÉLECTION
l'étoile
du VERCORS
SAINT-MARCELLIN
80g

eluicum
M.M.I.V
taburnum
M.M.I.I.I
Sotanum
M.M.I.I.I

Le Sud Grésivaudan

Le Sud Grésivaudan exhale des parfums champêtres et rayonne de couleurs verdoyantes. Châtaigniers et surtout noyers soulignent l'horizon arrondi de douces collines. La forêt de Chambaran aux vertus oxygénantes libère du bonheur jusqu'à Saint-Marcellin, capitale du célèbre et typique fromage isérois.
En chemin, de vieux séchoirs racontent par leur architecture rurale l'histoire de la noix de Grenoble. La verte campagne du Sud Grésivaudan, entre montagnes et plaine de Valence, partage avec la Drôme, sa voisine, quelques spécialités, telles la pogne ou les ravioles.

Noix de Grenoble, pionnière de l'AOC

Quel est le calibre pour mériter l'AOC ?

La noix de Grenoble doit avoir entre 28 et 32 mm de diamètre. Les noix fraîches sont commercialisées de mi-septembre jusqu'à fin octobre.

Gâteau aux noix

C'est l'une des grandes spécialités grenobloises. Le gâteau aux noix est rond, composé d'une pâte sablée parfumée au citron et d'une garniture de miel, de crème fraîche et de cerneaux de noix.

Informations pratiques

Le Grand Séchoir
38 470 Vinay
Tél. 04 76 36 36 10
www.legrandsechoir.fr

Les Romains appelaient ce fruit venu d'Orient *Jovis glans* ou gland de Jupiter. Présent en Dauphiné dès l'Antiquité, c'est au XIXe siècle que le noyer se développe suite à la quasi-disparition des vignes victimes du phylloxéra. Longeant la vallée de l'Isère et le 50e parallèle, du sud-ouest de la Savoie jusqu'au nord-est de la Drôme, c'est dans le pays de Vinay et la région Sud Grésivaudan, au pied du parc naturel régional du Vercors, que les noyeraies (terme propre au Dauphinois) se concentrent. Dans ce paysage bucolique, des noyers se déploient à perte de vue, alignant des rangées d'arbres aux cimes arrondies et à l'écorce blanchâtre.

La noix de Grenoble fut la première à décrocher une AOC, octroyée le 17 juin 1938. En Savoie, en Isère et aux portes de la Drôme, 27 cantons couvrent l'appellation ; quatre d'entre eux sont leaders : Tullins, Vinay, Saint-Marcellin et Pont-en-Royans. Plus de 6 500 ha de vergers produisent 13 000 t de noix chaque année, 8 à 10 000 t sont commercialisées sous l'appellation d'origine contrôlée « noix de Grenoble », qui se décline en trois variétés : la franquette (85 % de la production), la parisienne et la mayette. Ses qualités nutritionnelles ainsi que sa haute teneur en oméga-3 et en manganèse lui assurent un bel avenir sur des marchés diététiques porteurs. Mais la noix demeure avant tout un produit du terroir ancestral à déguster tel quel ou transformé en huile, vinaigre, bières, confiseries, pâtisseries, digestifs, apéritifs, confitures… Dès le début du XXe siècle, les grands confiseurs grenoblois, tel Pelloux-Prayer, vendent leurs noix confites dans de belles boîtes en forme de coquilles. Les gourmands se délectent de massepain, de tôt-fait aux noix ou de gâteau Christine. La fabrication de vin de noix est également une tradition familiale très ancrée en Dauphiné.

Grand Séchoir, joli savoir

Le Grand Séchoir, à Vinay, est une coquille pédagogique et ludique. La mémoire d'une ancienne ferme traditionnelle est toujours vive dans cet écomusée. Ici, Marion Carcano raconte : « La culture de la noix va profondément changer les modes de vie des habitants du pays. La mise au point d'un outillage agricole spécifique, le perfectionnement d'un savoir-faire acquis au fil des années et "l'invention" des séchoirs à noix témoignent de l'adaptation remarquable et rapide des paysans à cette nouvelle économie. » Les séchoirs à noix, petits bijoux d'architecture en bois, sont des charpentes suspendues aux greniers des fermes ou sous l'avant-toit des granges avec des planchers à claire-voie pour faire circuler l'air qui séchera les noix. Cette structure ajourée permettait de protéger les fruits récoltés et stockés de la pluie, du soleil et des oiseaux. Aujourd'hui, le séchage s'effectue en cellules par ventilation électrique.

La preuve par noix !

La noix est un fruit sec et goûteux, riche en fibres et en sels minéraux, ainsi qu'en acides gras essentiels qui préviennent les maladies cardio-vasculaires. À en croire le diagnostic des nuciculteurs, elle est synonyme de santé. Ils prescrivent généralement trois noix par jour !

Qu'est-ce qu'une « soirée mondée » ?

La sociabilité villageoise est marquée par un temps de retrouvailles festif lié à la noix, la « mondée », soirée consacrée au cassage des noix en commun, qui perdure aujourd'hui encore chez les producteurs. Émonder ou énoiser, c'est casser la coquille de la noix pour en extraire les cerneaux. « Avant, disent les anciens, on mondait dans les fermes jusqu'à minuit puis on partageait le casse-croûte et on s'amusait. »

Y a-t-il des noix à Grenoble ?

Si l'appellation stipule noix de Grenoble, il y a pourtant peu de chance d'en ramasser dans la capitale iséroise. Le nom emblématique de Grenoble a été associé à la noix pour mieux la promouvoir. L'unique noyer est planté devant la préfecture.

Paroles

Passions de noix

Propriétaire d'une noyeraie de 10 ha, Jean-Paul Matraire porte haut les couleurs de la noix de Grenoble. En habit de la confrérie, il parle avec affection de ce fruit unique : « La noix est belle quand on la travaille, il faut savoir l'écouter. On reconnaît au simple bruit la bonne de la mauvaise. On les touche beaucoup en les triant, c'est un savoir-faire qui ne s'improvise pas. »
Tout comme la confrérie, la Coopenoix-Euronoix de Vinay créée en 1929 contribue à la valorisation du produit. Son président Pierre Gallin-Martel reconnaît l'impact de l'AOC : « Son aura est forte. Lorsque l'on se déplace dans les salons professionnels, l'appellation noix de Grenoble est vraiment un atout distinctif. »

Récolte à l'ancienne

« Je fais comme mon père et mon grand-père m'ont appris. Les noix sont mises en sacs sur place et apportées jusqu'à l'exploitation. »

Sur les contreforts des Chambaran, les terrains en pente de Roger Dye l'obligent à pratiquer un ramassage traditionnel : « Le seul moyen de récolter la noix chez moi, c'est à la main, car l'endroit est accidenté, donc difficilement mécanisable. On secoue le noyer avec une pince vibreuse et on se sert d'une gaule pour les arbres moins accessibles. » Mais cette récolte à l'ancienne entraîne un surcoût dû à la main-d'œuvre. À cette altitude de 550 m, limite pour les noyers, les rendements sont moindres mais la noix de coteaux est de qualité supérieure. Aux premiers frissons de l'automne, en octobre, le ramassage commence. Quand les noix sont mûres, la famille Dye se mobilise allégrement pour engranger les 13 t du verger : « C'est un moment attendu toute l'année », explique l'heureux nuciculteur propriétaire de 6 ha d'arbres. « Je fais comme mon père et mon grand-père m'ont appris. Les noix sont mises en sacs sur place et apportées jusqu'à l'exploitation. » Au moment du séchage, les fruits répartis sur 10 cm d'épaisseur sont brassés au râteau. Jusqu'au bout, Roger Dye entretient la tradition.

La récolte débute en octobre
et dure trois semaines.

Un moulin et un homme

« C'est touchant pour moi d'évoluer dans cet univers. Je ressens les générations qui ont travaillé la noix avec passion. »

À Chatte, le moulin à huile de noix de Denis Faure est habité par l'âme de cinq générations de mouliniers ! Noircis de fumée, les murs accumulent près de deux siècles d'histoire autour d'un produit né dans le Sud Grésivaudan. Denis Faure qui a hérité ce vieux moulin de famille est fier de perpétuer cette noble activité: « C'est touchant pour moi d'évoluer dans cet univers. Je ressens les générations qui ont travaillé la noix avec passion. » À l'époque, le moulin fonctionnait à la traction animale, les paysans d'alors se faisaient une joie d'apporter leurs noix et d'assister au pressage, un événement aussi important dans la vie campagnarde que la tuaille du cochon ou la distillation des fruits pour la gnôle. Les temps ont changé mais le métier de moulinier demeure. L'huile de noix coule toujours au cœur du village de novembre à mars. Pour faire vivre son moulin, Denis Faure presse aussi les cerneaux des producteurs des alentours.

Certes, l'énergie électrique a remplacé les deux mulets pour activer la meule de pierre mais le rituel de fabrication est immuable. Les cerneaux sont broyés et la pâte obtenue est chauffée puis pressée afin d'en extraire l'huile. Toute une magie qui métamorphose un fruit sec en nectar de noix aux reflets d'or. Conditionnée dans des bouteilles en verre, l'huile semble emprunter sa couleur miel aux vins liquoreux. Douce et veloutée, elle développe des arômes grillés, boisés, fruités. Quelques gouttes de ce baume de noix suffisent à sublimer une simple salade.

« L'huile fruitée laisse ressortir tous les charmes du fruit sec généreux en arômes. »

Le saint-marcellin, crème d'Isère

Le saint-marcellin ? Rien de religieux dans ce fromage qui a épousé le nom de son berceau natal, Saint-Marcellin. Au cœur du Dauphiné, au pied du Vercors, à la lisière de la forêt domaniale de Chambaran, bercé par le lit de l'Isère, on ne pouvait rêver d'un terroir plus naturel pour un fromage sans faux-semblant. Les troupeaux de races montbéliarde, prim holstein, abondance et tarine donnent dans ces pâturages le meilleur de leur lait pour créer le saint-marcellin. 40 millions de petits palets sont fabriqués chaque année en Isère. La plupart (70 %) est commercialisé en Rhône-Alpes et dans le Sud-Est. Les Lyonnais l'aiment crémeux, coulant, fondant, affiné à cœur. Dans les bouchons, on dit qu'il court dans l'assiette. Chez lui en Isère, on le préfère sec avec plus de tenue. De toute façon, le saint-marcellin en voie de canonisation AOC est un péché autorisé.

En chiffres

Il faut 3/4 de litre de lait pour faire un saint-marcellin. 12 producteurs fabriquent artisanalement du saint-marcellin. 300 producteurs alimentent en lait de grandes unités comme l'Étoile du Vercors et les fromageries royannaises et alpines.

Une bonne pâte

Ce sont des bûcherons du Vercors qui firent découvrir ce fromage à Louis XI. De mémoire de palais, le saint-marcellin eut toujours une belle notoriété, cependant sa composition variera selon les époques. Le lait de vache domine au XVIIIe siècle car l'élevage de chèvres est réglementé pour favoriser le reboisement des campagnes. Le lait de chèvre est alors proscrit, ce fromage se fera au lait de vache. Deux décrets datant d'avril 1980 et de décembre 1988 préciseront bien plus tard la composition et les mensurations du saint-marcellin : forme cylindrique à bords arrondis, diamètre de 70 mm environ, de 20 à 25 mm de hauteur, poids minimum 80 g, pâte molle non malaxée ni pressée, légèrement salée, moisissures superficielles, 40 % de matière grasse.

Esprit artisanal

La fabrication du saint-marcellin est vitale pour tout un pan de l'économie locale. Ici les agriculteurs contribuent à fixer des emplois. Bruno Neyroud, du syndicat interprofessionnel, explique l'importance du maintien de leurs exploitations sur cette zone d'activité agricole : « À cause du climat, nos bêtes sont à l'étable six mois par an, le lait de nos vaches coûte donc cher à produire par rapport à d'autres régions. » Fromage de terroir, le saint-marcellin se fabrique de façon artisanale, même dans une unité de fabrication de 200 salariés : « Le fait de ne pas faire appel aux coopératives ou fruitières le rend souverain » aime répéter Bruno Neyroud. Il affiche sa fierté de travailler ses fromages de vache à croûte bleutée : « Sachons garder notre caractère, notre personnalité. Le saint-marcellin n'appartient pas aux fromages à la mode mais aux amateurs de fromages qui favorisent le goût des produits. »

Qui est Marcelline ?

C'est une recette locale créée par le comité interprofessionnel : mettre un saint-marcellin truffé de fines tranches de lard dans une pâte feuilletée et cuire au four.

Reportage

La bonne étoile du saint-marcellin

L'Étoile du Vercors, à Saint-Just-de-Claix, veille sur le destin du saint-marcellin depuis 1942 ! Étoile du Vercors est la marque commerciale d'une fromagerie créée par Marius Berruyer. Aujourd'hui, l'usine ultramoderne est la propriété du groupe Fromagers Plus. Quotidiennement, 50 000 l de lait fraîchement récoltés auprès des producteurs locaux sont transformés par la fromagerie. Cette société emblématique fabrique et affine selon des méthodes traditionnelles le saint-marcellin et son condisciple le saint-félicien, plus crémeux et rustique. Moulé à la louche en faisselle, chaque fromage est retourné puis salé avant d'être égoutté. Son caractère varie selon le temps d'affinage oscillant de 8 à 28 jours. Un demi-siècle de savoir-faire place l'Étoile du Vercors au firmament des fabricants du haut de ses 20 millions de fromages produits annuellement. L'univers aseptisé de l'usine pourvue d'équipements 100 % inox où intervient un personnel tout de blanc vêtu, charlotte sur la tête, ferait presque oublier qu'il s'agit d'une fromagerie. Malgré les normes sanitaires et sa production industrielle le saint-marcellin de l'Étoile conserve son caractère et fait toujours penser à un fromage fabriqué à la ferme. La société du Sud-Grésivaudan représente le tiers du marché des saint-marcellin et plus de la moitié des saint- félicien. L'entreprise iséroise qui écoule 18 millions de litres de lait de vache par an se diversifie aussi dans la production de fromage de chèvre. La région recense d'autres fabricants locaux : Fromagerie Alpine, Royannais, Curtet, Cholet, Bernard, Sainte-Colombe.

St Just de Claix (Isère)
Moulé manuellement en faisselles individuelles*
l'étoile
- du VERCORS -
SAINT-FÉLICIEN
Poids net
180g
60% MG
/extrait sec
27% MG
/produit fini
Conservation
+2°C / +6°C
*Caractéristiques contribuant à la qualité supérieure :
- Affiné 15 jours minimum*
- Retourné 6 fois au minimum*
GARANTIE QUALITÉ SUPÉRIEURE
label Rouge
Lait cru (95%), crème pasteurisée (5%), ferments lactiques, sel, présure.
Certifié Ecocert sas F 32600 L'Isle Joudain - Agrément

Chartreuse et Grenoblois

Au cœur du département de l'Isère, Grenoble est une grande ville à la montagne. Bien fixée au pied des massifs qui l'entourent, la plantureuse métropole iséroise s'accroche et coexiste naturellement avec le pays voironnais où les contreforts de la Chartreuse truffés de plantes aromatiques servant aux belles liqueurs des moines. Collines et bocages dessinent à cet endroit d'exquis paysages. Cette atmosphère bucolique se reflète même dans le lac de Paladru, troisième lac naturel de France.

Chartreuse : un plantureux élixir !

Saisir la lourde et mystérieuse bouteille de chartreuse, se servir un filet de liqueur verte et sirupeuse, humer la forte fraîcheur de l'élixir, porter délicatement à ses lèvres le verre de cristal, siroter le précieux breuvage... ce cérémonial réveille les traditionnels repas de familles. La chartreuse, philtre de longévité qui a traversé les âges et les époques, reste étonnamment jeune.

Informations pratiques

Caves de la Chartreuse
10, bd Edgar-Kofler
38503 Voiron
Tél. 04 76 05 81 77

Grande histoire d'une liqueur

L'histoire de cette mystérieuse liqueur est riche en rebondissements. Tout commence dès 1605 à Paris quand le maréchal d'Estrées remet aux moines de la chartreuse de Vauvert le manuscrit révélant la formule secrète d'un « élixir de longue vie ». Il faudra attendre 1737 pour que l'apothicaire de la Grande-Chartreuse en Isère, le frère Jérôme Maubec, se penche sur l'énigmatique breuvage. Au milieu des fioles et des alambics, le religieux inspiré réussit à concocter l'« élixir végétal » aux 130 plantes. La gamme des produits monastiques s'étoffe au fil des années, fruit de savantes recherches. En 1764, la chartreuse verte du frère Antoine (55 °) voit le jour sous le nom de liqueur de santé. La chartreuse jaune plus douce (40 °) est créée par le frère Bruno en 1838. Cette dynamique est contrariée en 1903 par l'exil forcé des chartreux vers l'Italie. Avec constance, ceux-ci poursuivent leur création de liqueurs sous la marque Tarragone, distillée en Espagne. 1929 marque le retour de la production dans son fief isérois, à la Fourvoierie. L'écroulement de cet atelier suite à un glissement de terrain constitue l'ultime péripétie de l'aventure de la liqueur des pères chartreux avant son installation définitive en 1935 à la cave de Voiron… cinq ans avant le retour des pères chartreux dans leur monastère.

130 plantes mais encore ?

Du sucre, de l'alcool et 130 plantes composent la liqueur de chartreuse. La vulnéraire des Alpes entre dans l'élaboration du plus mystérieux des élixirs, c'est tout ce que l'on sait. Protégée comme un secret d'État, la formule complète n'est connue que par deux moines de la Grande-Chartreuse. Ces dépositaires du grand secret sélectionnent au sein même du monastère de Saint-Pierre-de-Chartreuse les 130 plantes énumérées dans la recette bicentenaire. Plantes médicinales ou aromatiques cueillies dans les Alpes ou ailleurs sont ensuite livrées en grands sacs de toile à la distillerie de Voiron. La chartreuse tire ses couleurs naturelles de la distillation des plantes dans l'alcool. Le produit obtenu, sans adjonction chimique aucune, est enrichi de miel ou de sirop de sucre qui teintent en vert ou jaune la liqueur avant un long vieillissement en foudres de chêne.

De prestigieuses références

La chartreuse a toujours été la compagne des grands de ce monde. La reine mère d'Angleterre en dégustait aux champs de course. Le général de Gaulle se régalait de chocolats fourrés à cette liqueur. À bord du *Titanic*, le soir du naufrage, un dessert à la chartreuse fut servi au dîner. "Chartreuse champagne" était le cocktail préféré du dernier tsar de Russie Nicolas II.

Secrets de cave

Voiron, temple des élixirs avec ses 164 m de long détient le record de la plus grande cave à liqueur du monde. Sous des ogives de pierre, les tonneaux monumentaux s'alignent presque à l'infini. Dans ces foudres de chêne, les liqueurs de chartreuse entament leur long vieillissement. Deux moines, un père et un frère, s'occupent de la macération des plantes et de la distillation. Une douce odeur végétale se répand dans cet antre des spiritueux où flotte une âme singulière. Si les antiques alambics en cuivre appartiennent au décor, ce sont des équipements ultramodernes qui servent aujourd'hui à la distillation.

Les moines, dans leurs cellules du monastère de Saint-Pierre-de-Chartreuse installé à 25 km de là, disposent d'un système informatique permettant de suivre le processus de fabrication à distance. Ce dispositif ingénieux limite les déplacements d'hommes cloîtrés qui ont choisi de vivre dans le silence et dans la solitude. Grâce à cette organisation, les moines peuvent apporter des corrections au produit par ordinateur, un œil rivé sur le clavier et l'âme tout entière vouée aux prières selon l'esprit de saint Bruno, fondateur de l'ordre en 1084. Les chartreux savent associer traditions et modernité dans l'intérêt de la communauté. Ainsi, ont-ils créé la société Chartreuse Diffusion qui commercialise et assure la promotion de la liqueur via la visite des caves de Voiron. Elles accueillent chaque année 150 000 curieux découvrant avec respect ce lieu mythique. Dans leur sobre bouteille frappée du sceau de l'ordre des chartreux, les digestifs couleur miel de montagne ou feuilles tendres sont des liqueurs d'éternité.

CHARTREUSE
LIQUEUR FABRIQUÉE
PAR LES PÈRES
CHARTREUX
1605
L. Garnier

À boire

L'Isère offre un paysage viticole épars, avec une AOC vin de Savoie cru abymes sur la commune de Chapareillan, puis différents vins de pays.

AOC vin de Savoie cru abymes

Cette appellation d'origine contrôlée se situe sur les départements de la Savoie et de l'Isère, et concerne les communes d'Apremont, de Myans et Les Marches en Savoie, et Chapareillan en Isère. Issu du cépage blanc jacquère, il développe de beaux arômes d'agrumes et de fleurs blanches. L'appellation abymes représente 19 % de la production des vins blancs de Savoie.

Vin de pays des coteaux du Grésivaudan

Au nord-est de Grenoble, les vins de pays des coteaux du Grésivaudan sont essentiellement situés sur le département de l'Isère mais également en Savoie. Au XIVe siècle, la vigne était prépondérante sur la rive droite du Grésivaudan, de Grenoble à Lumbin ; aujourd'hui, elle se concentre autour du village viticole de Bernin (on les appelle souvent les vins de Bernin).
Cette appellation a la particularité d'offrir une palette de cépages locaux :

- l'étraire de la Dhuy : cépage rouge purement Dauphinois, originaire de Saint-Ismier, il donne un vin corsé et tannique, de bonne garde.
- la verdesse : cépage blanc le plus répandu dans le Grésivaudan avant guerre, ses vins sont généreux et vifs, marqués par des notes végétales et florales.
- le persan : cépage rouge recommandé en Isère et en Savoie, offrant des vins typés et aptes au vieillissement.
- le gamay : cépage rouge, très présent dans les vignobles de Savoie et du Bugey, se caractérise par des vins rouges fruités et croquants.
- le pinot noir : cépage rouge vigoureux. L'Isère offre des conditions favorables à la production de ce cépage typiquement bourguignon.
- la jacquère : cépage blanc pour des vins blancs bouquetés, frais et légers, au goût de pierre à fusil.
- le chardonnay : cépage blanc pour des vins d'une grande finesse.
- le cabernet sauvignon et le merlot : cépages rouges typiquement bordelais.
- l'aligoté : cépage blanc synonyme de vins vifs et frais.
- le pinot gris : cépage alsacien aux beaux vins riches et épicés.

Producteurs recommandés

AOC vin de Savoie cru abymes :
Jean-Marc Portaz, Michel Magne, Guy Tournoud.

vins de pays des coteaux du Grésivaudan :
Michael Fergusson, Michel Berthet, la cave de Bernin.

Antésite : une victoire contre la soif

Le travail des cheminots était dur à l'époque, l'alcool trop souvent le breuvage favori de ces hommes courageux. En 1898, la Compagnie des chemins de fer eut donc l'idée de s'adresser au pharmacien de Voiron. Noël Perrot-Berton inventa pour eux une boisson désaltérante, sans sucre, et… sans alcool. L'Antésite à base de réglisse était née. Les racines de cette plante de la famille des papilionacées, appelée aussi pois sucré, proviennent d'Asie et du Moyen-Orient : Chine, Afghanistan, Pakistan. Outre ses qualités gustatives et édulcorantes, la réglisse développe des propriétés antibactériennes, antivirales, antispasmodiques, anti-inflammatoire, cicatrisantes… La recette de l'Antésite est toujours gardée secrète par la société établie depuis 1914 à Coublevie. La boisson, qui s'est imposée naturellement dans les colonies de vacances accompagnant tous les goûters de classe, perdure au XXIe siècle. Fabriquée en concentré, l'Antésite qui se décline en plusieurs arômes, se loge dans un petit flacon de 13 cl permettant d'aromatiser 85 l d'eau. Antésite fait partie des rares entreprises spécialisées dans la production d'extraits de réglisse et de produits dérivés au plan mondial, fournissant les industries agro-alimentaires pharmaceutiques et cosmétiques.

Informations pratiques

Les Secrets d'Antésite
N 75
Coublevie
38500 Voiron
Tél. 04 76 05 31 09
Espace muséographique : archives de la société, affiches publicitaires, vieux flacons, ancienne salle de production conservée en l'état. Visite de l'usine de fabrication et espace de dégustation et de vente.

Sirops Teisseire : du ratafia au bidon

Le leader français des sirops de fruits est grenoblois. C'est en 1720 que Mathieu Teisseire crée dans la capitale dauphinoise une distillerie de boissons à base de fruits et de plantes. Il serait l'auteur du légendaire ratafia aux cerises. La première véritable usine Teisseire s'installe en 1912, toujours à Grenoble, pour se développer dans les années 1970 à Crolles dans des bâtiments architecturés en forme de bidon. Ce conditionnement des produits Teisseire fut lancé à la fin des années 1950. La société est aujourd'hui la propriété d'un autre groupe rhônalpin, le savoyard Fruité.

Bière au goût de Dauphiné

La tradition brassicole de Grenoble se perpétue grâce à la passion de nouveaux brasseurs dont Vincent Gachet est un bel exemple. À Saint-Martin-d'Hères, le jeune patron de la brasserie artisanale du Dauphiné ne produit pas mais crée des bières de caractère. Dans de vieilles cuves de fermentation en cuivre et selon des méthodes à l'ancienne, il invente d'étonnantes recettes. Ses bières à base d'orge, blé malté et fleurs de houblons séchées se panachent d'arômes des massifs du Vercors et de Belledonne.
Sa fameuse bière Mandrin (clin d'œil au fameux contrebandier Louis Mandrin, natif du pays) est typée à la noix, au sapin ou encore à la réglisse. Nouvelle création, la Blanche aux sept plantes du massif de Chartreuse est une bière pure nature et légèrement alcoolisée. Petit-fils d'ouvriers qui ont vécu la fermeture de la brasserie de la Rize à Grenoble, Vincent Gachet fait de nouveau mousser la bière en Dauphiné.

Christophe Aribert : « Les producteurs sont des partenaires. »

Restaurant
Les Terrasses d'Uriage
Place Déesse-Hygie
38410 Uriage
Tél. 04 76 89 10 80

Christophe Aribert affiche comme un signe extérieur de richesse son appartenance au monde gastronomique : « Je suis né dans les casseroles » dit-il, se souvenant avoir employé ses dimanches à exécuter des reines de Saba pour assister son restaurateur de père. Le fief familial du chef d'Uriage situé à Corrençon-en-Vercors et Autrans demeure sa référence pour oxygéner ses idées de recettes.

« L'AOC, c'est bien parce qu'il y a un cahier des charges. Il n'y a pas mieux pour amener un produit au top. »

« On ne devient pas cuisinier à 25 ans, dès 10 ans les choses se décident. » Le chef des Terrasses d'Uriage, garçon d'ici, petit-fils de boulanger, enfant du Vercors, est passé par l'école hôtelière de Grenoble pour parvenir à ses fins ! « Je suis allé travailler ailleurs, mais l'ailleurs ne m'a jamais convenu, les produits ne me parlaient pas... À Paris, je ressentais la pression, les prises de tête, les mouvements médiatiques. Il faut faire les choses dans la vérité, avec ce qui nous intéresse, et surtout être dans sa cuisine. » À Uriage, Christophe poursuit l'œuvre étoilée de Philippe Buissou après avoir été longtemps son second : « J'avais besoin d'affirmer ma personnalité, un jour il faut être le premier. Être le premier, c'est avoir l'idée de la cuisine que l'on veut faire. Tout fonctionne ensemble, sans choc. Je suis plutôt huile que beurre, plutôt infusion de lait que crème. La légèreté, c'est important. Je respecte les textures, je n'aime pas décomposer, déstructurer les produits. Pour moi, les producteurs ne sont pas des fournisseurs, ce sont des partenaires. Je les titille, je les ennuie sur la qualité, c'est bien pour moi, c'est bien pour eux, pour leur image. » Très inventif, un peu trublion, déterminé, il respecte les protocoles qui font avancer la cuisine : « L'AOC c'est bien, ça me parle, parce qu'il y a un cahier des charges. Il n'y a pas mieux pour amener un produit au top. »
Le plat préféré de Christophe Aribert est le gratin dauphinois que faisait sa mère avec des pommes de terre gorgées de lait. L'art du gratin en terre dauphinoise donne des raisons de confirmer le mariage des produits et du talent. Avec de l'Antésite, du saint-marcellin et de la gelée de sureau, Christophe Aribert joue l'audace sans dénaturer les parfums de son pays qu'il cuisine inlassablement.

Recette de chef

Ingrédients pour 8 personnes

- 8 fines tranches de pain toastées
- 200 g de pommes de terre charlotte
- 3 saint-marcellin
- 0,5 l de lait écrémé
- 300 g de noix en cerneaux
- 10 ml d'Antésite
- 1 pot de gelée de sureau
- Sel
- Poivre

Croûte de pain, pommes de terre, saint-marcellin, noix, Antésite et gelée de sureau

Cuire 4 pommes de terre charlotte en robe des champs pendant 30 min au court-bouillon. Chauffer le lait à ébullition. Éplucher les pommes de terre cuites chaudes, les écraser à la fourchette, les ajouter au lait, mixer le tout et vérifier l'assaisonnement. Retirer la peau des saint-marcellin tempérés et les couper en quatre quartiers ; ajouter à l'appareil à pommes de terre, réserver la peau. Mixer le tout.

Lait de noix

Mouiller les 200 g de noix avec 1/2 l de lait froid. Cuire le tout pendant 1/4 h à frémissement. Mixer et passer au chinois. Torréfier les 100 g de noix restants 2 min à 180 °C.

Dressage et finition

Chauffer le lait de noix et dresser sur assiette. Sur l'une des croûtes de pain, étaler la peau d'un saint-marcellin et passer au four. Monter en millefeuille en intercalant les croûtes de pain cuites au four et l'appareil à saint-marcellin, directement dans l'assiette.
Ajouter les noix torréfiées et la gelée de sureau, fermer le millefeuille avec la croûte de pain au saint-marcellin.

Déposer quelques gouttes d'Antésite réduite en sirop sur l'assiette.

Biscuits et chocolats

Informations pratiques

Biscuiterie Saint-Dominique
Monastère de Chalais
38343 Voreppe
Tél. 04 76 50 88 59

Biscuits de Chalais

Le monastère Notre-Dame-de-Chalais, fondé en 1101 par les ermites de Chalais a été plusieurs fois vendu et réaffecté pour retrouver dans les années 1960 sa première vocation grâce à des moniales dominicaines venues d'Oullins et de Chinon. Depuis quarante ans, pour faire vivre la communauté, elles fabriquent et vendent des biscuits de Chalais. Nature, sans œufs, sans conservateur ni colorant, ils sont craquants et se conservent plusieurs mois dans leurs jolies boîtes métalliques.

Le mercredi, « jour de four », les sœurs moniales produisent 420 kg de biscuits vendus sur place ou expédiés dans toute la France.

Le petit Brun est isérois

Saint-Martin-d'Hères ne sent plus les odeurs de biscuit depuis que l'usine Brun a fermé ses portes en 1990. La marque du gâteau dentelé protégé dans son paquet bleu argent remonte à la fin de la Première Guerre mondiale. La famille Brun, une dynastie d'entrepreneurs isérois avait alors installé son usine à Grenoble, avenue de Vizille. Le célèbre petit Brun est désormais fabriqué par le groupe Danone.

Les douceurs
de la chocolaterie Bonnat.

Bonnat : bon à croquer

« Bonnat fait partie du club très restreint des maîtres chocolatiers qui signent leur chocolat de A à Z. »

Bonnat appartient au club très restreint des maîtres chocolatiers qui signent leur chocolat de A à Z, depuis le choix des fèves de cacao jusqu'à leur transformation, en passant par leur torréfaction. Stéphane Bonnat incarne avec charisme la 4e génération de la plus ancienne famille de chocolatiers français. C'est à Voiron qu'en 1884 son ancêtre Félix pose les fondations de la maison-mère, cours Sénozan. Ce grand-père, précurseur de la confiserie, fut l'inventeur du praliné à la française entrant dans la recette du célèbre pavé voironnais. Son plum-cake, primé à l'exposition universelle de 1900, est l'autre fait de gloire des Bonnat. De père en fils, les créations se distinguent toujours dans l'esprit artisanal des débuts qui n'empêche pas un formidable succès extra-muros : 180 points de vente en France et des exportations en Europe, aux États-Unis ainsi qu'au Japon. Pour le centenaire de l'entreprise, Stéphane Bonnat a lancé les grands crus, palets et dominos de « pur noir » et de « pur lait » à partir de fèves rares dites « casse claire ». Indifférent aux effets de mode, le chocolatier de Voiron travaille la « nourriture des dieux » dans un style personnel et respectueux des valeurs Bonnat. S'ouvrant pour tous les moments de bonheur, les jolies boîtes garnies de chocolats fins font presque figure d'éléments du patrimoine.

Bonnat chocolatier
8, cours Sénozan - 38500 Voiron
Tél. 04 76 05 28 09
www.bonnat-chocolatier.com

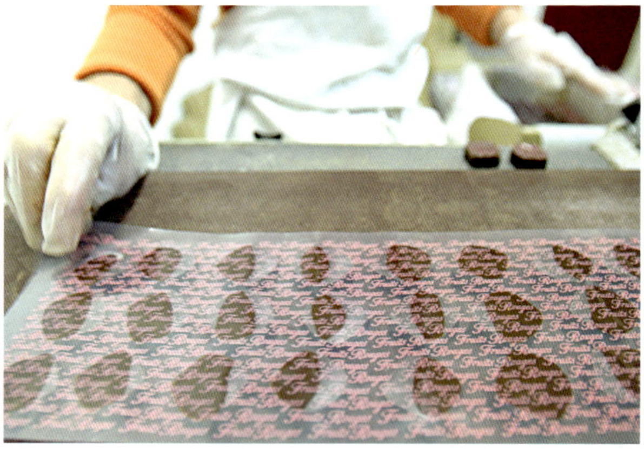

Cognac
William
Kirsch

Salade et fromage

Tomme de Chartreuse : « un fromage de paysan »

La tomme de Chartreuse est un fromage à pâte pressée non cuite dont la croûte est lavée, contrairement à celle de Savoie. Deux ou trois fermes perdues dans le parc régional de la Chartreuse déclinent ce fromage au lait de vache pur ou vache et chèvre. Il est aussi fabriqué par la coopérative d'Entremont-le-Vieux pour une vente très localisée. « C'est un fromage de paysan alors inutile de chercher de belles histoires avec un roi ou un prince », lance Pascale Francillon, agricultrice à Saint-Joseph-de-Rivière : « Ne m'imaginez pas avec des sabots en train de faire du fromage dans des chaudrons en cuivre au fond de l'écurie… on ne travaille plus comme cela. Je suis ravie de continuer la fabrication fermière, mais aux normes sanitaires avec l'agrément européen. Cela n'empêche pas de rester proche de la tradition et de développer des typicités. »

Grenoble se mange en salade

Un aspect insolite de l'agglomération grenobloise réside dans sa production de salades. La variété « grenobloise », rouge et verte, les laitues batavia, rouge grenobloise ou gloire du Dauphiné, appréciées depuis le Moyen Âge, ont repris pied dans la région dans les années 1920. Robustes malgré la finesse de leurs feuilles, elles résistent au froid. Chaque année Grenoble et sa périphérie consomment quatre millions de salades. 167 ha de maraîchage forment une ceinture verte autour de la ville olympique. Les exploitants, une centaine, produisent une gamme de légumes diversifiée : haricots verts, pommes de terre, poireaux, radis, navets, blettes, épinards, choux et céleris.

Cherchez la truffe

Melanosporum, brumale, bourguignonne, les amateurs peuvent trouver ces variétés de truffes sur les bords du Drac et de la Gresse, dans le Nord-Isère de Vienne à Saint-Marcellin ainsi que dans le Trièves. 500 kg de « diamants noirs » sont extraits des sols calcaires du département. Une quantité modeste comparée aux 14 t produites par la Drôme et le Sud-Ardèche. Le président du syndicat régional de la truffe, Rolland Moussanet, résume ces chiffres avec humour : « Le Périgord en a peu, mais en parle beaucoup, Rhône-Alpes en a beaucoup mais en parle trop peu. »

Terroir alpin

Le parc naturel régional de la Chartreuse entretient le mystère des moines du monastère de la Grande-Chartreuse. Autre réserve naturelle, autre merveille, le parc naturel régional du Vercors où l'on peut guetter le chamois et déguster les charmes du terroir. Plus haut, le massif de Belledonne met son grand air au service du thermalisme à Uriage-les-Bains ou à Allevard-les-Bains, tandis que l'Oisans expose sa puissance au sommet de la Meije, constellé de lacs. Le sud de l'Isère joue de son côté la conciliation de ses climats entre la verdoyante Matheysine et le méridional Valbonais.

Le plateau des fromages

Un fromage de référence

Au Moyen Âge, dans les montagnes du Vercors, les hivers rudes et les chemins bloqués par la neige obligeaient les paysans à transformer sur place le lait de leurs vaches. Les fermiers d'altitude se régalaient de ce robuste fromage né dans le froid et s'acquittaient de leurs impôts en « bleu » auprès du seigneur, propriétaire des terres de Sassenage. Apprécié par les rois comme François 1er et Henri IV, qui s'en faisait livrer à Paris, le fromage de Sassenage s'attire les louanges de l'encyclopédiste Diderot et les bons commentaires d'Olivier de Serres dans ses écrits agronomiques.

Bleu du Vercors–Sassenage

Ce fromage vieux de sept siècles aurait pu tomber dans les oubliettes s'il n'avait pas été défendu corps et âme par des gens du Vercors accrochés à leur bleu, véritable produit identitaire.
Le bleu du Vercors-Sassenage est la plus petite des appellations fromagères de France avec ses 160 tonnes annuelles. Le lait de ce fromage provient de vaches montbéliardes, abondances et de quelques villardes, une race locale que l'on croise dans le secteur des Quatre-Montagnes, délimité par les bourgs de Villard-de-Lans, Autrans, Méaudre et Lans-en-Vercors. La fabrication du fromage ancestral s'étiole pourtant dans les années 1920, abandonnée par les agriculteurs locaux qui se mettent à fabriquer gruyère et tomme de Savoie. Mais la volonté de réhabiliter le terroir est plus forte. Le bleu trouve son sauveur dans une laiterie de Villard-de-Lans. L'AOC obtenue en 1998 confortera les efforts des professionnels tout en assurant l'avenir d'une activité agricole vitale. La laiterie Fromalp assure la plus grosse production de l'appellation. Signe encourageant, une poignée de petits fermiers s'active à le confectionner en version originale sur les hauteurs d'un massif de caractère entre Drôme et Isère. Aujourd'hui, ce bleu confidentiel jouit d'une grande réputation dans le Vercors, où l'on se bat toujours pour des valeurs sûres.

Profil onctueux

Le bleu du Vercors-Sassenage est un persillé à pâte crème veinée de moisissures vert bronze. Sa croûte au léger duvet blanc irisé de rouge renferme un fromage souple et onctueux, dont la saveur douce et subtile rappelle l'arôme des noisettes. La petite meule, bien dense, d'un poids de 4 kilos, contient au minimum 48 % de matière grasse. Ce bleu s'apprécie aussi bien en apéritif qu'en fin de repas ou cuisiné. Pouvant fondre sans rendre de gras, ce fromage est idéal pour une raclette ou la confection de sauces. Il inspire les cordons-bleus qui étonnent leurs convives avec des vercouline, cake, profiteroles, ou tourte au bleu du Vercors-Sassenage.

Complètement Belledonne

Au début du XXe siècle, on appelait ici les maîtres-fromagers les « Suisses ». En effet, ce sont des Suisses romands qui s'exilèrent dans les Alpes françaises pour faire les fromages. On en fabriquait à l'époque énormément mais l'après-guerre a sonné le déclin de la production dans le massif de Belledonne. Une association créée dans les années 1990 et animée par

Françoise Reiller, du Gaec (Groupement agricole d'exploitation en commun) du Thicaud a réhabilité ce fromage d'alpage en inventant la tomme de Belledonne : « Cette tomme est une pâte demi-cuite à croûte fleurie mais il y a autant de tommes différentes qu'il y a de fermes même si au départ nous avons une recette commune. La tomme, chez nous se distingue, elle prend le temps de mûrir dans d'anciennes caves à vin fraîches et humides et exprime toute la nature avec son lait bio. » Sa fabrication par sept producteurs seulement reste essentiellement fermière. La zone de production s'étend sur 22 communes du massif de Belledonne. C'est un fromage de vache, mais certains y ajoutent du lait de chèvre.

Informations pratiques

Syndicat interprofessionnel du bleu du Vercors-Sassenage
Maison du Parc
38250 Lans-en-Vercors
Tél. 04 76 94 38 30

portrait

Purement Trièves

Henri Medallin a impulsé l'élevage de vaches dans le Trièves en créant la laiterie du Mont-Aiguille en 1933. On lui doit une recette de fromage séché sur paille à pâte molle et croûte fleurie de forme carrée, au lait cru entier. De cette idée naîtra un autre fromage, le « Trois pis », mélange de trois laits : vache, chèvre et brebis. La laiterie livre les épiceries du pays jusqu'à Grenoble. Mais les normes de Bruxelles s'imposent aussi dans le Trièves, le lait doit être thermisé et les fromages doivent sécher sur l'inox. La spécialité locale, même si elle a perdu un peu de son caractère d'origine, continue d'être appréciée en son pays.

Laiterie du Mont-Aiguille – Roissard – Tél. 04 76 34 09 47

Bleu de ferme…

« Notre bleu est entièrement fait à la main. C'est un vrai fromage fermier qui exige beaucoup de soins et de présence. »

La ferme des Rapilles près du gouffre Berger, située à 860 m d'altitude, jouxte les gorges du Furon. Philippe Moinier, un savoyard, a opté récemment pour ce décor pastoral en rejoignant l'exploitation d'Alain Francoz, propriétaire d'un troupeau de 30 vaches. Philippe se consacre exclusivement à la fabrication du bleu du Vercors-Sassenage : « J'ai choisi de m'installer ici pour faire de la qualité et du bon fromage. On sait ce que mangent les vaches, donc ce que vont manger les consommateurs. Notre bleu est entièrement fait à la main. C'est un vrai fromage fermier qui exige beaucoup de soins et de présence. »
Le bleu du Vercors-Sassenage est un fromage élaboré à partir d'un mélange de lait de la veille chauffé auquel on ajoute le lait cru du matin agissant comme un ferment. Dans l'atelier, où technologies et bassines en cuivre font bon ménage, l'atmosphère humide dégage de vifs effluves de petit-lait. Fruit d'une vieille coutume, sa fabrication est délicate et rythmée par de nombreuses étapes dans la plus pure tradition fromagère : ensemencement au *penicillium*, ajout de levains, caillage, décaillage, égouttage, brassage manuel, moulage et salage.
L'affinage va transformer ce « maxi fromage blanc » en fine fleur du Vercors. En cave fraîche, à 13 °C pendant 25 jours, les meules prennent leur temps, reposant sur des planches de sapin. Le fromage a besoin d'un bon mois pour mûrir, se patiner, confinant sous sa croûte toutes les essences d'alpage. Les moisissures évoluent dans la pâte jaune, parcourent et circulent dans le cœur de la meule pour créer des marbrures. Quand les fromages sont à point, ils sont pratiquement tous vendus en direct à la ferme.

Le gratin dauphinois

Gratin dauphinois : le vrai de vrai

Comme toute bonne chose, ce plat familial et traditionnel a sa recette d'origine et ses contrefaçons. La version officielle du gratin dauphinois fut servie au duc de Clermont-Tonnerre, lieutenant général du Dauphiné, en 1788. La recette dite des Quatre-Montagnes (Lans-en-Vercors, Villard-de-Lans, Autrans, Meaudre) limite les ingrédients nécessaires aux seuls pommes de terre, crème, sel et poivre. Cependant, on trouve des variantes dans son mode de cuisson. Les rondelles de pommes de terre peuvent soit être cuites dans une casserole de lait bouillant puis gratinées au four, soit disposées crues recouvertes de crème dans un plat en terre, avant d'être enfournées. Dans l'Oisans, l'ail et la muscade sont tolérés. La région du Grésivaudan incorpore dans son gratin de l'œuf et du fromage. Certaines recettes extra-territoriales, aux lardons, herbes de Provence, moutarde ou même parmesan ne sont que pures fantaisie aux yeux des puristes.

La recette du père Gras...

C'est le plus vieux restaurant de l'Isère et peut-être même de la région. L'établissement grenoblois Chez le père Gras figure au registre du commerce depuis 1896. Ici, cinq générations ont toujours mis le gratin dauphinois au menu du jour. Cette spécialité était à l'origine un plat du pauvre à base de pommes de terre bouillies et préparées au petit-lait. Au fil du temps, le gratin s'est « embourgeoisé », avec du vrai lait, de la crème, du fromage en Savoie et des lardons en Ardèche. Mais Gérard Gras est formel, pas de fromage ni d'œuf dans le gratin isérois : « La recette est simple et pas très difficile à faire. De l'ail gratté au couteau, du lait entier et de la crème fraîche moitié-moitié, du sel, du poivre, on laisse « prendre le bout » dans une casserole. On plonge les pommes de terre (coupées au couteau pour conserver l'amidon) dans le liquide bouillant pendant 10 min. On répartit la préparation dans un moule à gratin, en ajoutant encore un verre de crème et 100 g de beurre. Dernière étape, passer le plat au four chauffé à 220 °C pendant 1/2 h. » Intarissable sur le sujet, Gérard Gras poursuit : « Le gratin doit faire à la surface des yeux de bœuf. Plus c'est cuit, mieux c'est, ne pas oublier de laisser reposer dix minutes et servir, doré, avec sa croûte brune. C'est le plat le plus convivial qui soit. » Des personnages illustres firent honneur à ce fleuron de la cuisine locale. À son retour de l'île d'Elbe, l'Empereur, qui séjournait à l'hôtel Napoléon de Grenoble, commanda un gratin dauphinois. Stendhal en raffolait aussi. Comme tout le monde.

Sucré/salé

Murçon de La Mure

C'est un saucisson à cuire, composé de morceaux de maigre de porc (épaule et longe) et parfumé aux grains de fenouil (tcharaï, en patois local) ou aux graines de carvi. Il se vend cru, conservé en saumure et se déguste une fois poché accompagné de pommes de terre ou en potée avec du chou. La Mure sur le plateau matheysin revendique son murçon avec une cédille pour ne pas le confondre sans doute avec ses cousins mursons drômois ou ardéchois qui sont des saucisses de couenne.
Fête du Murçon en juillet à La Mure.

Farcis de l'Oisans

En Oisans, la recette des farcis se transmet tel un secret de famille. Composés de pain, œufs, épinards, choux, poireaux, pommes de terre vitelotte, herbes aromatiques et oignons, les farcis sont roulés dans la farine puis plongés dans un bouillon de jambonneau.
À Villard-Reculas, belvédère perché à 1 500 m d'altitude dans la vallée de l'Eau d'Olle, on cultive encore la variété ancienne la vitelotte, une pomme de terre de couleur violette.

La bouffette de Mens

Ce gâteau est composé de deux disques de génoise de forme ovale garnis d'une couche de crème au sucre. La recette exclusive est bien protégée par la pâtisserie Perrier à Mens qui en a déposé la marque en 1926.

Ravioles, carré et agneau du Trièves

Aux confins du Dauphiné et de la Provence, le Trièves porte les accents du Sud. Très diversifiée, son agriculture est basée sur l'élevage et la culture céréalière, avec une forte tendance bio. L'agneau, la raviole et le carré (fromage au lait de vache) appartiennent à une famille de produits typiquement locaux. Les ovins élevés selon les règles de l'appellation agneau des Alpes sont appréciés pour leur viande parfumée et tendre à la fois. Les ravioles du Trièves sont des coussins en pâte de blé dur farcis à la purée de pomme de terre, oignons frits et épinards. Prenant une belle couleur dorée à la cuisson, cette spécialité s'apparente au tourton des Hautes-Alpes.

Vienne, plaines et collines

Le pays de Vienne et son voisin le Roussillonnais composent un petit paradis fort de ses cultures exposées plein sud. Vienne, place gastronomique inaugurée par Fernand Point, continue sa quête de saveurs, vins inclus. Les Romains l'avaient compris, la capitale des Allobroges réunit toutes les conditions pour bien vivre et bien manger en pays rhodanien. Les couleurs de l'Isle Crémieu ont inspiré les peintres qui élirent domicile à Morestel. Lacs, plans d'eau et grottes souterraines rafraîchissent cette région. Autour de la cité médiévale de Crémieu, la campagne est reposante avec ses petits reliefs et vignobles qui côtoient le pays de Bièvre-Valloire. Insérée entre le plateau de Chambaran et les terres froides, la plaine de Bièvre est un immense champ de céréales. Fruits et plantes qui serviront à confectionner sirops et élixirs agrandissent la mosaïque des délices du pays.

L'Isère, terre de liqueurs !

Informations pratiques

1500 t de fruits (par an), 150 plantes et une foison d'épices permettent de réaliser 400 recettes chez Cherry-Rocher. Les cuves de macération se trouvent à La Côte-Saint-André et les cuves d'assemblage et le conditionnement des produits (liqueurs, sirops, fruits macérés à l'alcool, spiritueux, infusions, alcoolats) sur le site de Ruy (Bourgoin).

www.cherryrocher.com

La saga Cherry-Rocher

Rocher est le nom de famille d'un jeune drômois, Barthélemy, qui, à la fin du XVIIe siècle, s'initie à la fabrication des liqueurs auprès de son oncle, moine au couvent de La Côte-Saint-André. À son contact, il apprendra tout des plantes qui soulagent les maux des pensionnaires de l'hospice. Les breuvages médicinaux distillés deviennent alors de magnifiques liqueurs.

Les héritiers successifs de Barthélemy Rocher développeront la petite structure familiale jusqu'à en faire une belle société à la fin du XIXe. À cette époque, l'entreprise introduit la marque Cherry pour résonner à l'international. Cherry-Rocher, c'est aussi la liqueur cherry brandy, faite à base de cerises du Dauphiné et de griottes. Les fruits rouges inspirent cette maison iséroise qui innove avec Cherry'O un mélange d'infusion de cerises, de vodka et d'épices.

Quelle est l'origine de l'Arquebuse de l'Hermitage ?

C'était la potion magique pour soigner les blessures des soldats au XVIe siècle. Les bénédictines de la Déserte à Lyon en fabriqueront au XVIIe, puis la marque Arquebuse de l'Hermitage sera déposée en 1857 par un mariste, le père Chrysogome. Les frères Guyot, droguistes lyonnais, deviendront, en 1962, les détenteurs de cette boisson. En 1989, Cherry-Rocher achète cette recette ancestrale, un alcool blanc (43 %) issu de la macération et de la distillation de 33 plantes sans sucre ni conservateur.

Des poires en bouteilles

Cette année-là, en 1963, Fernand Moyroud, producteur de poires williams, reste avec sa récolte sur les bras à cause d'un marché morose. Plutôt que de laisser pourrir ses fruits, l'arboriculteur eut l'idée de les transformer en eau-de-vie. Il achète des alambics et se met au travail avec un distillateur. L'opération est un succès, le bouche-à-oreille fonctionne. À Beaurepaire, Fernand se fait remarquer en accrochant des carafes sur les poiriers afin de faire pousser et grandir le fruit à l'intérieur. La williams de pied-menu fait grand effet et reçoit médailles d'argent et d'or aux concours agricoles.

Gros plan

Le pays fruité de Bièvre-Valloire

« On mange un fruit pour se faire plaisir, alors produisons du plaisir » : Jean-Louis Poncet à Beaurepaire parle avec son cœur, baptisant même son exploitation Les Fruits de ma passion. Comme lui, de plus en plus de producteurs préfèrent au système coopératif des structures maison pour mieux suivre leurs produits. Dans cette région de plaines du pays de Bièvre-Valloire, les fruits poussent en donnant des couleurs à l'économie locale. La fraise de printemps ou fraise ronde répond au joli nom de cigaline et ciflorette, cette dernière variété étantréputée pour sa qualité gustative. La mara des bois avec ses saveurs boisées est fort appréciée des consommateurs. Les framboises se mangent fraîches quand elles sont « héritage », les pâtissiers préférant la mecker qui se congèle bien. La cerise (la summit, la noire de meclede ou la sweet heart), bien charnue ou plus petite, est un délice. La poire, ferme et juteuse, se croque ou se déguste en conserve et nectar naturel. La doyenné, la comice, la conférence et la passe-crassane sont des valeurs sûres. Côté pommes, les incontournables reinette, royal gala et golden ont leur version luxe, la belchard, aussi rare que le caviar ! Les abricots se plaisent aussi sur cette terre de graviers très filtrants convenant bien aux arbres fruitiers. De Beaurepaire à Revel-Tourdan, en passant par Pajay, Seyssuel et Saint-Étienne-de-Saint-Geoire, la région forme un grand verger. Les citadins peuvent aller à la ferme faire provision de vitamines et les producteurs vont en ville sur les marchés proposer les fruits de leur travail.

Kirsch de ratafia

À Saint-Hilaire-du-Rosier, la ratafia est reine. Cette petite cerise se récolte bien mûre en juillet quand sa couleur vire au violet. Deux producteurs-distillateurs de la commune en font un kirsch très puissant tirant à 50° : le kirsch de Saint-Hilaire, qu'on laisse bonifier pendant quatre ans se charge alors en arômes de terroir. Pâtissiers et chocolatiers plébiscitent cet alcool de ratafia.

Informations pratiques

Bigallet
38730 Virieu-sur-Bourbre
Tél. 04 74 88 25 13

Bigallet, sirops du siècle

Derrière les zincs des cafés de Rhône-Alpes, les bouteilles en verre Bigallet sont facilement repérables. Leurs étiquettes au charme suranné renseignent sur une famille qui a imprimé son nom dans l'histoire des sirops et liqueurs. Tout commence en 1872, lorsque Félix Bigallet ouvre à Lyon sa fabrique de boissons. C'était l'époque où l'on trinquait aux bitter, quinquina et china-china. L'amertume de ces apéritifs étaient adoucie par un soupçon de sirop de grenadine ou de gomme. Le succès commercial fut immédiat pour la maison qui prit ses aises en quittant l'avenue de Saxe pour la campagne. Virieu-sur-Bourbre en Isère, proche du chemin de fer, était tout indiqué pour réceptionner les matières premières et expédier aux clients les produits Bigallet.

En 1946, l'activité sirop connaît son apogée avec la création de la fameuse citronade (un seul n) au zeste de citron, encore fabriquée de nos jours suivant le même procédé. Actuellement, Dominique et Hubert Bigallet, arrière-petits-enfants du fondateur, sont les gardiens de la tradition familiale. L'innovation est toutefois au cœur de l'entreprise iséroise qui propose à ses 6 000 clients une gamme renouvelée : liqueurs au thym, hysope, génépi ou verveine, crèmes de fruits, liqueurs oubliées, eaux-de-vie. Boisson historique de la marque, les sirops Bigallet adoptent aussi les saveurs du temps en se parant de quarante parfums.

BIGALLET
CITRON CITRONADE
SIROP / SYRUP
BIGALLET
Depuis 1872
NOIX
WALNUT

Patrick Henriroux, militant du goût

Hôtel-restaurant
La Pyramide
Patrick Henriroux
14, bd Fernand-Point
38200 Vienne
Tél. 04 74 53 01 96

Il l'appelle sa princesse. Léontine, quatre-vingts ans révolus, vend ses légumes du jardin depuis un quart de siècle sur le marché de Vienne. Patrick Henriroux ne manquerait pour rien au monde ce rendez-vous avec les petits producteurs du terroir. Pour de beaux œufs, topinambours ou fruits de saison, le chef de la Pyramide met un point d'honneur à se déplacer et discuter le bout de gras. Ces gens de la terre sont les plus proches complices du cuisinier, qui sait métamorphoser avec brio le panier du marché en recettes éblouissantes.

« Je cautionne complètement les fermiers ne cédant pas à la production de masse, et leur engagement profond en faveur de la qualité . »

Patrick Henriroux est un goûteur d'émotions qui porte un regard permanent sur la nature des produits en fréquentant affectueusement fermes et marchés. Plutôt poisson que viande, le chef de la Pyramide se remémore encore les parties de pêche avec son grand-père en Haute-Saône : « Je devais avoir 3 ans, les truites fario que l'on attrapait nous procuraient un bonheur simple et inoubliable. » Un plaisir que le restaurateur étoilé prolonge en privilégiant le poisson sur sa carte. L'omble chevalier, la féra, Patrick Henriroux les apprécie au même titre que la truite de montagne servie chez lui avec une émulsion de chartreuse ou une sauce au bleu du vercors-sassenage. Ce fromage répond aux critères mêmes du bon produit dans l'esprit du cuisinier viennois : « Si ce bleu est exceptionnellement aromatique, c'est parce que les vaches du Vercors pâturent dans des prairies de rêve, mangent des pissenlits et des boutons d'or. Je cautionne complètement les fermiers ne cédant pas à la production de masse, et leur engagement profond en faveur de la qualité. » Rendant hommage à ces artisans du goût comme Papy Romezin, pisciculteur à Châtillon-en-Diois, le chef isérois place les produits vrais et sincères au sommet de sa pyramide.

Recette de chef

Truites du Vercors Papy Romezin, à l'émulsion de chartreuse

Dans une casserole, mettre une noisette de beurre et l'échalote hachée, puis le hachis de champignons. Cuire à feu vif. Ajouter un trait de vin blanc, la tomate concassée, le filet d'anchois, les olives. Saler et poivrer. Ajouter une pointe de curry, la branche d'estragon et le persil coupé. Laisser refroidir. Farcir les filets de truite de cette préparation puis rouler le tout dans un papier film alimentaire et cuire à la vapeur 10 min. Retirer l'emballage. Ajouter l'eau de cuisson contenue dans le papier à la sauce au vin.

Sauce au vin de syrah
Dans une casserole haute, jeter une noisette de beurre ; faire étuver l'échalote hachée avec la gousse d'ail, le bouquet garni et le blanc de poireaux. Ajouter une pincée de sucre puis le vin rouge et réduire jusqu'à obtention d'un jus sirupeux. Ajouter le jus de volaille ou de veau. Tamiser le tout très fin et rectifier l'assaisonnement. Réserver au chaud jusqu'au dressage.

Émulsion de chartreuse
Faire bouillir l'eau avec le sel, le poivre et le sucre. Ajouter par petits morceaux le beurre frais, jusqu'à obtenir une liaison onctueuse. Au moment de servir, ajouter la chartreuse. Mixer le beurre pour l'émulsionner. Dresser la truite dans l'assiette, verser la sauce et l'émulsion de chartreuse autour du poisson.

Ingrédients pour 6 personnes

- 6 jolies truites du Vercors en filet et désarêtées
- 150 g de champignons de Paris hachés fins
- 5 g d'échalotes hachées fines
- 15 g de beurre cru
- 1 trait de vin blanc
- 1 branche d'estragon et une de persil plat
- 1 cuillerée de tomate concassée
- 1 filet d'anchois mariné
- 6 olives noires taillées en petits cubes
- 1 pointe de curry Madras

Sauce au vin rouge (facultatif)

- 2 dl de bon vin rouge (cépage syrah pour la qualité des tanins)
- 1 échalote hachée
- 1 gousse d'ail
- 1 bouquet garni
- 15 g de blanc de poireaux
- 1 pincée de sucre
- 1 dl de jus de volaille rôti ou de jus de veau
- 10 g de beurre frais

Émulsion de chartreuse

- 1 dl d'eau
- Sel, poivre
- 1 pincée de sucre
- 10 cl de chartreuse verte VEP
- 30 g de beurre frais

Vin de pays des collines rhodaniennes

Les collines rhodaniennes sont de surprenants vins de pays produits dans les cantons de Roussillon, Vienne et Saint-Marcellin. Les vins rouges et rosés proviennent de cépages variés, tout comme les blancs.

Sotanum, taburnum et heluicum...

Trois vignerons remuants, Pierre Gaillard, François Villard et Yves Cuilleron ont redonné leur terre de noblesse aux vins de Vienne dont les romains se délectaient. Il a une dizaine d'années, le trio décide de sortir de l'oubli le vignoble de Seyssuel en achetant 11 ha sur un coteau bien exposé dont le sol fort en schiste s'apparente à la « côte brune » en côte-rôtie. Aujourd'hui, les vins de Vienne version Cuilleron et Cie font sensation sous des noms de crus romains : le sotanum rouge pur syrah, le taburnum, blanc 100 % viognier et l'heluicum, le petit dernier, fruité et souple. Les trois vignerons, rejoints en chemin par Pierre-Jean Villa, éprouvent une certaine ivresse pour ce pari réussi : « Nous avons sorti de l'oubli un terroir réputé. C'était un challenge risqué, surtout en France où l'on est peu ouvert aux vins nouveaux. Notre belle histoire, c'est d'avoir imposé un vin de pays parmi les "grands". »

Autres producteurs recommandés

Louis Chèze avec les cuvées Saxoleum et Couloure ; Stéphane Ogier et L'Âme Sœur ; Le domaine de Seyssuel avec la Serinae.

Yves Cuilleron, François Villard, Pierre Gaillard et Pierre-Jean Villa.

Douceurs, sirops et cépages

Informations pratiques

Paradis du chocolat (musée et dégustation)
Château Louis XI
38260 La Côte-Saint-André
Tél. 04 74 20 35 86

Chocolat paradisiaque

Au pays d'Hector Berlioz, le chocolat joue de ses éclats. Clin d'œil au grand compositeur, "Damnation" est un praliné aux noix créé par un virtuose du chocolat de La Côte-Saint-André. Héritier d'une maison historique, Pierre Jouvenal poursuit l'œuvre familiale crescendo. Grand défenseur du cacao, il ouvre, en 1994, Le Paradis du chocolat, un musée racontant la grande histoire de cette fève exotique depuis les civilisations précolombiennes jusqu'à nos jours. Ici, Pierre Jouvenal, inlassable militant du pur chocolat, transmet aux croqueurs de tous âges sa passion avec volubilité et pédagogie.

La brioche de Bourgoin

Cette pogne bicolore, recouverte de sucre blanc et rouge est une brioche en forme de couronne décorée de pralines ou de dragées. Les pâtissiers et boulangers de Bourgoin-Jallieu mettent toujours en avant la belle brioche, légère et mœlleuse, déjà remarquée par Curnonsky.

Vins de pays des Balmes dauphinoises

L'appellation vins de pays des Balmes dauphinoises tire son nom des douces collines du Nord-Isère appelées Balmes. Les petits vignobles exposés côté sud se morcellent sur une trentaine d'hectares autour de Bourgoin-Jallieu. Une poignée de producteurs récoltants vinifie ce nectar local que les gens du cru débouchent entre amis. Une multitude de cépages bien connus tels les gamay, syrah, mondeuse, cabernet sauvignon, aligoté, chardonnay, jacquère ou pinot gris déclinent en rouge, rosé et blanc les vins de l'appellation. Des cépages locaux et plus atypiques comme le persan, la verdesse, le servanin sont réservés aux vins de table produits dans les Balmes.

Producteurs recommandés

Gaston et Nicolas Gonin à Saint-Chef (intéressante vendange tardive de chardonnay et pinot gris en vin de table) ; Gilbert Meunier à Sermérieu ; Marc Bonnaire et Noël Martin.

La Loire

Des saveurs au vert

La Loire additionne ses atouts pour faire cohabiter ses caractères. Saint-Étienne, toujours au vert de son équipe mythique, porte les couleurs du dynamisme et des paris artistiques, Roanne active ses bonnes étoiles, tandis que Montbrison, « Venise » médiévale, invite à la flânerie dans ses ruelles. La Loire qui regorge d'étangs, de lacs ou rivières, ne manque pas d'oxygène, grâce aux monts du Forez et du Pilat. Le département affiche sa bonne mine avec ses forêts, plateaux ou collines parfumés de bruyère ou d'épicéas. La Loire, passerelle entre la région Rhône-Alpes et l'Auvergne, aime faire partager ses saveurs dans le calme et la simplicité. Une immense campagne à portée de villes.

Repères

Superficie : 4 474 km^2.
Chef-lieu :
Saint-Étienne.
3 arrondissements,
39 cantons,
327 communes.
Population :
746 288 habitants.
Point culminant :
Pierre-sur-Haute (1 640 m).
Parc naturel régional
du Pilat.

La ronde des AOC

La fourme de Montbrison

Les vaches des monts du Forez, sur les hautes chaumes, mangent de l'herbe, des genêts et des bruyères. Le lait qu'elles donnent est incomparable. Rien de meilleur pour créer de la fourme de Montbrison. Ce fromage de pays a obtenu sa propre AOC le 24 février 2002, après une séparation à l'amiable avec sa voisine d'Ambert ! La fourme étend sa zone d'influence sur 33 communes, 28 dans la Loire et 5 dans le Puy-de-Dôme. Trois fabricants produisent 504 t de fourme à partir du lait de 190 éleveurs. Fourme vient du latin *forma*, le nom du récipient cylindrique qui contenait le caillé. Du haut de ses 20 cm, ce fromage à pâte persillée domine les plus beaux plateaux.

La rigotte de Condrieu

Louis XIV, qui en était fou, la fit entrer dans la cour des grands. Ce fromage puise ses origines dans le Pilat où les chèvres ont toujours cabriolé en toute liberté. Aujourd'hui, leurs sept millions de litres de lait sont transformés par une centaine d'éleveurs du Pilat. Les rigottes portent le nom de Condrieu où jadis se tenait un marché spécialement dévolu à ce petit palet au lait entier cru. La rigotte de Condrieu n'est pas pour l'heure un fromage AOC, mais son syndicat de défense l'espère sous peu, tout comme les 40 communes faisant partie du projet d'aire d'appellation.

Les vins

La Loire se compose d'une mosaïque de vignobles bénéficiant d'un classement en AOC. Les côtes du rhône septentrionaux, avec le condrieu ou le saint-joseph, couvrent d'autres départements, alors que le magnifique château-grillet, la chaleureuse côte roannaise, et les surprenants côtes du forez sont exclusivement ancrés dans la Loire. De jolis vins de pays se greffent à ce paysage viticole déjà bien pourvu en belles appellations : ceux d'Urfé, des comtés rhodaniens et collines rhodaniennes.

RIGOTTE DE CONDRIEU
F 42.168.04 CEE
PUR CHEVRE FERMIER
M.G. non précisée
LAIT CRU
GAEC de la Cabriole
La Chaize
42410 PELUSSIN
-Tél. 04 74 87 63 30-

Lys de Volan
Condrieu
1996

Le pays roannais

Ici il fait bon vivre, boire et manger. Ici encore fut inventé le carreau vichy pour draper un savoir-faire textile révélateur de talents. L'inspiration des roannais se vit dans l'enthousiasme, et les marchés de Charlieu ou de Vougy procurent des petits bonheurs aussi intenses que la couleur des paysages. Les produits proposés par les artisans, éleveurs ou producteurs locaux donnent l'eau à la bouche : praluline, viande charolaise ou sablé d'Ambierle. Autour de Roanne, on se ressource à Saint-Alban dont les eaux promettent longévité et l'on trinque à la gloire du gamay.

Pralus, praline et chocolat

Informations pratiques

8, rue Charles-de-Gaulle
42300 Roanne
Tél. 04 77 71 24 10
www.chocolats-pralus.com

Auguste Pralus fut consacré Meilleur ouvrier de France en 1955, sept ans après avoir fondé sa Maison à Roanne. C'était le temps des fidèles endimanchés, qui, à la sortie de la messe, s'offraient un péché de gourmandise avec la toute nouvelle création du maître pâtissier. La Praluline était née : corpulente brioche au beurre, pralines, amandes et noisettes.

Fabriquée artisanalement, emballée dans un papier rouge, elle s'apprécie en toutes circonstances. Avec ses pralines bien roses qui fusent dans la pâte comme une lave de volcan et ses saveurs voyageuses (amandes de Valencia, noisettes du Piémont) cette gourmandise contente le palais. Petite sœur de la Praluline, la Pralusienne vient enrichir le patrimoine sucré de la maison. En forme de grosse galette, la nouvelle venue en mousseline de vanille s'offre des airs de tropézienne.
Depuis 1988, François Pralus pérennise et développe l'illustre pâtisserie de son père. À bonne école, lors d'un apprentissage chez Bernachon, François tombe sous le charme du chocolat. Avec la fougue d'un aventurier mais l'esprit d'un chef d'entreprise, il décide alors de fabriquer, à l'instar des grands maîtres, son propre chocolat. Roanne respire grâce à lui des parfums d'ailleurs. Des sacs de jute, débordants de fèves, séquestrent les arômes du Venezuela, d'Équateur, du Ghana, ou de Java. Sa dévotion pour ce produit le poussera même en 2000 à exploiter une plantation de 22 ha de cacaoyers à Madagascar.

Où est le berceau de la papillote ?

Si l'idée de sieur Papillot est née à Lyon en 1790, c'est près de Roanne que la papillote a pris sa dimension industrielle. Au Coteau, la chocolaterie Révillon en produit 1 900 t/an soit 60 % de la production nationale. Propriété d'un grand groupe agro-alimentaire, la marque a plus d'un siècle d'existence. Toute l'année, l'atelier fabrique des chocolats noirs, blancs, au lait ou au praliné. Dans leur habit de lumière, les papillotes font briller les yeux des enfants sages et rappellent des souvenirs à leurs parents. Les petites maximes toujours pertinentes écrites dans la doublure du papier d'emballage conservent le goût sucré de la dérision.

Vache à viande

Bœuf de Charolles

De grosses taches blanches sur l'herbe toute verte ? Ce sont des charolaises dans un pré. La Loire fait partie du berceau de la race avec l'Allier, la Saône-et-Loire et la Nièvre. C'est au XVIIe siècle que la célèbre race de bovins couleur crème s'installe autour de Charolles. Elle est présente aujourd'hui dans 70 pays mais c'est dans son pays historique qu'elle se développe idéalement en raison d'un climat particulier. Près de Roanne, à Saint-Romain-la-Motte, Alain Moncorgé, 35 ans, n'est pas peu fier de son élevage. Dans la ferme familiale de 138 ha, avec ses 80 charolaises, il est considéré comme un gros éleveur pour le secteur. Ce qui ne l'empêche pas de continuer à privilégier l'élevage traditionnel garantissant l'excellence de la viande charolaise. « Au printemps et jusqu'à l'automne, les bêtes sont dans les prairies, et l'hiver à l'étable où elles se régalent de foin, paille, céréales, pulpe de betteraves et luzerne déshydratée », explique l'éleveur. Tous les mercredis, Alain Moncorgé se rend à la foire de Saint-Christophe, véritable Bourse de la charolaise, pour se renseigner sur les cours.

En chiffres

3 élevages de bison, dans la région, 30 en France. Chaque bête selon son sexe pèse de 500 à 800 kg.

www.bisonsdesmontsdelamadeleine.com

Gros plan

Bison, élevage futé

À Saint-Rirand dans les monts de la Madeleine, à 660 m d'altitude, Nicole et Didier Mouiller sont des agriculteurs atypiques. Leur petite ferme entourée de prés affiche une activité originale : un élevage de 40 bisons. Les pâturages roannais se donnent ainsi des airs de plaines du Middle West américain. « Au départ, nous avons eu un succès de curiosité. Depuis 12 ans, ces mastodontes apportent un peu d'exotisme au paysage. Vivant toute l'année en plein air, ils exigent plus d'espace que les charolaises », explique Nicole Mouiller, avocate d'un produit à découvrir : « Contrairement à l'idée que se font les consommateurs, la texture de la viande de bison est plus tendre que celle du bœuf et son goût n'est pas fort, délicatement tannique, boisé et sauvage. »

Reportage

Hubert Chevallier, éleveur de bœuf de Charolles

« Pour le bœuf de Charolles, en attente d'AOC, rien n'est trop bon. »

Robe écrue, pattes solides, muscles saillants, placides, massives, presque indolentes, elles broutent lascivement les prés vallonnés du Roannais. Les sabots accrochés à la terre, les charolaises ruminent leur ventrée d'herbe au grand air. Les agriculteurs élèvent avec respect ces bêtes imposantes qui donnent une si belle viande. Hubert Chevallier, à Briennon, fait partie de cette caste de nobles producteurs. Il veille sur un cheptel de 150 bêtes nourries aux céréales de sa ferme, au foin et aux tourteaux de lin riches en protéines. « Pour le bœuf de Charolles en attente d'AOC, rien n'est trop bon », plaisante-t-il. Comme les 220 producteurs installés sur la zone d'appellation, il attend cette reconnaissance en toute confiance. La coopérative SICAREV de Roanne, qui transforme plus de 20 000 t de viande charolaise, valorise le travail de ces éleveurs attentifs.

« Le charolais c'est notre cheval de bataille, nous sommes la grande maison du Charolais. Pendant l'épisode de la vache folle, nous avons résisté, maintenu la viande de bœuf à notre carte. Nous avons été fidèles aux producteurs car nous connaissions leurs produits et n'avions aucun doute. »
Michel Troisgros

Michel Troisgros : entre la poire et le fromage forézien

Hôtel-restaurant Troisgros
Place Jean-Troisgros
42300 Roanne
Tél. 04 77 71 66 97

Roanne possède le plus grand vecteur de communication rêvé pour une ville : Troisgros. L'aura du célèbre restaurant gastronomique aux trois étoiles ne faiblit jamais. Michel Troisgros, avec passion et intelligence, perpétue en solo aujourd'hui la tradition familiale. Le digne héritier d'un père et d'un oncle charismatiques sait à merveille se particulariser en travaillant artistiquement les produits de son terroir, dont la fourme de Montbrison…

« L'idée de cette recette, je l'ai importée d'Italie, le pays d'origine de ma mère. Là-bas, ils associent poire et gorgonzola. Souvenirs d'enfance associés à ma créativité, j'ai réinterprété les saveurs de ce mariage avec de la fourme de Montbrison. J'aime sa croûte rugueuse, rustique, sa couleur légèrement orangée, cette teinte des roches de caves d'affinage. Sa pâte est souple, discrètement persillée avec des pointes de moisissures corsées » commente Michel Troisgros, qui utilise pour cette recette des petites poires de curé, très fruitées, trouvées sur le marché de Roanne. L'association osée poire et fourme conjugue des saveurs plurielles en un dessert salé très visuel dans l'assiette. Entre la fourme d'Ambert et celle de Montbrison, le cœur de Michel bat pour sa région : « Il y a deux appellations, mais la nôtre, produite dans le Forez 100 % lait de vache cru et affinée en cave d'altitude, c'est la meilleure ! » Avant qu'elle ne devienne AOC, la fourme était déjà chère au clan Troisgros. Sa dégustation sur des tranches de pain grillé correspondait à un moment de détente, une manière d'apprécier les choses simples. Depuis, la fourme a fait son chemin puisqu'on la trouve au Lancaster, le restaurant parisien que Michel Troisgros régionalise de ses talents de cuisinier.

« Je suis chauvin. La fourme de Montbrison, c'est la meilleure ! »

Complicité entre fourme et poire

Faire un caramel avec le sucre. Ajouter l'eau et donner un bouillon. Peler les poires en préservant la queue, évider le cœur. Les mettre dans l'eau de caramel et les faire pocher doucement. Vérifier qu'elles sont cuites en les piquant avec la pointe du couteau. Les garder chaudes.

Détailler de jolis copeaux dans la fourme, sans retirer la croûte. Griller les amandes effilées.

Sur l'assiette, déposer élégamment avec la poire chaude, les copeaux de fourme et les amandes. Se régaler de cette composition, avec ou sans pain.

Ingrédients pour 6 personnes

- 300 gr de fourme de Montbrison
- 6 petites poires louises-bonnes
- 100 gr de sucre
- 1 l d'eau minérale
- Amandes effilées

À boire

Un vin qui a la côte !

La côte roannaise qui s'étend sur près de 200 ha et 14 communes, est AOC depuis 1994. Dynamisée par le duo Sérol-Troisgros, on la repère tout autour de la ville de Roanne. Cette appellation issue du cépage gamay est vinifiée en rosé (5 %) et rouge (95 %). Les vins de la côte roannaise dégagent des arômes de fruits rouges et noirs comme la griotte ou la mûre sauvage, la réglisse et le poivre.

Quelle est la bière préférée des « Verts » ?

Le Chaudron vert, bière à la verveine créée pour eux par la brasserie du Sornin. À Pouilly-sous-Charlieu, toute la famille Patay brasse du bonheur : « Pour chaque bière, il y a une histoire, une recherche, un sens, on travaille à l'ancienne selon la méthode des trappistes » explique Serge. L'entreprise artisanale se distingue en mettant sur le marché des bières aux dattes, lentilles, pétales de fleurs, baies, cèpes, ou au miel de Cluny.
Deux autres brasseries se positionnent sur ce même créneau dans la Loire, à Saint-Just-Saint-Rambert et Saint-Julien-Molin-Molette.

Eaux de forme

Au pied des monts de la Madeleine, le pays roannais pétille avec ses sources de Saint-Alban et de Sail-les-Bains. L'eau de Sail, recommandée par Pasteur, avait avant lui reçu l'aval des Romains, qui appréciaient ses bienfaits. Une deuxième source, celle du Hamel, fut découverte en 1847, faisant jaillir de terre chaque jour deux millions de litres d'eau à 32 °C. Favorisant la digestion, et recommandée en dermatologie, la Sail est commercialisée dans une bouteille torsadée.
Non loin de là, les quatre sources de Saint-Alban-les-Eaux attirent les curistes dans ce village-station fréquenté en son temps par la marquise de Sévigné. Aujourd'hui, la société Saint-Alban Boissons met en bouteilles l'eau minérale gazeuse des quatre sources (César, Antonin, Faustine et Julia) grâce à une chaîne de production ultramoderne. L'eau de Saint-Alban, riche en sels minéraux, en magnésium, en bicarbonates et en fluor, est pétillante.

Écrin de gamay près de Roanne

« Le Roannais, grâce à son sol granitique, est la meilleure région du monde pour produire du gamay ; là, ce cépage donne sa meilleure expression. »

Dans le Roannais, le vignoble était florissant jusqu'en 1900. Il recouvrait toute la plaine. Le phylloxéra, la guerre puis les jeunes qui sont entrés en masse dans les usines textiles et métallurgiques ont modifié la donne. La vigne pouvait attendre... il faudra attendre justement les années 1970-1980 pour que les vignerons renouent avec la culture de la vigne ancrée sur les meilleurs coteaux, s'épanouissant de la Pacaudière à Bully. Robert Sérol y a toujours cru : « Le Roannais, grâce à son sol granitique, est la meilleure région du monde pour produire du gamay ; là, ce cépage donne sa meilleure expression. Pierre Troisgros, complice dans cette histoire nous a beaucoup stimulés et a largement contribué à la promotion de la côte roannaise. Notre plus beau jour a été le 14 février 1994 lorsque nous avons appris que nous avions l'AOC. Cette distinction, est le résultat d'un travail entrepris voici plus de 30 ans. Il n'y a pas de coopérative ici, et derrière chaque vigneron indépendant, on découvre un vin, un homme, un pays ». Son fils Stéphane, 32 ans, qui a repris l'exploitation, tient le discours d'une génération érudite (études appropriées, stages à l'étranger) gardant les pieds sur terre : « Nous misons sur la culture raisonnée avec moins de produits phytosanitaires, dans le respect de l'environnement et surtout du consommateur. » Onze exploitations sur trente sont engagées dans cette démarche baptisée Terra Vitis.

Le domaine Robert Sérol et fils se niche dans une vieille ferme rénovée, avec chai, caveaux et cuvées telles Les Originelles, Les Vieilles Vignes, Les Blondins, les Millerands et la Cuvée Troisgros.

Fromages de pays

En chiffres

Fromages à perte de vue dans des caves de 15 m de long sur 6,50 m de haut, 80 t de montagnes de fromages

Hervé Mons : « Les Roannais sont "les plus lyonnais de tous". Il y a chez eux une vraie gourmandise, un goût pour faire à manger, un art de recevoir. L'AOC, c'est une excellente piste, une démarche essentielle pour faire de la qualité. »

Monsieur 200 fromages

Tel un compagnon du tour de France, Hervé Mons s'est formé au métier de fromager chez des producteurs en province et dans de bonnes maisons parisiennes. Ce fils de marchands ambulants auvergnats, devenu Meilleur Ouvrier de France en 2000, a troqué les étals de marché pour les halles de Roanne avant d'ouvrir ses propres magasins à Montbrison et Renaison, puis de se lancer à la conquête du monde... jusqu'en Chine ! Les caves où ce maître-affineur peaufine le caractère de ses fromages se nichent à Saint-Haon-Le-Chatel. Pour permettre une maturation sur mesure, on y trouve sept caves avec sept ambiances distinctes. 200 fromages différents provenant de 120 producteurs y séjournent. Le saint-nectaire fermier, le salers de buron, le persillé du Beaujolais, le charolais ou la fourme de Montbrison s'épanouissent et prennent de la personnalité sous l'œil expert de ce couturier de l'affinage. Dans le silence des caves, les croûtes se patinent, la pâte vit, les arômes se structurent. Hervé Mons, qui a même créé une « école du fromage » au cœur de sa petite entreprise, aime les valeurs de la nature et en parle avec respect : « L'espèce animale et le respect de l'écosystème sont primordiaux dans la qualité du produit. Autrefois, les paysans l'avaient bien compris ; aujourd'hui, avec la politique du tout-hygiène, du tout-propre, on a éliminé le vivant. Chaque terroir, savoir-faire, climat composent une synergie qui fait la différence, le caractère spécifique d'un village par rapport à un autre. Je suis attaché à cette tradition, non pas par passéisme, mais parce que c'est le bon sens. »

Un bout de bageon ?

Pierre Pétel aime le contact, on le rencontre tous les mardis et jeudis sur le marché de Tarare derrière son étal de « bageons », fromage en patois local. Pendant qu'il séduit les amateurs de spécialités authentiques, son troupeau de 40 laitières montbéliardes broute à Saint-Cyr-de-Valorges. Le producteur attaché aux traditions peste contre la production outrancière : « Chez moi, les vaches sont nourries comme autrefois, elles donnent certes moins de lait, mais de meilleure qualité. » Grâce à cette exigence, son fromage fermier au lait cru entier se distingue sincèrement.

Gourmandises

Confitures au goût du jour

L'écume rose mousse à la surface de deux grandes bassines en inox. Une odeur de confiture parfume l'atelier gourmand de Marie-Odile et Stéphane Doron. Ce couple installé à Chérier dans les monts de la Madeleine concocte depuis 15 ans marmelades et gelées aux fruits de pays : « Les mûres sauvages viennent du Roannais et les abricots, poires ou pêches de vigne de Cellieu, véritable grenier à fruits du Pilat. Chez nous, les recettes sont classiques et peu sucrées. » Philippe Doron démythifie la fabrication des confitures à l'ancienne : « Ça fait peut-être rêver, mais en réalité les grands-mères mettaient trop de sucre et les faisaient mijoter trop longtemps. Notre méthode diffère, nous sommes partisans d'une cuisson intense et courte pour respecter et préserver le fruit. » Chez les Doron, on a remisé les cuillers en bois et les chaudrons de cuivre. Les confitures du XXIe siècle se sont adaptées au goût du consommateur.

Marie-Odile et Philippe Doron
Le Vieux Bourg
42430 Chérier
Tél. 04 77 63 17 85

Andouille de Charlieu : atout porc

« On l'aime ou on ne l'aime pas mais l'andouille de Charlieu ne laisse pas indifférent. C'est une charcuterie typique qui a du tempérament. » Roger Nugues porte sa spécialité aux nues, fier de sa recette maison : « L'andouille est fabriquée avec du cœur et de la gorge de porc marinés dans du vin rouge. C'est ce qui donne sa saveur. Hachés, mélangés, assaisonnés, les abats sont mis dans le *fecum*, le bout de l'estomac du porc. » Elle se conserve en cave pendant trois mois pour sécher et prendre du goût. L'andouille d'1,5 kg se cuit lentement dans une eau frémissante et se déguste chaude avec des pommes de terre, des lentilles, du chou ou encore des flageolets. C'est un plat d'hiver, mais l'été on la consomme volontiers froide. Cette vieille recette de terroir remonte à des années de tradition, quand on tuait le cochon dans les fermes. Le 2e samedi de novembre, l'andouille devient l'attraction de Charlieu lors d'une grande fête à sa gloire. Neuf bouchers-charcutiers de Charlieu ont créé en 1998 une confrérie des faiseurs d'andouilles. À Lyon, l'andouille s'appelle le sabodet, dans les monts du Lyonnais, le sacary et dans la plaine du Forez, le sacbardin.

Le Forez

Champêtre, le paysage donne un sacré caractère au Forez. Omniprésente, la nature s'invite, de gros bourgs en villages, de jasseries en châteaux. Montbrison ouvre le bal des saveurs avec sa célèbre fourme, ses produits fermiers, et recettes de pays. De leurs coteaux, les vignobles des côtes du forez escortent la cote d'amour des sources pétillantes de fraîcheur. Nichoir à oiseaux, miroir d'étangs avec carpes et brochets, le Forez aux accents volcaniques frappe à la porte de l'Auvergne. Terrain de jeu et d'aventure, ici la montagne déploie ses charmes l'hiver et offre en été des panoramas verdoyants aux randonneurs.

Les fromages

Mariage et séparation

9 mai 1972 : la fourme de Montbrison partage son d'appellation d'origine contrôlée avec la fourme d'Ambert. 22 février 2002 : la fourme de Montbrison bénéficie de sa propre AOC.

En chiffres

Production annuelle : 512 t. 170 producteurs de lait, 70 emplois dans les fromageries.

Informations pratiques

Fromagerie Forez Fourme
Dizangue
42990 Sauvin
Tél. 04 77 76 81 80

Fromagerie du Pont de la Pierre
42940 Saint-Bonnet-le-Courreau
Tél. 04 77 76 82 86

Musée de la fourme et des traditions populaires
La Maison sauvagnarde
42990 Sauvin
Tél. 04 77 76 85 21

Une fourme d'ici !

Autrefois les fourmes étaient fabriquées dans les « jasseries », abritant sous un même toit de chaume l'étable, la fromagerie et l'habitation. Lors de la saison d'estive dans le Haut-Forez, les femmes montaient les troupeaux à 700 m d'altitude. À la fin de l'été, elles redescendaient chargées de fromages pour les vendre sur les marchés d'Ambert et de Montbrison. Aujourd'hui, la fourme est élaborée par des professionnels. Ce fromage à pâte persillée d'une hauteur de 20 cm se débite en rondelle ou en quartiers. Les chefs cuisiniers du pays valorisent cette fourme, la rendant incontournable sur les tables foréziennes : fondues, raclettes, feuilletés, chaussons, soufflés, tartifles… La fourme est un succès assuré lors des vins d'honneur, en accord avec les côtes du forez.

Dans le Forez, on mange les briques

La brique du Forez est un fromage à base de laits de chèvre et de vache. Cette ancienne recette de fermière inspire Martine Guillot, éleveuse à Chatelneuf : « Je fais un caillé doux comme autrefois. Deux heures après la traite, j'ajoute un peu de présure, rien de plus, le fromage moulé s'affine une huitaine de jours. »

La spécialité locale, qui a la forme d'une brique mesure 150 mm de long, 75 mm de largeur et 30 mm d'épaisseur. Ce fromage est également fabriqué, mais avec du lait de vache pasteurisé, par des laiteries industrielles. La levure *Geotrichum* donne une belle couleur jaune pâle à la brique du Forez. Sa pâte molle finement crémeuse sous sa croûte fleurie dégage des parfums forestiers et délicats.

Monsieur Hautes Chaumes

La fromagerie Hautes Chaumes, aménagée dans une vieille maison de village, est à l'image d'une fourme rustique et bien façonnée par la main de l'homme. À Sauvin, au cœur de la montagne, Hubert Tarit perpétue la plus pure tradition dans un laboratoire mis aux normes européennes. Le lait cru entier de vaches élevées dans le Forez sert à la création de ce beau fromage paysan. Chauffé, emprésuré, ensemencé, caillé, brassé, moulé, salé, le lait accomplit sa métamorphose. Les fourmes sont égouttées sur des chenaux en bois, puis piquées à l'aiguille pour faire pénétrer l'air qui favorisera le développement du *Penicilium roqueforti*. Ce travail du vivant s'opère au cours d'un lent affinage de 28 jours.
Le fromage d'Hubert Tarit puise sa qualité dans le secret d'un antre naturel : « J'affine mes fourmes en cave de pierres du pays. L'endroit est rafraîchi par une source souterraine qui humidifie l'ambiance.
Les murs en granit, le sol en terre battue maintiennent une température idéale pour la réussite du fromage de Montbrison. »
Le fromage mûrit alors sous sa croûte orangée, de fines marbrures bleues se faufilent dans la douce pâte ivoire engendrant un subtil équilibre de gras et de persillé. Son goût de gentiane et de terroir qui se révèle au nez annonce le temps de la dégustation.
Fabriquant 18 t de fourme par an et un peu de vachard, une tomme de pays, Hubert Tarit livre en personne les restaurants gastronomiques, les épiceries et crémeries fines en quête de produits authentiques.

Fromagerie des Hautes Chaumes
Le Bourg – 42990 Sauvin
Tél. 04 77 76 89 12

Avant la station de ski
de Chalmazel, s'arrêter à Sauvin
pour demander
la fromagerie d'Hubert Tarit.

Vins en Forez

Producteurs recommandés

AOC côtes du forez : **le Domaine de Poyet, Les Vignerons foréziens (cave coopérative qui a remis au goût du jour « la Moussette d'Astrée » un vin effervescent rosé)...**

Vin de pays d'Urfé : **Daniel et Christiane Mondon, dont la particularité est de proposer aussi un vin de paille. Odile Verdier et Jacky Logel qui ont à cœur de promouvoir avec « La Sentimentale » ce vin de pays d'Urfé.**

AOC côtes du forez

Appellation d'origine contrôlée depuis 2000, les côtes du forez, entre Clermont-Ferrand et Saint-Étienne, s'étendent sur un peu plus de 200 ha. Ce vignoble très ancien créé par les moines et promu sous l'influence des comtes du Forez, était de 5 000 ha avant la crise du phylloxéra. Vinifiés en rosé et en rouge, ils sont issus d'un même cépage : le gamay noir.

Leur particularité est d'avoir deux terroirs : un terroir granitique et quelques îlots basaltiques. Le granit fait ressortir le côté fruité, le basaltique le côté minéral. Les côtes du forez sont des vins très souples, légers, fruités, agréables à boire. De caractères affirmés, ils exhalent des arômes de petits fruits noirs mêlés à des arômes poivrés et réglissés. L'essentiel de ce cru est produit par la cave coopérative de Trélins regroupant 80 % des vignerons foréziens. Neuf caves particulières jouent la carte de l'indépendance.

Vin de pays d'Urfé

Ce vin puisant son origine exclusivement dans la Loire porte les couleurs de cépages rouges comme le gamay, le pinot noir, la syrah. En blanc, il est issu du chardonnay, de l'aligoté, du pinot gris, de la marsanne, de la roussanne et du viognier.

Pourquoi les japonais sont-ils fous de vins du Forez ?

En 2000, les Japonais cherchaient un vin français « spécial » pour marquer le changement de millénaire ! En questionnant Georges Duboeuf, ils apprenaient que les côtes du forez venaient d'obtenir l'appellation d'origine contrôlée. Le négociant les dirigea vers la cave coopérative de Trélins ! Les dégustateurs nippons en commandèrent 1 950 hl.

Vins détonnants

Poète des cépages, défricheur de vignes oubliées, créateur de nectars, Daniel Mondon est un vigneron qui sort des sentiers battus. Ses vins sont le reflet d'un paysage inspiré. Une géologie bouleversante a hérissé des pics volcaniques sur cette plaine du Forez. À Saint-Romain-le-Puy, ce viticulteur décalé jardine une excroissance de la terre pour en extraire un vin inimitable. Sa philosophie vigneronne si personnelle le conduit vers des univers rarement foulés qui accouchent de vins étonnants. Aux antipodes de la cave coopérative où il s'ennuyait en l'unique compagnie du cépage gamay, Daniel Mondon se lance dans la voie expérimentale. Ses vins empruntent les chemins de la recherche. Ce vigneron gentiment rebelle a mis de côté les cépages grand public pour cultiver l'audace. Respectant la nature, il fait renaître des cépages hors du temps et hors-côte tels le baco noir et le gamay de bouze. Ses vins si originaux, bio du cep au chai, ne sont pas conçus pour flatter mais pour interpeller les palais curieux. Trublion et ardent, Daniel met en bouteille des arômes de lave, de pierre à fusil et de poivre puisés dans son monde fantastique.

En chiffres

Les côtes du forez, ce sont 9 caves particulières représentant 20 % de l'appellation et la cave coopérative (80 % des vignerons foréziens) à Trélins.

Gilles Étéocle : une sacrée nature !

Hostellerie la Poularde
Montrond-les-Bains
Tél. 04 77 54 40 06
www.la-poularde.com

Lorsqu'il remise au vestiaire sa tenue de chef, Gilles Étéocle se glisse dans un pantalon de velours, boutonne sa chemise de bûcheron et s'ancre dans des bottes de sept lieues ! Inspiré par le terroir, ce grand gaillard au cœur tendre et au caractère bien trempé vit sa région comme un beau sacerdoce en forme de trilogie : humilité, humanité, tolérance. Chez lui, à la Poularde, les saveurs du Forez ont le goût des montagnes, des fermes alentour et le parfum des champignons.

L'ancien relais de poste de la petite ville thermale abrite une famille. Le chef y tient, il n'est pas seul à faire vivre la maison : « Je privilégie l'épanouissement de mes clients, de mon équipe. » Avec ce credo, on passe plus volontiers à table, et quelle table ! Gilles Étéocle est un homme épris de terroir laissant aux « stars-toques » le soin d'émulsionner des recettes de laboratoire. La fourme de Montbrison, jeune AOC, est chez lui tout un poème. Mariné au Porto dans une biche en grès, ou sorti brut d'une fruitière, le fromage forézien est roi. À l'aise dans l'écrin du Forez aussi velouté que les proches monts du Lyonnais, Gilles Étéocle savoure chaque jour ses montagnes du matin et du soir. Ce panorama qu'il observe avec un œil de chasseur est la source de ses inspirations culinaires. Basses-cours, produits fermiers, gibier, poissons, composent une mosaïque d'images, de sons, d'odeurs rendant bavard ce Meilleur ouvrier de France : « Il n'y a pas de cuisine sans d'excellents produits, la cuisine c'est une histoire de passion, c'est un don de soi, un plaisir qui doit flatter l'œil tout autant que le palais à l'exemple de nos petits pigeons biens élevés au grain, ronds, fermes, goûteux, bien traités, choyés, cuits rosés, en vessie, ou notre poularde et légumes du pot. »

« La cuisine c'est une histoire de passion, c'est un don de soi, un plaisir qui doit flatter l'œil tout autant que le palais. »

Auprès d'une femme pétillante et complice, Gilles Étéocle, loin des fourneaux, se terre à la campagne et compose des notes de cuisine. Dans sa « hutte » du Mézenc, les ruisseaux, les fleurs, les paysages rassurent l'homme libre en tenue de campagne.
La tradition française est un garde mémoire, c'est un acte citoyen que de la préserver. Alors notre sentinelle du goût œuvre dans ce sens. Au même titre que l'accord mets et vins en vigueur depuis des millésimes à La Poularde.

Pigeonneau fermier du Forez poché

Pocher les pigeonneaux pendant 20 min dans le consommé frémissant puis laisser reposer 10 min.

Lever le pigeon, dresser en assiette creuse avec les béatilles et les gouliches, ajouter une petite louche de consommé et des pluches de cerfeuil, servir très chaud.

Ingrédients pour 4 personnes

- 2 pigeons de 500 gr.
- 1 l de consommé de pigeons
- béatilles (crêtes et rognons de coq, gésiers, ris de veau)
- gouliches (courgettes, navets, carottes taillés à la cuillère parisienne de la grosseur d'un petit pois et cuit au consommé)

La carpe royale du Forez

Véritable reine des étangs du Forez, la carpe royale, toute ronde et bien en chair, grossit dans cette contrée en un temps record. Le plancton, sa nourriture principale, se développe facilement dans ces eaux peu profondes vite chauffées par le soleil. Joël de Curraize, propriétaire d'étangs à Mornand-en-Forez, vante les vertus des carpes royales : « Elles ont de grosses arêtes qui s'enlèvent d'un seul coup et n'ont pas le goût de vase, au point de plaire à Pierre Troisgros qui en achète pour sa propre consommation. » Les chefs ne sont pas les seuls amateurs de carpes royales, les cormorans, hérons et grandes aigrettes s'en délectent sans retenue au grand dam des pêcheurs.

Qui a conçu la carpe royale ?

La carpe royale du Forez est une création du comte de Neufbourg. En 1928, alors qu'il rentre par le train d'un voyage en Hongrie, il rapporte des alevins dans un bocal posé sur ses genoux. Arrivé à destination, il procède à un croisement avec d'autres espèces de poissons. Ainsi naquit la carpe royale du Forez. Son nom est lié au souvenir du roi Louis XIV, propriétaire d'étangs à Saint-Paul-d'Uzore. Le comte de Neufbourg, historien et grand résistant, est mort en 1970 à l'âge de 95 ans.

Dates

La pêche se déroule de décembre à mars. Dans le Forez, 1500 ha sont en eau, soit 300 étangs de 5 ha en moyenne.

Qui a créé les étangs du Forez ?

Honoré d'Urfé dans *L'Astrée* racontait que Jules César assécha la mer forézienne, dont ces étangs épars seraient le reliquat.

La vérité est qu'ils auraient été creusés au Moyen Âge par les moines afin d'être empoissonnés et nourrir la population. Les étangs occupent près de 3000 ha en Forez jusqu'en 1865. Sous Napoléon III, une partie des zones humides fut asséchée pour des raisons sanitaires. Les propriétaires accepteront leur quasi-suppression en échange de la construction du canal du Forez.

Questions d'eaux

D'où viennent les bulles de la Badoit ?

La Badoit jaillit à Saint-Galmier au terme d'un long parcours souterrain qui l'enrichit en sels minéraux, bicarbonate, calcium, fluor et magnésium. L'eau de Badoit naît en pétillant… naturellement. C'est dans les sous-sols de la plaine du Forez que l'eau pure se combine au gaz et entame son périple au travers du socle granitique. Elle est forée à -153 m et surgit à une température de 16 °C. Connue sous l'Antiquité, la Saint-Galmier connaît un retour en grâce au XVIIIe siècle grâce aux médecins reconnaissant ses vertus digestives. Son nom et son succès proviennent du fermier des sources de Saint-Galmier, Auguste Saturnin Badoit, qui eut l'idée en 1938 de mettre l'eau en bouteilles de verre pour la commercialiser exclusivement en pharmacie. Aujourd'hui, dans le giron de Danone, Badoit se vend en bouteille plastique verte et rouge à 250 millions d'exemplaires !

Qui a découvert la source Parot ?

Aux contreforts de l'Auvergne, une source sommeillait sous un pic volcanique à Saint-Romain-le-Puy. En 1890, François Parot, le constructeur du canal du Forez, découvre dans les entrailles de la terre l'eau gazeuse qui le rendra célèbre. La Parot à grosses bulles et un brin salée facilite la digestion. 10 millions de bouteilles sont vendues chaque année dans le sud-est de la France.

Trois siècles de fidélité au colza

« Aujourd'hui, l'huile de colza est à la mode. Selon les nutritionnistes, elle contient beaucoup d'omega-3. »

Au printemps, les champs de colza annoncent la belle saison et jaunissent avec éclat l'horizon des campagnes. En 1940, on dénombrait 42 moulins à huile de colza dans la Loire. Aujourd'hui, il n'en reste qu'un en activité, celui de Savigneux. Chez Paul Laurent, l'huile de colza est une spécialité maison depuis trois siècles. Son moulin modernisé demeure toutefois artisanal, l'électricité étant la seule concession faite au progrès. Paul, 74 ans, a transmis à Isabelle, sa fille, l'art du métier : « Il faut utiliser des graines de colza bien séchées et les écraser. On les torréfie à 90 °, puis on presse la pâte obtenue pour en extraire une huile extraordinaire. Le grand savoir-faire, c'est la chauffe, un moment délicat et crucial. » L'huile est vierge, sans additif, ni produit chimique, un pur jus de colza. Son goût de terroir se marie avec les salades de lentilles, le sarrasson, (fromage local) ou les pommes de terre tièdes. Dans les années 1960-1970, l'huile de colza prétendue cancérigène fut boycottée par le consommateur. Aujourd'hui, elle revient sur le devant de la table, car riche en omega-3 et recommandée par les nutritionnistes.

Moulin à huile Paul Laurent
17, rue de Feurs
42600 Savigneux
Tél. 04 77 58 32 45

Le Pilat

Le Pilat est un petit territoire de 700 km^2 plongé dans un écrin climatique méditerranéen, océanique et continental. Véritable château d'eau, le Pilat alimente en eau potable la vallée du Gier, Annonay et l'agglomération stéphanoise. Cette terre où, selon la légende, le corps de Ponce Pilate aurait été dissimulé, est aussi foncièrement agricole. Légumes, pommes, cerises, poires, rigottes et produits charcutiers constituent un vaste marché à ciel ouvert. Dans le Pilat, quand le soleil heurte les vignobles à fleur de Rhône, s'annoncent des appellations prestigieuses : château-grillet, côte rôtie, condrieu, saint-joseph.

Le Pilat, plus haut que trois pommes !

Producteurs recommandés

Balcons du Pilat
L'Aucize
42520 Bessey
Tél. 04 74 87 49 76

Fête des Pommes à Pélussin le 11 novembre.

Le Pilat rhodanien expose ses coteaux couverts de vergers au soleil jusqu'à 700 m d'altitude. Avec Pélussin pour capitale, une dizaine de communes compose un cœur de fruits, produisant des pommes à foison. La vallée du Rhône apporte à ce terroir au climat sec des caresses de douceur. Rondes et belles à croquer, les pommes du Pilat, qu'elles soient vertes, rouges ou jaunes, sont toutes fermes et gorgées de jus. Chaque saison donne du travail aux producteurs adeptes d'une culture raisonnée dont les principes exigent un minimum de traitement et une cueillette à la main des fruits arrivés à maturité, de la mi-août à fin octobre… Les fruits du massif se sont taillé une réputation nationale. Deux marques se partagent les étals des plus beaux magasins et primeurs : Balcons du Pilat et Vergers du Pilat. À Bessey, la coopérative les Balcons du Pilat stocke 4 700 t de pommes qui seront commercialisées toute l'année. Elle regroupe 17 exploitations, soit 300 ha de vergers, dont 230 en pommiers.

Dans d'immenses réserves réfrigérées, les fruits sont maintenus à 1°C. Ils peuvent ainsi se conserver un an. Les deux-tiers des propriétaires de vergers du Pilat travaillent avec la coopérative, 13 producteurs sont réunis en syndicat de défense des producteurs du Pilat sous la marque les Vergers du Pilat. Les autres sont des indépendants. En 1930, cette région produisait toutes sortes de fruits, mais en 1945, les pommes ont pris le dessus. Elles sont vendues en Rhône-Alpes et un peu à l'export. Damien Lauras, technicien, assure le suivi de la production à la coopérative : « Le taux de sucre, la fermeté des pommes sont exceptionnels. Ce sont des fruits qui sortent du lot. Le Pilat produit 7 000 t de pommes pour une production nationale de 1,9 million de t. La qualité des pommes du Pilat est reconnue, cela permet en période de mévente de mieux résister. » Pour promouvoir la pomme du Pilat, une fête à sa gloire fut créée en 1979 à Pélussin, accueillant, chaque 11 novembre, 30 000 visiteurs venus croquer la pomme et déguster compote et tarte géantes. Golden, gala et idared, reinette, les pommes ne doivent pas éclipser la grande variété de la production fruitière du massif : poires, pêches et cerises.

Fruits en Jarez

Dans les coteaux du Jarez, au sud de la Loire entre Lyon et Saint-Etienne, une cuvette protégée, bénéficiant d'un microclimat entre 300 et 600 m d'altitude, accueille une multitude de petits vergers. Cellieu, village fleuri, est aussi un village fruité. De petites exploitations de six ou sept ha sont travaillées par des producteurs opiniâtres sur des terrains difficiles et pentus. Tous font de la vente directe sur les marchés : pommes, prunes, pêches, abricots, cerises, fraises, framboises... Mais Cellieu est surtout la capitale de la cerise. La célèbre burlat supporte cependant des concurrentes de plus gros calibre à la récolte plus tardive, comme la summit ou la noire de Meched. Le marché aux fruits de Cellieu reste une référence malgré une désaffection pour cette coutume. Chaque soir, vers 18 h, en saison de production, après une journée de ramassage, producteurs et expéditeurs se rencontrent pour des transactions qui se font « à la cloche ». C'est aussi dans ce village que Jean-Louis Bissardon concocte de magnifiques jus de fruits artisanaux... Chaque année, près de 700 000 bouteilles sortent de ses ateliers, offrant une seconde chance aux fruits parfois grêlés ou abîmés, impropres à la vente en raison de leur aspect. Jean-Louis Bissardon traite aussi une partie de la récolte d'une centaine d'arboriculteurs. Les consommateurs plébiscitent ces jus 100 % saveur du Jarez qui remportent régulièrement médailles et récompenses lors du Concours général agricole de Paris.

Producteurs recommandés
Station fruitière Bissardon
Chantarot
Tél. 04 77 73 90 41

Vins Loire et Rhône

Producteurs recommandés

Domaine Georges Vernay, Domaine André Perret, Domaine Yves Cuilleron, Domaine François Villard, Domaine Marcel Guigal (La Doriane), Domaine du Monteillet, Domaine Yves et Mathilde Gangloff, Domaine Pierre Gaillard, Domaine Louis Chèze, Domaine du Chêne…

Le condrieu

AOC depuis 1940, le vignoble de Condrieu est situé à une cinquantaine de kilomètres au sud de Lyon, côté rive droite du Rhône. Dans la Loire, Chavanay, Malleval, Saint-Michel-sur-Rhône, Saint-Pierre-de-Bœuf et Vérin ont le privilège de façonner ce vin issu du cépage viognier. Vinifié en blanc sec, le condrieu se décline plus rarement en blanc doux (condrieu de Noël), et en vin moelleux, voire liquoreux, à l'image des vendanges tardives ou sélection de grains nobles d'Alsace. Une complexe palette d'arômes métissant violettes, acacias, fruits à noyaux caractérise cette appellation.

La Loire en Condrieu

À l'origine, le condrieu était un vin du Rhône, mais ce blanc floral a généreusement pris ses aises au sud de la Loire, notamment à Chavanay. Le condrieu, intime vignoble de 120 ha, a bien failli disparaître dans les années 1970, sa superficie était alors réduite à 16 ha. Le gel de 1956, la mévente du vin, les jeunes qui préféraient travailler dans l'industrie chimique expliquent ce déclin. Les parcelles de vigne sont alors abandonnées, les arbres fruitiers prennent le dessus, mais quelques amoureux du viognier dont Philippe Faury résistèrent : « Il fallait y croire au début, ce n'est pas venu d'un coup. Le renouveau s'est effectué à partir des années 1980 et surtout en 1990, les plantations ont redémarré, l'arrivée de matériel a permis de défricher les coteaux et de planter les vignes. » Du courage, il en faut pour cultiver toujours à bras d'homme les terrasses de granit afin d'en extraire le précieux nectar. À Chavanay, Philippe Faury récolte les fruits de son opiniâtreté qu'il partage avec sa femme Danièle : « Le condrieu, c'est un petit bijou, dit-elle, le viognier qui était servi jadis en pichet dans les bistrots du coin est un grand vin d'une typicité remarquable, élégant et subtil ! » En verre de dégustation, le condrieu jaune pâle se pare de reflets dorés. Tout en fruits et en fleurs, cette appellation devenue aristocratique étincelle de ses bouquets d'harmonies.

Le château-grillet

Appellation d'origine contrôlée depuis 1936, le vignoble de château-grillet, un des plus petits de France, s'étend sur moins de 4 ha. S'étageant sur des coteaux au sud de Lyon, dans la Loire, ce vin blanc sec vieilli deux ans en fût est de grande garde. Le marc et la fine de château-grillet sont tout aussi remarquables. Le château-grillet est un vin de légende. À Vérin, au cœur d'un amphithéâtre naturel, le vignoble interprète le meilleur du viognier.

Dans un décor intime que la nature a dessiné pour cette appellation rare, château-grillet puise à travers les granits l'esprit vif et capiteux de ses arômes. Le petit vignoble aux grandes références est le bijou d'une seule femme, Isabelle Baratin-Canet. Souvent classé meilleur vin au monde, le château-grillet peut flatter sa propriétaire : « Le meilleur vin du monde ? Cela peut paraître présomptueux mais je ne dirai pas le contraire… en la matière, rien n'est acquis, rien n'est définitif, il faut sans cesse chercher, douter, progresser sans céder à l'élaboration d'un vin technique, moderne. » Production confidentielle, 10 000 bouteilles seulement sortent des illustres caves du château chaque année pour le plaisir des inconditionnels de ce grand blanc expressif et floral. La personnalité de ce vin extirpe sa puissance dans un terroir qui enchante la châtelaine de Vérin : « Les saisons apportent la vivacité nécessaire à mes vignes. Un jour, c'est la neige, le froid de l'hiver, demain le printemps va réveiller la vigne, des petits yeux vont s'ouvrir, bourgeonner, cette rencontre avec les saisons est une magie perpétuelle. Le raisin qui va se transformer en un vin limpide, c'est une alchimie inouïe. L'âme d'un vin est difficile à pénétrer, car il est vivant, unique et insaisissable. »

Le saint-joseph

S'étirant sur 60 km et 950 ha environ, le vignoble de saint-joseph s'offre une efficace incursion sur trois communes de la Loire dont Chavanay, le village le plus au nord des trois. En syrah, les saint-jo' du nord, aux magnifiques arômes de cassis, poivre et réglisse, se rapprochent du caractère d'un côte rôtie. Les blancs, vinifiés à base de cépages marsanne et/ou roussanne, développent des fragrances de fleurs blanches, de fruits jaunes, de miel et de cire. Dominant le Rhône, regardant vers le Midi, ce vignoble de coteaux s'agrippe aux terrasses pierreuses formant un cirque.

Producteurs recommandés

Domaine André Perret, domaine Yves Cuilleron, domaine François Villard, domaine du Monteillet, Stéphane Montez, Pierre Gaillard, domaine du Chêne.

Alain Paret : « Faire de la qualité demande 10 ans d'efforts. »

« On revient à la simplicité, au normal. Boire du vin, c'est un moment de plaisir, de joie, c'est tout. »

Alain Paret vit la passion du vigneron émerveillé par une terre magique qui enfante de si grands vins : « Cette parcelle de 10 ha à l'entrée de Saint-Pierre-de-Bœuf bénéficie d'une merveilleuse exposition, son sol se compose de beaux granits, le terrain est léger, la vigne s'enracine, donnant une parfaite expression du terroir. » Il fallait l'obstination d'un Alain Paret pour défricher et transformer il y a 30 ans cette colline très accidentée en vignoble fertile et généreux... Co-producteur avec Gérard Depardieu d'un remarquable condrieu, le viticulteur fait jouer les premiers rôles à son saint-joseph dont la cuvée « Les larmes du père 2003 » fut couronnée à Londres. Vin riche, fruité, et viril, le saint-jo' pompe dans le sol sévère ses arômes minéraux. Alain Paret, prêt à attaquer le marché chinois, lutte contre les effets de mode : « Il y a un retour au vrai, les consommateurs veulent des vins authentiques. La qualité, c'est plus facile à dire qu'à faire, cela nécessite 10 ans de travail et d'efforts. On revient à la simplicité. Boire du vin, c'est un moment de plaisir, de joie, c'est tout. »

Alain Paret travaille beaucoup à l'export, bientôt ses vins s'éveilleront en Chine.

Chocolat et café

« Au Négrillon »

L'enseigne créée par Pierre Chapuis, artisan torréfacteur après la guerre à Saint-Étienne, est devenue une entreprise de 30 personnes gérée par Jacques et sa fille Cécile. Le café est torréfié lentement, les grains tournent et cuisent dans de grands tambours pendant 20 min. Une autre marque est venue réveiller l'histoire de cette société, la marque Jacques Chapuis, qui fabrique du café destiné aux bars, restaurants et grandes surfaces.

Saint-Étienne, capitale du chocolat ?

Assurément, Saint-Étienne fut un haut-lieu de cette douceur. À l'origine, la cité ligérienne obtient un « entrepôt des douanes » ouvert aux opérations d'admission des cacaos. Au XIXe siècle, la cité minière est le foyer de l'industrie chocolatière. La région est dynamique, les patrons offrent à leurs clients des boîtes de chocolat, les ouvriers raffolent des tablettes, Saint-Étienne possède 25 chocolateries dans les années 1930. Escoffier, Pupier, Favarger, Casino, Coulois, Chocolat des Princes, Pelletier, Esclatine, Weiss connaissent leurs heures de gloire grâce à la magie du cacao. Certaines maisons ont survécu à cette époque, le plus bel exemple est fourni par la famille Weiss. La saga commence avec Eugène Weiss, fuyant l'Alsace pendant la guerre de 1870. C'est rue du Général-Foy, à Saint-Étienne, en 1882 qu'il trouve sa voie. Rapidement, il se spécialise dans le chocolat. Le succès est immédiat, d'un atelier d'une vingtaine de salariés la maison Weiss passe à sa première usine inaugurée en 1911. Eugène Weiss eut l'idée originale pour son temps de vendre ses chocolats par correspondance. Aujourd'hui, la fabrication reste artisanale avec torréfaction à la boule à gaz des fèves sélectionnées parmi les meilleures origines. Weiss, réputé pour son praliné et son chocolat de couverture (600 t par an), a une belle image à l'international. Depuis 2002, la maison n'appartient plus aux descendants d'Eugène mais reste à Saint-Étienne, maintenant son niveau de haute chocolaterie française au sein d'une usine high-tech. Autre maison plus que centenaire, Chocolats des Princes, basée à La Tour-en-Jarez. Grêlons du Pilat, malakoff et verveine du Velay sont des saveurs de cacao aux accents de légendes concoctées par des alchimistes chocolatiers.

Le café, produit stéphanois ?

Saint-Étienne a vu naître le métier de torréfacteur, aujourd'hui représenté par les maisons Rival et Chapuis. La première fabrique de café de France s'implanta à La Fouillouse au XVIIe siècle. Parallèlement, forte de ses 80 fabriques, la ville devint la capitale du moulin à café ! À l'époque, les « broyeurs à café » étaient en fer, un matériau que savaient travailler les artisans stéphanois à l'instar des Chapelon, Thivelier, Gillier, Desarmeaux, Cizeron.

Reportage

La rigotte de Condrieu à la Cabriole

« On ajoute du petit lait dans la traite, ça fermente naturellement ; le lendemain, on mélange au lait maturé la traite du matin, un peu de présure, puis c'est le moment du caillage qui dure 24 heures. »

Au pied du Pilat, près de Pélussin, les Boucher font de la rigotte en famille. Marie-Blandine et André s'occupent de l'élevage et des marchés. Véronique et Claude fabriquent les fromages à la Cabriole. Sur les coteaux en pentes escarpées, leurs 130 chèvres font des acrobaties afin de trouver dans la nature de quoi se nourrir ; feuilles printanières, tendres genêts, herbes fraîches et fleurs de montagne. Bien rassasiées, elles rentrent à la chèvrerie pour la traite. Un lait parfumé et crémeux gicle de leurs pis lourds. Dans l'atelier humide, les « rigottiers » travaillent le fromage : « Il faut additionner à une première traite, du petit lait qui favorise une fermentation naturelle. Le lendemain, on y ajoute le lait du matin avec un peu de présure avant le caillage qui dure 24 heures. » Moulées à la louche en petite faisselle, retournées, salées au sel sec, les rigottes peuvent s'appeler Condrieu au bout du 5e jour d'affinage. Ce palet de 5 cm de diamètre et 2 cm de hauteur, très typique, se déguste frais ou sec, il développe un goût de noisette, d'acacia et de miel. Claude Boucher, vice-président du syndicat de la rigotte de Condrieu défend avec ardeur son produit : « Nous sommes un groupe de producteurs motivés, nous voulons valoriser la rigotte de Condrieu, obtenir l'AOC c'est le meilleur moyen de sauvegarder notre fromage au lait cru vis-à-vis de Bruxelles et de faire installer des jeunes sur le secteur. » Une vingtaine de fermiers et la fromagerie du Pilat contribuent à l'essor de la rigotte de Condrieu.

Rigotte vient de rigot ou rigole, qui signifie petit ruisseau.

Le Rhône

Art de vivre permanent

Un fleuve, une vallée, un département. Le Rhône accorde ses charmes de vignobles en vergers, de pôles industriels en destinations touristiques. Le Rhône est le plus petit département de la Région en superficie mais le plus important en population. Lyon, sa capitale au riche patrimoine historique, à portée de campagne, cohabite harmonieusement avec les villes et villages de la communauté urbaine. Un brin de Pilat, un nuage de Beaujolais, un soupçon de monts du Lyonnais et une métropole européenne proposent en alternance leur spectacle. En chemin se dégustent les produits de terroir déjà élus par les chefs rhodaniens, qui savent eux aussi où se trouvent les bonnes choses.

Repères

Superficie : 3 215 km^2.
Chef-lieu : Lyon.
41 cantons,
293 communes.
Population :
1 508 966 habitants.
Point culminant :
mont Saint-Rigaud (1 012 m).

La ronde des chefs

Paul Bocuse, « le cuisinier du siècle », tisse toujours sur les épaules de Lyon des galons de capitale gastronomique. Ce bâtisseur de bonne chère surveille comme l'huile sur le feu les mutations d'un entre-deux-siècles d'art culinaire. Les jeunes chefs ont compris, grâce à lui, qu'il ne fallait jamais s'éloigner de l'essentiel : le produit, base de folles alliances ou sages mariages de saveurs. Les chefs ont ici cette pudeur bien lyonnaise qui consiste à ne pas se mettre en avant. Travailler, avoir l'œil sur tout, expérimenter des recettes animent ces stylistes du goût qui confectionnent à Lyon, ou près de Lyon, pas ailleurs, leurs recettes. Ici, rares sont les restaurants très fréquentés qui s'ouvrent sur un décor anorexique comme à Paris. La plupart des salles à manger conservent encore leur atmosphère bourgeoise, même après rénovation : peintures de l'école lyonnaise, cloches d'argent, chandeliers ou nappes amidonnées. Les chefs n'ont qu'une idée en tête : proposer aux clients du bon, du beau, de l'inédit toutes générations confondues aussi bien chez Nicolas Lebec que chez Christian Têtedoie, Gérard Vignat, Pierre Orsi, Mathieu Vianney, Sonia Ezgulian, Fréderic Cote, Alain Desvilles, Cyril Nitard, Christian Baque, Alain Alexanian, Davy Tissot, Jean-Christophe Ansannay-Alex, Guy Lassausaie, Bernard Constantin, Philippe Gauvreau, Olivier Degand, Jean-Paul Lacombe, Jean Brouilly, Joseph Viola, Manuel Viron, Magali et Martin…

Salon des métiers de bouche

Tous les deux ans, en janvier, est organisé à Lyon le plus grand marché européen du genre avec 1 860 exposants, 122 pays représentés. Ce Salon international de la restauration, de l'hôtellerie et de l'alimentation (SIRHA) reçoit la visite de plus de 150 000 personnes à Eurexpo. En parallèle se déroulent des concours très courus par les professionnels : la Coupe du Monde de la pâtisserie, l'International Caseus Award et le fameux Bocuse d'Or, que chefs scandinaves, chinois ou français ne manqueraient pour rien au monde.

JEAN PAUL
LACOMBE

2004
2004

Lyon

Une cinquantaine de communes forment l'agglomération lyonnaise, qui compte 1 300 000 habitants. Attrayante depuis plus de 2 000 ans, l'ancienne Lugdunum est inscrite au patrimoine mondial de l'Unesco. Théâtres antiques, basilique, cathédrale, églises, quartier Renaissance, rues pavées, traboules, immeubles XIXe, places et jardins s'inscrivent dans un paysage citadin, où le Rhône et la Saône font miroiter deux collines, la Croix-Rousse et Fourvière. Ces belles rondeurs s'ajoutent aux charmes du parc de la Tête-d'Or ou de celui de Miribel-Jonage. La tradition gastronomique fait partie d'une science bien lyonnaise remontant aux « mères », ces cuisinières hors pair qui ont mis les hommes aux fourneaux !

Tables de Lyon

Les bouchons font recette

Les bouchons, simples comptoirs à vin du temps des diligences, (« bousche » : emblème de Bacchus apposé sur les débits de boissons) sont devenus des adresses courues. Néons, nappes à carreaux, solides assiettes, verres à moutarde, chaises usées installent l'ambiance sans façon de ces petits bistrots de poche. Dans un décor de salle à manger paysanne, vieux habitués et touristes se retrouvent pour des repas chargés de mémoire. D'interminables rosettes accrochées au plafond caressent le zinc derrière lequel le patron remplit les pots de côtes tout en prenant les commandes. Les clients, serrés comme des harengs dans la salle pleine de bruits et de vapeurs de cuisine, sont les acteurs d'un tableau quotidien qui ne manque pas de gaieté. Quenelles, tabliers de sapeur, cervelles de canut, saladiers lyonnais, cervelas aux lentilles, gras-double, bouillis (pot-au-feu) restent à la carte de ces musées vivants conservés dans leur jus. En pittoresques gardiens de la tradition et de la cuisine populaire, certains vont jusqu'à servir le mâchon, ce solide casse-croûte du matin qui calait le ventre des gens commerçant autour d'un plat de cochonnailles – dans le Beaujolais, les vignerons se levaient si tôt que la pause mâchon à 9 h était la bienvenue. Malgré leur image vieillotte savamment entretenue, les bouchons dégagent une étonnante modernité.

Qu'est-ce que le pot de vin ?

À Lyon, depuis le XVIe siècle, les vins sont servis en pot. Cette bouteille était une unité de mesure correspondant à 108 cl. En 1850, sa contenance fut ramenée à 46 cl pour le même prix, ce qui déclencha une mini-révolte du peuple lyonnais qui voulait assouvir sa soif sans débourser un sou de plus. Le pot lyonnais est aussi appelé « gros cul » en raison de son fond en verre épais de 4 cm. Cette astuce permettait d'assurer sa stabilité sur des tables en bois parfois bancales. Aujourd'hui, le pot de côtes ou de beaujolais est un élément indissociable du décor et de l'ambiance des bouchons.

Le rôle des « mères »

L'émergence des « mères lyonnaises » au XIXe siècle donna à la capitale des Gaules toute sa puissance de feu en matière gastronomique. Les femmes en Beaujolais eurent aussi une belle influence sur la cuisine locale avec la Rose à Juliénas ou la Benoîte à Villefranche-sur-Saône. À Lyon, ces anciennes employées de maisons bourgeoises retrouvèrent du travail en s'installant à leur compte. Cordons-bleus, elles ouvrirent alors des restaurants sans prétention, où l'on ne mangeait pas cher. En tête de cette horde de cuisinières, la mère Guy, préparant à merveille la matelote d'anguilles, la mère

Fillioux (1865-1925) et son élève Eugénie Brazier, régalant du beau monde avec sa volaille truffée demi-deuil et culs d'artichauts au foie gras. À partir des années 1960, après des décennies passées aux fourneaux, ces Lyonnaises mythiques ont rendu leur tablier, cédant la passion du métier aux marmitons devenus depuis des grands chefs.

Cervelle de canut

Plus qu'un fromage, c'est une recette composée de fromage blanc frais, d'échalotes, de ciboulette, de vin blanc et de crème fraîche. Cette spécialité locale apparaît à Lyon dès 1880 à l'époque des ouvriers de la soie. À l'heure du mâchon, leurs patrons se moquaient peut-être gentiment d'eux quand ils ont surnommé ce fromage blanc « cervelle de canut » !

Où sert-on 250 000 couverts par an à Lyon?

À la brasserie Georges, réputée pour ses bières et sa choucroute. Fondée en 1836, cette institution lyonnaise, membre des cafés historiques et patrimoniaux d'Europe, sert en effet 250 000 couverts par an. La salle de 677 m^2 et les fresques monumentales du plafond de 6,30 m impressionnent Lyonnais, touristes et politiques qui en font leur QG de campagne électorale. L'esprit brasserie perdure à Lyon, à en juger par la fréquentation de « la Georges » à Perrache, des brasseries Bocuse ou des « Bistrots de cuisiniers » de Jean-Paul Lacombe.

Profession : charcutière ambassadrice

On ne peut parler saucisson à Lyon sans faire référence à Colette Sibilia, qui tient une ambassade de cochonnailles aux Halles. Cette commerçante rayonnante au milieu d'une ribambelle de cervelas, sabodets, andouillettes, jésus, rosettes... observe chaque dimanche la queue qui se forme devant sa caisse.

« Coco », la soixantaine, a toujours le feu sacré : « Je vends ce que j'aime. La tradition et la qualité : c'est ma devise. »

La maison Sibilia servait les soyeux quand elle était installée rue du Garet. Cent ans après, les produits Sibilia sont fabriqués à façon par des artisans qui respectent les recettes de Colette tout en leur apportant plus de légèreté, ce qui n'est pas forcément de son goût : « Pour satisfaire les consommatrices, nos saucissons secs sont moins salés et ne contiennent plus que 10 % de gras. Pourtant, c'est le gras le meilleur, il donne du moelleux au saucisson. »

Colette Sibilia et trois de ses filles, Françoise, Marielle et Marie-Noëlle, gèrent en famille la petite entreprise. Elles ravitaillent Paris en cochonnailles, livrent les restaurants et servent une clientèle plutôt aisée : « Les produits les plus chers ne sont pas forcément le meilleur choix. Le cervelas truffé, par exemple, est cher, mais si ce n'est pas la saison de la truffe, mieux vaut acheter un cervelas nature. Personnellement je préfère le pistaché » garantit, pleine de bon sens, la reine des salaisons.

Le cochon roi

Il est de tradition dans les bouchons de déguster le cochon de l'oreille à la queue. Les charcutiers lyonnais ont largement contribué à transformer les bas morceaux en spécialités de 1er choix. L'art d'accommoder les abats résiste encore aux assauts d'une cuisine tendance et minceur. Le saucisson est né du bon sens campagnard. L'histoire débute dans les cours de ferme où les paysans tuaient chaque hiver le porc. En ce temps-là, les familles modestes ne consommaient que quelques morceaux de viande fraîche, le reste était haché, salé et « mis » dans les boyaux. En l'absence de réfrigérateur, ils suspendaient leurs saucissons dans la cuisine au-dessus du fourneau, puis les mettaient à sécher dans un endroit frais. L'air ambiant idéal des monts du Lyonnais servait de séchoir naturel aux salaisons.

L'andouillette de Lyon

Elle est fabriquée avec de la fraise de veau (muscle qui retient l'intestin) et de la panse de porc (estomac). Dégraissée, détaillée en morceaux de 2 cm, l'andouillette de Lyon est ensuite assaisonnée de poivre, sel, moutarde, thym, laurier puis marinée 24 heures.

Le boyau utilisé s'appelle le « suivant de rosette », les puristes lyonnais disent la « robe ». La viande est embossée, l'andouillette est mise à cuire pendant 2 h 30 à 85 °C dans de l'eau aromatisée. Refroidie dans son jus de cuisson, l'andouillette se déguste nature, panée ou cuisinée à la poêle au vin blanc.

Le cervelas truffé pistaché

Pour le cervelas, on utilise de la poitrine et de l'épaule de porc. La viande est hachée au cutter, salée, poivrée et parfumée au madère. La farce est embossée dans un « droit de bœuf », un boyau plus transparent que celui du porc. Étuvé pendant 20 heures, le cervelas de 400 à 500 g est agréable à regarder avec ses lamelles de truffes et ses pistaches. Le truffé contient au moins 3 % de *Tuber Melanosporum*. Les pistaches, italiennes la plupart du temps – 35 g au kg – ont un apport gustatif limité. Il faut le consommer très frais sous huitaine.

Le sabodet

On utilise la tête du porc complète fortement « buclée », c'est-à-dire brûlée au chalumeau. Après assaisonnement et ajout d'eau-de-vie de marc, les morceaux sont broyés à la grosse grille. Embossés en boyaux, puis étuvés une journée, les sabodets cuisent dans du beaujolais 2 h 30 tout doucement. Moelleuse et au goût bien spécifique, cette charcuterie se mange chaude. Sa forme rappelle un peu les sabots portés par les paysans de la région, d'où son nom.

Le gras-double

C'est une panse de bœuf, blanchie, nettoyée, cuite pendant 4 h au court-bouillon avec carottes, clous de girofle, thym et laurier. La panse est la partie la plus épaisse de l'estomac de la vache d'où le nom de gras-double. Cette spécialité lyonnaise se cuisine au vin blanc ou en sauce tomate.

La rosette

En forme de fuseau, la rosette est un saucisson de haute qualité qui a obtenu l'IGP (Indication géographique protégée). Composée de morceaux nobles, jambon et épaule de porc sans nerfs ni cartilages, cette spécialité tient son nom du boyau appelé la rosette (l'équivalent du côlon chez l'homme), qui entoure le produit. Elle est mise à sécher un mois et demi si le boyau est maigre, quatre mois s'il est gras.

Le saucisson de Lyon

Embossé en boyau de rosette, il ne contient que de la viande de jambon de porc haché et assaisonné. On incorpore à la farce des lanières de lard. Séché, puis coupé en rondelle, le saucisson laisse apparaître une viande rouge grenat truffée de morceaux de lard bien blanc. Une recette unique.

Le jésus

La viande s'apparente à celle du saucisson sec : épaule et jambon de porc. Le hachis après assaisonnement est embossé dans le « jésus », un boyau long et large qui est l'appendice du porc. On ne trouve qu'un boyau de ce type par cochon. Il sèche vite, donnant un goût plus prononcé au saucisson et plus de caractère. Un jésus pèse jusqu'à 2,5 kg, c'est un saucisson potelé.

Savoir-faire

Artiste charcutier

Héritier du savoir-faire de ses arrière-grands-parents, paysans à Saint-Bonnet-de-Mure, Georges Reynon a une haute idée des produits qu'il fabrique en ville un peu comme à la ferme. L'affaire familiale, créée en 1937, s'est développée au fil de l'engouement de citadins en quête de saveurs. « Il n'y en a plus que pour la grosse cavalerie, la grosse production, la réduction des coûts, c'est dommage ! » déplore cet artiste de la charcuterie. Avec ses 22 salariés, il façonne 20 t de saucissons par an et 150 kg de quenelles par semaine. En plein Carré d'or, scintillant de boutiques luxueuses, le cochon est roi dans sa vitrine. On vient de loin chez Reynon pour acheter ses trois spécialités maison : le saucisson, la quenelle et l'oreiller de la belle Aurore (voir p. 272).

« Tous mes saucissons sont faits sur place et "affinés" dans un séchoir tout près du théâtre des Célestins. On y reconstitue artificiellement un climat idéal, une sorte d'air pur de la montagne, en plein centre-ville. Pour que le saucisson soit bon, il faut de bonnes matières premières – nos porcs viennent du Forez – mais il y a mille choses à observer. Sa fabrication demande une technicité importante : avec une même viande, une même recette, un même assaisonnement, on peut obtenir un produit différent à la sortie. Il faut être vigilant sur la viande, savoir la trier, ôter tous les nerfs, exclure les bas morceaux et ne réserver pour ce saucisson que de l'épaule, du jambon, de la poitrine et du bon gras. Du sel, du salpêtre pour faire rougir, du sucre pour fixer la couleur, de l'ail. La viande est ensuite hachée, malaxée, mélangée. On "patonne" la viande, car l'"ennemi" c'est l'air qu'il faut chasser. On embosse, on attache la ficelle à la main, on met le filet sur la rosette. Puis, 2 ou 3 jours d'étuvage pour la fermentation. C'est là que le saucisson prend tout son goût ; à 24 °C, il perd 10 % de son humidité, puis on le met au séchoir. On y va tous les jours, on le change de place. La flore microbienne se développe autour du boyau. Rosettes ou saucissons, c'est moi qui m'en occupe. C'est un métier. »

Le tablier de sapeur
Fraise de veau cuite découpée en carré de 10 cm^2. Chaque pièce est panée comme une escalope et doucement grillée à la poêle. Le maréchal de Castellane, gouverneur militaire de Lyon sous Napoléon III, amateur de tripes, serait à l'origine du nom surprenant de cette « lyonnaiserie ». Les sapeurs devaient en effet porter un tablier de cuir pour se protéger durant les gros travaux. La forme de la spécialité lyonnaise ressemble à celle de leurs tabliers.

Le paquet de couenne
La couenne de porc, d'abord rasée puis coupée en lanières de 30 cm de large, est ligotée en « nœuds papillon ». Salé, mis en saumure deux jours durant, le « paquet de couenne » est cuit au court-bouillon pendant 1 h. Il se consomme ainsi avec des lentilles, de la choucroute ou de la salade.

Les grattons
Fabriqués avec des morceaux de « ratis » , un muscle du porc, les grattons sont blanchis à l'eau salée. Revenus dans du saindoux, ils se colorent jusqu'à atteindre un aspect bien grillé. Ces amuse-gueules craquants accompagnent les apéritifs de comptoir. Les grattons « pressés » firent leur apparition à Lyon il y a 30 ans. Plus moelleux, ils sont réalisés à base de lard de jambon. Après cuisson, on « presse » les grattons pour en faire sortir le gras.

Le pâté croûte
Le pâté en croûte à la lyonnaise ou pâté croûte se compose d'une farce (gorge de porc, sel et poivre, œufs, madère) à laquelle on ajoute du veau mais aussi du poulet ou du canard.

L'oreiller de la belle Aurore
Georges Reynon : « À la charcuterie, mon père Claudius, après Noël, avait quelques gibiers qui lui restaient. Il est tombé sur la recette de Brillat-Savarin. Il a tenté un oreiller de la belle Aurore, ça lui a plu, l'année suivante il est passé à deux, puis trois, puis neuf. Certains clients viennent spécialement pour la belle Aurore, que nous sommes les seuls à confectionner. »
Brillat-Savarin imagina ce très gros pâté en croûte en forme d'oreiller garni d'une multitude de gibier à poils et à plumes qu'il dédia à sa sœur, « la belle Aurore ». Chez Reynon, ce chausson de 30 kg se fabrique entre Noël et le jour de l'An. Faisans, perdreaux, palombes, colverts, perdrix, lièvres, chevreuils, lapins de garenne, canards sauvages, un vrai tableau de chasse qui se glisse dans une enveloppe de pâte brisée entremêlée de ris de veaux, foies gras et truffes crues. Auparavant les viandes ont été marinées. Le montage de l'oreiller, sans moule, demande un bon tour de main afin que l'énorme pâté garde sa tenue. Sept heures de cuisson au four et 15 heures de refroidissement sont nécessaires pour cette spécialité unique, que peu de charcutiers s'aventurent à réaliser.

La quenelle revisitée

Dans la région lyonnaise, près de 3 000 t de quenelles sont produites chaque année. Cette spécialité serait apparue aux environs de 1830. À cette époque, la Saône abondait en brochets, au point que les Lyonnais ne savaient plus comment les accommoder. Un pâtissier, Charles Morateur, eut l'idée d'incorporer la chair de brochet dans une pâte à choux, créant les toutes premières quenelles. De son côté, Joseph Moyne lança en 1880 une version bressane à base de semoule de blé dur, œuf, beurre, poisson ou volaille… cela va séduire Henri Giraudet qui, dès 1910, sublimera le produit par l'adjonction de truffes ou de morilles. L'Histoire imposera un retour à la quenelle nature, très consommée pendant la seconde guerre mondiale au moment des pénuries de viande et de poisson. Aujourd'hui encore, la saga Giraudet se poursuit. La maison mère à Bourg-en-Bresse révolutionne la vieille recette, la métamorphosant en mets presque « branché » qui se déguste à Paris ou Lyon dans des bars à quenelles.

La q'nelle, mode d'emploi

« La q'nelle », comme on dit à Lyon, est une recette classique que réussissaient parfaitement les familles Moyne et Chorliet. Faire bouillir du lait, de la crème, du beurre. Ajouter la farine, cela forme une « panade » que l'on appelle « crème pâtissière ». Le lendemain, la préparation solide est hachée très finement, on y incorpore la chair de brochet, des œufs et du beurre, c'est la « pilée ». Le surlendemain, jour du façonnage, deux méthodes sont admises : soit on les « tape » à la cuillère, soit on roule la pâte sur un marbre fariné. Pocher à l'eau frémissante. La quenelle couleur ivoire triple de volume pendant sa cuisson qui doit durer 30 min à four moyen. Servir sans attendre.

Produits à tous les étals

Si cuisiniers et cuisinières s'expriment avec autant de virtuosité à Lyon, c'est grâce aux produits qui sont à portée de panier. Dans un rayon de 100 km du centre-ville, les plus belles adresses de terroir donnent l'eau à la bouche : olives de Nyons, châtaignes d'Ardèche, noix de Grenoble, saint-marcellin, beaufort d'alpages, fourme de Montbrison, féra des lacs de Savoie, volailles de Bresse, viandes de Charolais, jambon de Savoie, framboises de Machilly, cardons de Vaulx-en- Velin, côtes du rhône... Les marchés de la ville se colorent, au rythme des saisons, de fruits gorgés de soleil et de légumes cultivés en pleine terre tandis que les fromages de chèvre dégagent leurs parfums fermiers. Les Lyonnais aiment flâner le dimanche, cabas en bandoulière, pour vider les cagettes de producteurs. Les professionnels s'approvisionnent quant à eux au marché de gros de Perrache, créé en 1961, presque concurrent de Rungis. Prochainement déplacé à Corbas, le MIN, marché d'intérêt national, est gargantuesque avec ses 300 000 t de produits frais vendus chaque année. Lyon garde-manger de la France ? L'expression est signée Paul Bocuse.

Les Halles, ambiance délices

Situées dans le quartier très urbanisé de la Part-Dieu, les Halles (on dit aussi la halle) sont le temple gourmand qui fait se croiser les métiers de bouche et les adeptes des trésors de terroir.

Diversité des boutiques (une soixantaine de commerçants), diversité des produits (primeurs, crémeries, poissonneries, boucheries, boulangeries, pâtisseries, charcuteries...), diversité des figures lyonnaises, la halle est vraiment l'endroit pour faire provision de bonnes choses et prendre un bain de foule. D'entrée, les fromages imposent leurs effluves forts et sensuels, les fruits et légumes de pays se déversent sur les étals comme provenant d'une corne d'abondance. Les belles pièces du boucher comme celles de Trolliet, les poissons de la maison Pupier ou les crustacés sur lits de glace, laissent présager le régal des papilles. Tout ici est à la gloire des produits qui rivalisent de fraîcheur et de qualité pour la plus grande satisfaction d'une clientèle à l'affût de sensations culinaires. Les Halles sont aussi un théâtre où chaque commerçant, dans un rôle connu sur le bout des doigts, joue son personnage pittoresque. La mère Richard, ou Colette Sibilia, la diva du saucisson de Lyon, animent cette scène savoureuse que le public vient applaudir tout en remplissant ses paniers de produits rares.

Le bar à quenelles Giraudet, le festival de macarons salés ou sucrés du pâtissier Sève ou la grande maison Cellerier se mêlent aux ambiances des autres boutique teintées de succulences lointaines ou régionales métissant les arômes. La seule vue de l'espace chatoyant Bahadourian suscite des rêves de mille et une nuits. Le caviar Petrossian, le saumon fumé par Rolle, les pâtes fraîches, les cardons en verrine, les bancs d'huîtres, le jambon Bellota, les volailles fermières entraînent les gourmands d'allées en allées. Les discussions de comptoir résonnent ici comme la musique d'un verre de mâcon blanc sur un comptoir d'écailler. Quand tout s'anime, ce lieu à part transporte dans l'univers intemporel des plaisirs sans cesse renouvelés de la bonne chère.

Portrait

L'instinct saint-marcellin

Lorsqu'elles font leur revue de presse au nombre d'articles incalculables, Renée Richard et sa fille... Renée s'étonnent encore que des fromages puissent noircir autant de pages. Cette notoriété commence par un compliment de Paul Bocuse qui baptise Renée, sa camarade des Halles alors installée aux Cordeliers la « mère Richard » !

Aujourd'hui, Renée junior s'en réjouit encore : « C'est une reconnaissance. Sur la carte de ses restaurants, Paul indique "saint-marcellin de la mère Richard". En général, il n'y a que les grands vins dont les noms et les origines sont cités. Pour un fromage, c'est rarissime. » Renée a secondé toute jeune sa maman avant d'entreprendre des études. Elle qui rêvait de devenir notaire dut se raviser, un autre métier l'attendait. Depuis 1975, Renée Richard ne cesse d'être associée au triomphe du saint-marcellin, ainsi que sa mère qui ne vient plus que le dimanche dans la boutique : « Le saint-marcellin, c'est notre produit-phare. À la source de notre succès, il y a le choix des producteurs pour tous les fromages. On veille à ce que les troupeaux soient sains, les chèvres, vaches ou brebis bien nourries. Nous sélectionnons les paysans qui ont un savoir-faire, on suit leurs produits car les clients viennent chercher un goût. Certains fromages sont déjà affinés mais pour d'autres nous le faisons nous-mêmes, sur place ou dans une cave à l'extérieur. Les conditions doivent être optimales : humidité, température... Je les surveille, j'amène le fromage à maturité jusqu'au jour J, pour ne pas dire jusqu'à l'instant où il est "pile poil". Je suis un peu comme le marchand de melon, vous ne savez pas pourquoi celui qu'il vous conseille est meilleur qu'un autre, on lui fait confiance. Moi, c'est pareil, je suis sûre à 99 % de mes saint-marcellin. C'est à la couleur, l'odeur, la forme, la consistance, c'est à l'instinct. » Chaque année, des centaines de milliers de saint-marcellin affinés, tendres à cœur, moelleux, sont livrés aux restaurateurs, peu exportés car le lait entier cru ne voyage pas, ou achetés par les Lyonnais férus de fromages faits, coulants et de caractère. Renée Richard vit un beau sacerdoce aux Halles, car elle ne veille pas seulement sur le saint-marcellin mais sur 100 fromages !

Bidons de lait et saint-félicien

Le saint-félicien est un fromage dont la délicieuse histoire remonte au début du XXe siècle. Un crémier lyonnais vendait son lait au détail. C'était l'usage à l'époque, les clients venaient le chercher avec leurs bidons en fer blanc. Le soir, restaient invendus quelques litres de ce bon lait de vache. Alors le crémier futé eut l'idée de le mélanger avec de la crème. Dans son échoppe transformée en fruitière il venait d'inventer un fromage inédit qu'il baptisa le saint-félicien, nom de la place où se situait la crémerie. Bien plus tard, en 1980, c'est Jean Berruyer, patron de la fromagerie l'Étoile du Vercors à Saint-Marcellin (aujourd'hui à la retraite) qui s'appropria la recette, offrant à ce fromage une notoriété régionale. Le saint-félicien est une sorte de saint-marcellin en plus gros, plus gras, plus riche, plus crémeux. À la question, lequel est le meilleur ? Jean Berruyer répond : « Il vaut mieux un bon saint-félicien qu'un mauvais saint-marcellin ! »

Le cardon a la cote

Cette belle plante potagère s'est hissée au rang des trésors de la gastronomie lyonnaise. Le cardon, noble et rustique légume de pleine terre, descendrait, comme l'artichaut, du chardon dont le nom est si proche. Mais celui de Vaulx-en-Velin a quelque chose en plus – ou en moins – par rapport aux autres variétés : il n'a pas d'épines. Un avantage qui n'est pas dû à la nature, mais au fruit d'un travail patient et passionné qu'explique Maurice Perrin, maraîcher à Vaulx-en-Velin depuis trois générations : « Au fil du temps, les meilleurs pieds ont été sélectionnés pour en faire de bons porte-graines. C'est une variété bien à nous, avec des côtes très fines, sans fil, et bien pleines. » Vaulx-en-Velin est la capitale incontestée du cardon en raison d'un terrain propice. Ce légume très vorace puise sa nourriture dans un sol profond et argileux enrichi d'alluvions du Rhône. Pouvant facilement atteindre une hauteur d'homme (jusqu'à 1,80 m), le géant des champs nécessite beaucoup d'attention. Il ne reste plus qu'une douzaine de producteurs de cardons à Vaulx-en-Velin mais la relève est assurée grâce à l'installation de deux jeunes maraîchers. La culture du cardon à la mode vaudaise concourt à sa qualité exceptionnelle. Une fois mûr, à la fin de l'été, le cardon est arraché avec son pied et un peu de terre pour être repiqué en fagot bien droit, et emmitouflé dans un grand sac plastique en plein champ. Cinq semaines plus tard, il est « mis au noir », autrement dit en cave, pour achever son blanchissage. Les côtes de cardon sont ainsi attendries et bien claires. La vente s'effectue du 15 septembre au 15 février sur les marchés locaux par les maraîchers, qui sont les meilleurs ambassadeurs de leur produit, au même titre que la confrérie du cardon de Vaulx-en-Velin. Chaque 8 décembre, tandis que Lyon allume ses lumignons, Vaulx-en-Velin régale ses habitants de somptueux et généreux gratins de cardons cuits et gratinés dans le four du boulanger. La veille, quelque deux cents personnes ont épluché près d'une tonne de côtes pour cette fête organisée depuis plus de 20 ans. « La fête a connu au fil des années un tel engouement, avec plusieurs milliers de personnes réunies sur la place du village, qu'il a fallu s'organiser et revoir les quantités », commente le président de la confrérie, qui intronise “Chevalier du cardon” personnalités et amateurs de cet ancien et beau légume local.

Le gratin, avec ou sans moelle ?

« Quelle question, avec moelle ! » En bon maraîcher et fin palais, Maurice Perrin ne conçoit pas une recette de gratin de cardons sans moelle de bœuf, « mais pas trop quand même, sinon c'est trop gras ». Dans les familles et sur les meilleures tables de la région, cette spécialité figure toujours en bonne place au menu. Plat de fête par excellence, le cardon est un petit luxe dont le prix se justifie par le temps passé dans les champs et en cuisine.

Douceurs

Éclats de chocolat

Qui dit chocolat, à Lyon pense Bernachon. Aujourd'hui, beaucoup d'autres familles entrent dans le cercle des grands chocolatiers, à l'instar des Dufoux, Ginet, Richart, Palomas, Touzet, Tourtiller, Sève, Bouillet proposant à leur tour du tout-excellence. Très proches du produit, ces artisans ont donné un sacré coup de jeune à la profession. Créer, surprendre, séduire, les chocolatiers s'y emploient, offrant du « sur-mesure » aux consommateurs. Pierre Ginet avec ses rosolios fourrés au rhum, Richart avec ses collections d'arômes balsamiques, hespéridés ou floraux, Martin, avec son chocolat au caramel liquide, Palomas et ses délices de cacao, Tourtiller et ses malakoffs, Sève avec ses palettes de pures saveurs… Noir, blanc ou au lait, les chocolatiers fabriquent le meilleur antidépresseur qui soit au pays de la gourmandise. 100 % de bonheur assuré aux chocomaniaques !

La famille aux palets d'or

Comment un si petit carré peut-il procurer un aussi grand plaisir ? Chez Bernachon, on détient la réponse. Alchimiste de la ganache, Maurice Bernachon consacra toute sa vie à extraire le meilleur du cacao. Le chocolatier lyonnais garantissait que le chocolat, plus qu'une gourmandise, était un véritable mets. Sise cours Franklin-Roosevelt depuis sa création en 1953, la maison s'est spécialisée dans l'art des friandises aux noms évocateurs : palets d'or, truffes, amandes princesse, orangettes ou couronnes noisette... Aujourd'hui, Jean-Jacques et Françoise Bernachon veillent sur ce temple voué à la fève magique. Leur fils Philippe s'est laissé naturellement séduire par le métier, aimant évoquer son grand-père : « Quand il a ouvert sa petite pâtisserie de quartier, il eut l'idée novatrice de torréfier lui-même ses fèves, de faire sa couverture et son chocolat. À l'époque, ses collègues l'ont pris pour un fou. En fait, c'est lui qui avait raison. » Dans l'atelier attenant à l'élégante boutique, des sacs en jute sont remplis de fèves provenant de Madagascar, de Jamaïque et des plus belles plantations de cacaoyers au monde. Dans de robustes machines mécaniques, les fèves grillent, « fondent » dans la broyeuse libérant des parfums de bois, de café et de pays lointains. Jean-Jacques Bernachon sélectionne parmi une dizaine de variétés ses fèves. Il torréfie chaque matin ou presque. Le succès aidant, la petite chocolaterie est devenue une PME. Le maître-chocolatier du 6ᵉ emploie 50 salariés. Le savoir faire des Bernachon - tout est fait à la main - plaît aux vrais croqueurs de chocolat, séduits par la haute tradition. Avec sa sœur Stéphanie, très impliquée dans la boutique lyonnaise, Philippe forme le vœu d'ouvrir une petite maison Bernachon à Paris.

Coussin
de Lyon

Coussin de Lyon

C'est sur un coussin de soie qu'un écu d'or fut déposé à Fourvière pour sauver la ville d'une épidémie. Les échevins allumèrent aussi un cierge à la Vierge Marie que les Lyonnais vénéraient déjà sur la « colline qui prie ». Petit miracle, Lyon échappa aux affres d'une pandémie annoncée. Depuis, chaque année, le 8 septembre, les Lyonnais commémorent par une procession le vœu des échevins. C'est ce coussin qui a inspiré le chocolatier Voisin créant en 1960 le délicieux « coussin de Lyon », une ganache de chocolat parfumée au curaçao enrobée d'une pâte d'amandes. Interprétation d'un épisode de l'histoire de Lyon, cette bouchée vert fluo est plébiscitée par les Lyonnais et les touristes. Les chocolats Voisin lancent également des clins d'œil au patrimoine gourmand de la région avec leurs « quenelles », un praliné recouvert de chocolat blanc, et leurs « sarments du Beaujolais », au vieux marc de Brouilly.

Quelle histoire entoure la papillote ?

Tout commence en 1790, juste après la Révolution. La chocolaterie de sieur Papillot, sise du côté des Terreaux, est au centre d'une histoire peu commune. Ce confiseur lyonnais surprend son apprenti en flagrant délit de vol. Le jeune homme est prié de quitter la confiserie après une brève explication. En fait, il subtilisait les chocolats de son patron pour les beaux yeux de sa bien-aimée. L'amoureux transis enrobait chaque chocolat d'un papier sur lequel il lui écrivait des messages enflammés. Le préjudice financier du commerçant fut vite compensé par cette idée révolutionnaire. La papillote venait de naître. Aujourd'hui, rébus, devinettes, citations ont remplacé les mots d'amour. Fabriquée dans la Loire (voir p. 221) ou par des artisans chocolatiers lyonnais, la papillote est associé au 8 décembre et aux fêtes de Noël, mais cette douceur peut se consommer (et se lire) toute l'année !

Les bugnes

Les bugnes lyonnaises remonteraient à 1538 ! Elles furent baptisées ainsi car elles gonflaient à la cuisson (beignes ou buynes signifiant bosses). Leur pâte uniquement faite de farine, d'eau et de levure s'enrichit au XIXe siècle d'œufs et de beurre. Coupée en bandes (10 x 4) à l'aide d'une roulette à pâtisserie puis incisée au centre, la pâte est plongée dans l'huile. Quand elle remonte à la surface, la bugne prend une belle couleur blonde. Desserts populaires de ménagères ou de boulangers pâtissiers, ces gâteaux croustillants saupoudrés de sucre glace se dégustent à Mardi gras ou, pratique lyonnaise, le « dimanche des bugnes », premier jour du Carême. Les charcutiers lyonnais en vendaient même à cette période de l'année afin de se rappeler au bon souvenir de leurs clients catholiques qui allaient déserter jusqu'à Pâques leurs boutiques.

Le Lyonnais

Le Lyonnais projette une image souriante du Rhône avec ses prairies de vitamines et ses vergers rouge fruits. Ici douces montagnes et vignobles s'imposent malgré deux puissantes régions viticoles voisines, les côtes du Rhône et le Beaujolais. Écrin de verdure, les monts du Lyonnais se prêtent aux randonnées, balades ou visites de châteaux, chapelles romanes ou couvent de la Tourette, œuvre de Le Corbusier. Des ruelles pittoresques de l'Arbresle au charme des pierres des villages de Montagny ou Mornant, les routes touristiques sont jonchées d'éclats historiques. Les caveaux de dégustation à Talluyer, Vourles ou Millery font savoir que les coteaux du Lyonnais sont à découvrir car leurs arômes ont la puissance d'un attachant terroir.

Vins côté coteaux

Producteurs recommandés

Le Clos Saint-Marc pour sa cuvée « les Doyennes », le Domaine du Petit Fromentin, Étienne Descotes, Domaine Jomard, la Maison Guyot...

Les coteaux du Lyonnais

Plaisant, gouleyant, c'est typiquement un vin de fête. Il a le tonus et le tanin des côtes-du-rhône. L'AOC (1984) s'étend sur le territoire de 49 communes du département du Rhône et sur près de 370 hectares de vignes, en arc de cercle autour de Lyon. Les vins des coteaux du Lyonnais sont vinifiés en grande majorité en rouge et en rosé avec le même cépage gamay. Les rouges se caractérisent par leur fruité croquant, ressemblant beaucoup à leur voisin le beaujolais. Les cépages aligoté et chardonnay, assemblés ou non, donnent des blancs sympathiques mais rares.

Rencontre

Une cuvée comme autrefois

Dans un tranquille paysage vallonné, étoffé de vergers et jardins, se niche le berceau d'une petite appellation qui mérite le détour. À Fleurieux-sur-l'Arbresle, le hameau du Morillon est depuis 1520 le fief d'une vieille famille de vignerons, les Jomard. Ici, on porte avec fierté cet héritage se distinguant par une cuvée très intéressante, vieillie en fût de chêne : « Je me fais plaisir. Cette méthode de vinification comme autrefois donne un vin atypique que vous ne trouverez pas ailleurs. » Le jeune viticulteur du domaine du Morillon élève son vin dans de vieux tonneaux qui ont plus de 60 ans d'âge.

« J'obtiens un vin différent en fonction de chaque foudre, qui détient sa propre histoire. Ils sont recouverts d'une couche de 6 cm de tartre accumulés depuis 30 ou 40 ans par chacun des vins élevés. Cela transmet aux nouveaux crus un léger boisé, une note épicée et un subtil goût de vanille. »

Cette cuvée ne représente que 10 % de la production de ce domaine de 20 ha, à flanc de coteaux bien exposés, qui produit un éventail rêvé de rouges, blancs et rosés. Jean-Michel Jomard, vigneron entreprenant, partage son temps entre sécateur et marketing. « Je passe la journée à la vigne mais à 18 h, je suis au caveau pour la vente en direct. Le bouche-à-oreille, le contact avec le client, c'est essentiel pour nous. »

Les coteaux du Lyonnais, qui ont l'avantage et l'inconvénient d'être cernés par deux illustres vignobles, ont besoin de promotion pour se faire boire !

Les monts aux saucissons

Ancien produit de tradition, le saucisson est ici une affaire de femmes. Les « salaisons Targe », maison plus que centenaire, sont dirigées par deux sœurs, Florence et Chantal Blein, filles et petites-filles de salaisonniers. L'atelier, aux normes sanitaires dernière génération, est installé à Grézieu dans les monts du Lyonnais, à 600 m d'altitude, là où il n'y a jamais de brouillard. Ce détail revêt de l'importance pour l'affinage et le séchage des saucissons. Ici, climat, altitude, terroir, sélection de bons cochons concourent au triomphe des produits. Les bouchers, armés de couteaux bien aiguisés désossent à la main et avec adresse les demi-carcasses de porc frais. Dans le vaste laboratoire, des broyeurs mécaniques hachent menu les morceaux de gras et de maigre que Chantal Blein surveille de près : « La tendance est aux saucissons peu gras, voire extra-maigres et peu salés, le contraire des produits d'autrefois. Aujourd'hui, les femmes, diététique oblige, veulent des saucissons "bons pour la santé" ! » Dans une autre pièce, les machines pétrissent énergiquement la farce. À l'embossage, la main experte du charcutier enfile, comme une chaussette, les boyaux humides et gluants sur l'embout de la machine, pour les remplir de chair à saucisse avant de les ficeler. Une gigantesque cave accueille la dernière « fournée ». Accrochés à des perches, des milliers de rosettes, chaudins et jésus parés de poussière blanche sèchent, prennent du caractère. Au plafond, une nuée de saucissons distille des arômes de champignons et de notes poivrées. Mais d'insolites nouveaux saucissons arrivent sur le marché. Ils sont au fromage, aux champignons, aux fruits salés/sucrés. La demande du consommateur est à l'origine de cette curieuse gamme de produits tout comme du mini-saucisson qui remporte un franc succès à l'apéritif.

Cocktail de fruits

Le nectar plus ultra d'Alain Milliat

Sur ses terres, entre Orliénas et Brignais, Alain Milliat s'est pris d'amour pour les jus de fruits. Né dans les fleurs de verger, cet ancien producteur de poires, pommes et pêches est devenu en à peine dix ans un Monsieur nectar incontournable. En 1997, il eut l'idée géniale d'envoyer ses premiers jus à 60 sommeliers de grandes maisons et de « Relais et Châteaux ». Il fallait oser ! Les réponses furent encourageantes : « Les sommeliers apportaient ainsi un avis professionnel, eux seuls pouvaient décortiquer le produit », explique Alain Milliat, encore surpris d'avoir séduit de grands palais. Depuis, le PDG de la petite entreprise employant 6 salariés produit 1 million de bouteilles de 33 cl bien reconnaissables à leurs étiquettes en kraft. La collection Milliat se compose d'une kyrielle de jus de fruits pulpeux et proches du fruit. Saveurs inédites, légumes oubliés, baies sauvages, agrumes du bout du monde, racines et tubercules sont mis au goût du jour régulièrement par ce chasseur de vitamines. Ses produits plaisirs aux douces vertus sont plus que des boissons avec leur vraie consistance et leurs saveurs intactes : tomate verte et jaune, betterave, myrtille, pêche blanche ou de vigne, orange d'Égypte et du Maroc... Même le jus de raisin a quelque chose de différent avec ses arômes de viognier, de roussanne ou de carignan !

Thurins, reine de la framboise

Thurins, avec une production de 300 t, est sans conteste le village des framboises mais aussi celui des cerises, des fraises, des cassis, des groseilles, des prunes, des poires et des pêches. Le sol, l'altitude et le climat propices font de Thurins le verger à vitamines des Lyonnais. Les fruits de pleine saison se retrouvent sur les beaux marchés de la capitale des Gaules, vendus par des petits producteurs hâlés par le soleil des champs. Thurins, 2 400 habitants, n'est situé qu'à 20 km au sud-ouest de Lyon. Autour de son église au clocher d'ardoise, le village ne vit, dès les beaux jours, que pour les fruits, faisant défiler des scènes de campagne : tracteurs chargés de cagettes bien remplies, saisonniers qui reviennent de la cueillette, ballet de camions devant les coopératives. Un programme d'irrigation, dans les années 1950, a favorisé la culture fruitière, ouvrant une perspective économique intéressante pour le pays. Les vallons du Lyonnais se sont alors drapés de vergers, de framboiseraies et de fraisiers. Une fois les récoltes achevées, Thurins lance sa journée du fruit. Une bonne partie des gens de la commune prépare pour cette grande fête des confitures, concocte des sorbets, élabore pâtisseries et sirops. Avec plus de 20 000 visiteurs le deuxième dimanche de septembre, Thurins voit sa population multipliée par dix. Le temps d'un *tutti frutti* !

Fraises des monts du Lyonnais

Rouge vif, appétissante, avec sa collerette verte, la fraise des monts du Lyonnais se distingue au premier coup d'œil. C'est une fraise « grand cru » très parfumée, éclatante de jus, aromatique et flamboyante, présentant plusieurs variétés : darselect, elsanta et valeta. Parce qu'elle pousse en plein champ, en pleine terre et au soleil des monts du Lyonnais, cette fraise concentre dans son petit cœur rouge des saveurs de pays incomparables. Cueillie à maturité au petit matin elle arrive au marché ou au supermarché avec sa rosée. Produit en culture raisonnée (50 t par an) ce fruit rouge est récolté de fin mai à juillet avec un pic au mois de juin. Une association interprofessionnelle (avec charte de qualité et guide des bonnes pratiques agricoles) a été créée pour faire découvrir et reconnaître la qualité de la fraise des monts du Lyonnais.

Bessenay, capitale du bigarreau

La chapelle du Ripan ou l'imposante église en pierre dorée Saint-Irénée, petite réplique de la basilique de Fourvière, contribuent aux charmes de ce village. Bessenay abrite d'autres trésors : des champs de cerisiers ! Au printemps, des bouquets d'arbres rose guimauve émergent de la terre. Une mer

fleurie indique l'emplacement des vergers dans la capitale du bigarreau. Sur les coteaux de cette commune située à l'ouest de Lyon, 400 ha de cerisiers s'étagent de 300 m à 700 m d'altitude. Le sol riche en magnésie réunit toutes les propriétés pour aider au développement de cette culture. Il existe une centaine des variétés de cerises les plus fameuses à Bessenay : la bigarreau, la « sublime de Bessenay », (représentant une production de 3 000 t) la burlat, sans oublier la fertar qui ne rougit qu'en août. La fête de la cerise attire ici chaque année 10 000 personnes.

Burlat : un homme, une cerise

Le département du Rhône est le troisième producteur national de cerise (8 000 t). Léonard Burlat contribua largement à ce classement. Cet arboriculteur natif de Givors était artificier dans l'artillerie en 1915. À Gerland, où il est mobilisé, Léonard tombe sur un superbe cerisier aux fruits suaves. Subjugué par leur goût, l'artilleur rapporte deux boutures chez lui à Loire-sur-Rhône. La greffe prend, Léonard distribue alors des plants de cerisiers sous le nom de Hâtif Burlat. Moins fragile que d'autres variétés, rouge foncée juteuse, ferme et sucrée, la burlat représente 37 % de la production française de cerises. Léonard Burlat sera reconnu père de la cerise française et médaillée pour cela deux ans avant sa mort en 1951.

Pêches de vigne

À l'aise dans l'ouest lyonnais, ce fruit est juteux, fort en arômes sous sa couche de velours argenté et lie de vin. Une dizaine d'arboriculteurs produit 200 t environ de pêches de vigne ou « sanguines vineuses ».

Prunes

La cinquantaine d'arboriculteurs installés à Bessenay produit 400 t de mirabelles et de quetsches, fruits cueillis à la main du 10 août au 30 septembre. Ces deux variétés de prunes ont trouvé en moyenne altitude dans les monts du Lyonnais leur équilibre gustatif.

Christian Têtedoie : la chasse aux saveurs

Christian Têtedoie
54, quai Pierre Scize
69005 Lyon
Tél. 04 78 29 40 10

Christian Têtedoie est debout à 5 h : « Le matin, c'est le meilleur moment pour créer, je fais mon marché aux idées, je pars dans les délices, les produits me font rêver, je vagabonde, c'est mon oxygène. » À 17 ans, ce lève-tôt apprit en travaillant chez Paul Bocuse que la cuisine lui apporterait tous les bonheurs.

Aux côtés de Florence, sa femme, Christian Têtedoie offre du « tout maison » et des fraîcheurs inédites aux gastronomes.

Sa grand-mère, Marie, accommodait le lapin de ferme comme pas deux. Bercé aux odeurs de plats mijotés, Christian s'est lancé dans le métier avec l'enthousiasme des apprentis qui en veulent ! Près de Nantes, il grandit au rythme des gens matinaux et courageux : « Mes parents étaient maraîchers. J'ai toujours en mémoire leurs champs de poireaux bleus, on croyait voir la mer, c'était des solaize. » Dans son restaurant des bords de Saône, Christian Têtedoie adore cuisiner ce légume trapu, goûteux, seule variété à résister à une température de –18 °C. Pour dénicher les produits les mieux adaptés au style de sa cuisine, il va chasser les bonnes choses : « J'ai mes adresses secrètes et j'aime le marché à la cloche de Vourles. Vers 18 h, l'été, le garde champêtre fait tinter la cloche, les clients ont une demi-heure pour acheter, fruits, fromages, volailles, tout doit partir... » Avec ses paniers chargés de commissions, Christian Têtedoie cuisine sans relâche, créant des recettes originales comme son parfait glacé d'asperges et carottes confites. Aux côtés de Florence, sa femme, ce Meilleur ouvrier de France offre du « tout maison » et des fraîcheurs inédites aux gastronomes.

Chez eux, le boulanger propose une carte des pains incroyable, les menus sont thématiques : champignons, truffes, homard ou olives, commençant par une crème de pois nouveaux et jambonnettes de grenouilles au lait d'olive de Nyons ! L'ancien cuisinier de l'Élysée sous Giscard et Mitterrand, remarqué pour sa blanquette de veau, est aujourd'hui un chef étoilé heureux : « Notre rôle est de soutenir les passionnés qui passent du temps à faire de beaux produits, d'accompagner ces petits producteurs qui font de la résistance par rapport au système qui interdit tout, qui surprotège tout à l'excès au détriment du goût. »

Recette de chef

Ingrédients pour 4 personnes

Pour le flan
- 1 dl de lait
- 1 dl de crème
- 4 œufs
- 200 g de tomates concassées
- sel, poivre

Pour la garniture
- 2 poireaux bleu de Solaize
- 8 filets de rougets
- 200 g de girolles
- 60 g de beurre clarifié

Pour la polenta
- 1/4 litre de lait
- 1/4 de litre de crème
- 120 g de polenta
- sel

Pour le mousseux au poivre
- 1 dl de crème
- 5 g de poivre séchouan
- sel
- cerfeuil

La tarte fondante au bleu de Solaize et rouget barbet

Pour la polenta
Faire bouillir le lait et la crème, verser la polenta, ajouter le sel, laisser gonfler la polenta sur le coin du feu, en remuant régulièrement pendant 20 min environ. Sur plaque anti-adhésive disposer 4 cercles de 8 ou 10 cm. Garnir le fond des cercles sur 1 cm d'épaisseur.

Pour la garniture
Couper les poireaux en biseaux d'un cm, les cuire à la poêle avec un peu de beurre clarifié, assaisonner, colorer légèrement, réserver.
Laver et poêler les girolles au beurre clarifié, assaisonner, égoutter et réserver.
Couper les filets de rouget en losanges, les faire saisir au beurre clarifié dans une poêle anti-adhésive, à peine une minute.

Pour l'appareil
Mélanger tous les ingrédients, passer au chinois fin. L'ajouter au concassé de tomates.

Pour le montage
Reprendre les cercles, sur le pourtour ranger les rondelles de poireaux.

Sur la polenta, verser un peu d'appareil et ajouter les champignons, continuer de garnir avec un peu d'appareil, disposer les losanges de rougets, intercaler avec les rondelles de poireaux restantes.
Faire cuire au four à 200 °C pendant 10 min environ.

Pour le mousseux au poivre
Faire bouillir la crème, réduire d'1/3, ajouter un filet d'huile d'olive, le poivre de séchouan, un peu de sel. Mixer.

Pour le dressage
Poser les tartes en assiette plate, verser un peu de mousseux au poivre sur la tarte et autour. Décorer de quelques peluches de cerfeuil.

Le Beaujolais

Le pays Beaujolais, véritable ode à la nature, est une terre romantique faite de monts et de rivières, de sapins et de clairières, une palette de couleurs allant du vert au bleu, de l'or soleil au rouge d'automne. Point d'orgue de ce kaléidoscope, la chapelle de Brouilly, gardienne d'un manteau de vignes aux fruits de terroir célébrés chaque année en grande pompe à l'heure du beaujolais nouveau. Sous la lumière ocre des pierres dorées, les villages ont un charme princier.
Haltes sur des chemins buissonniers, séjour de rêve au château de Bagnols, festival de limonaires à Oingt, dégustation de gamay à Morgon ou Juliénas, arrêt gourmand à Clochemerle, étape à Villefranche-sur-Saône, coup de cœur pour Beaujeu...
Les envies de Beaujolais sont plurielles et portent le nom de « billebauder » qui s'interprète par le plaisir de flâner de fermes en caves ou de déguster le paysage dans toutes ses saveurs.

Une palette de crus en Beaujolais

Connu par tous pour ses vins génériques, reconnus par les amateurs de crus élégants et structurés, le beaujolais est une pièce maîtresse du puzzle viticole français. La force du terroir, un cépage taillé sur mesure, une vinification et un élevage soignés se combinent pour créer des vins typés. Après la sensation de petits fruits rouges, les papilles traduisent une grande complexité aromatique et le cœur ressent toute la convivialité des vignerons du pays Beaujolais. Le beaujolais, c'est 2 appellations « génériques » (beaujolais et beaujolais-villages) et 10 crus : saint-amour, juliénas, chénas, moulin-à-vent, fleurie, chiroubles, morgon, régnié, brouilly, côte-de-brouilly.

L'AOC saint-amour (1946) se déploie sur un peu plus de 300 ha de vignes à Saint-Amour-Bellevue, non loin de Mâcon. Le plus septentrional des crus du beaujolais, vinifié uniquement en rouge, génère des vins charmeurs et délicats aux arômes de cassis et de violette.

L'AOC juliénas (1938) impose joliment ses 600 ha sur le territoire des communes d'Émeringes, Juliénas et Jullié dans le département du Rhône et Pruzilly en Saône-et-Loire. Vinifié uniquement en rouge, le juliénas est un vin robuste, à robe soutenue, aux arômes de framboise et de cerise à l'eau-de-vie.

L'AOC moulin-à-vent (1936) monte en altitude sur 700 ha de la commune de Chénas dans le Rhône et Romanèche-Thorins en Saône-et-Loire. Le plus célèbre des crus du Beaujolais met en valeur tout le potentiel du cépage gamay ; ce dernier prend ici en effet toute sa dimension, produisant des vins aux notes de cassis, de framboise, de mûre et de violette, évoluant sur le cuir ou la rose séchée. Quelques lieux-dits sont remarquables : Rochegrès, La Rochelle, Les Carquelins.

L'AOC chénas (1936) partage ses 280 ha de vignes entre la commune de Chénas dans le Rhône et La Chapelle-de-Guinchay en Saône-et-Loire. Moins connu que son voisin de moulin-à-vent, le chénas est tout aussi complexe et de bonne garde. Il envoûte les palais avec ses beaux arômes de fruits noirs et de fleurs.

L'AOC fleurie (1936). À Fleurie, les vignes s'éparpillent sur près de 900 ha. Le cru se compose d'un kaléidoscope de terroirs dont certains sont particulièrement exceptionnels : Grille Midi, La Madone, La Chapelle des Bois. Ce vignoble d'altitude produit des vins dotés d'une grande finesse et d'une rare élégance.

Producteurs recommandés

L'aoc saint-amour :
Domaine Denis Barbelet, Pascal Berthier ou encore Paul Spay.

L'aoc juliénas :
La cave des producteurs qui propose de belles cuvées, le clos de Haute Combe, le domaine Pascal Granger.

L'aoc moulin-à-vent :
maison Georges Dubœuf, le château des Jacques, Pierre-Marie Chermette...

L'aoc chénas :
Daniel Bouchacourt, Hubert Lapierre, le Domaine Piron & Lafont et l'ambitieuse cuvée « Quartz ».

L'aoc fleurie :
Yvon Métras, Jean-Louis Dutraive, Le Clos de la Roilette.

Du raisin, rien que du raisin…

À Villié-Morgon, le domaine Lapierre au lieu-dit les Chênes présente une belle singularité. Le vin élevé ici est sans artifice, du raisin, rien que du raisin pour que le nectar exprime la quintessence de son origine et son millésime. Un fervent défenseur des crus nature, Marcel Lapierre, est le créateur de ce véritable vin de fruit. Troisième génération de vignerons, il reprend en 1973 la petite exploitation familiale et mène une profonde réflexion autour des vins trop formatés. Dans les années 1980, le vigneron de Villié-Morgon décide de cultiver ses vignes en biodynamie sans engrais chimiques ni désherbants et de vinifier ses vins sans soufre ni levurage. Une culture toute en douceur qui laisse agir la nature, ne faisant intervenir la main de l'homme que pour le bien du vin. Aujourd'hui, son vignoble planté en vieilles vignes, dont une parcelle convoitée en Côte-de-Py, respire sur 11 ha. Marcel Lapierre façonne des vins d'une grande pureté aux arômes de cerise, réglisse et notes de violette. Il est sans conteste le chef de file des vignerons « naturels ».

Coup de projecteur

«Le beaujolais n'est pas qu'un "vin de soif" ! »

Inventif, créatif, joaillier des vignes, cette figure bouscule les idées reçues sur le beaujolais. Jean-Paul Brun, autodidacte héritant d'un domaine familial à Charnay en 1979, s'inspire des méthodes ancestrales pour faire un produit pas comme les autres : « On m'a pris pour un rebelle il y a 20 ans, aujourd'hui, c'est positif de faire du beaujolais plus nature et plus léger avec moins de filtration, des vins plus bourguignons, qui ont de la longueur, de la finesse. Il faut arrêter de penser que le beaujolais est uniquement un vin de soif. »
Jean-Paul Brun veut jouer sur toutes les harmonies d'un vignoble affublé du vilain nom de « générique ». Dans sa vieille maison en pierres dorées, propice à la réflexion, ce vigneron heureux et entêté veut prouver que tous les cépages, pinot noir, chardonnay blanc, roussanne et bien entendu gamay ne demandent que de l'amour et une bonne vinification : « Avec le gamay, on fait plein de choses, des rouges légers, des crus, des grands vins de terroirs nobles, je pratique l'égrappage, la macération à froid, la vinification en fûts, en foudre et en cuve béton. J'opte pour des vins concentrés, élégants avec des petits rendements, 35 hl en vieilles vignes (certaines ont 65 ans) et 55 hl en jeunes vignes. » Dans ce coin vallonné du sud Beaujolais aux airs de Toscane, Jean-Paul Brun ne cesse de méditer et d'agir sur 12 vins différents, adorant étonner avec ses créations : vendanges tardives en chardonnay (cuvée In extremis, méthode autrichienne, un vin liquoreux aux notes de fruits secs) ou « Labeur d'octobre », puis le vin « rigolo » Frv 100 , un rosé pétillant à base de gamay que Jean-Paul Brun signe à 9 000 exemplaires. À 47 ans, ce sacré trublion en Beaujolais rassure : « Je ne suis pas un sorcier mais un vigneron passionné. »

L'AOC chiroubles (1936). Le plus féminin des crus du Beaujolais est un vin léger, aromatique avec une dominante florale évoquant la pivoine. À Chiroubles, 370 ha plantés de vignes décorent un paysage des plus sympathiques.

L'AOC morgon (1936). Le climat de la côte de Py et le lieu-dit Javernière expriment tout le potentiel et la complexité de ce cru. Les vins de morgon se caractérisent par des arômes de griottes, de kirsch, d'épices comme la cannelle ou la réglisse. Au vieillissement on dit qu'ils « morgonnent ». La commune de Villié-Morgon réserve 1 100 ha pour la production de ce vin de garde.

L'AOC brouilly (1938). Les vins de brouilly de couleur rubis foncé se caractérisent par des arômes de griottes et de fruits noirs comme le cassis ou la myrtille, auxquels se marient des senteurs florales et épicées. Des parfums puisés par le gamay dans le terroir de Saint-Lager, Cercié, Quincié, Odenas, Saint-Etienne-la-Varenne et Charentay. 1 300 ha au total, soit la plus grande superficie pour un cru de beaujolais.

L'AOC côte-de-brouilly (1938). Autour de Cercié, Quincié-en-Beaujolais, Odenas et Saint-Lager, ses 320 ha de vignes prennent racines sur les versants du mont Brouilly. À l'exception de son sommet, la colline est totalement couverte de ceps. Son sol est composé d'une pierre bleue caractérisée par sa dureté communiquant une typicité aux vins. Ils sont d'un rouge grenat pourpre, les arômes puissants de cerise noire et d'épices en font un vin puissant et souple à la fois.

L'AOC régnié (1988). Le plus récent des crus du Beaujolais prend naissance sur les communes de Lantignié et Régnié-Durette dans un berceau de plus de 700 hectares de vignes. Revêtant une robe rouge vif aux reflets violacés, le régnié, léger et croquant, rappelle le vin nouveau.

Les « étonnants beaujolais »

L'AOC beaujolais (1937) rayonne sur plus de 10 000 ha au sud de Villefranche-sur-Saône. Les 175 ha destinés à la production de beaujolais blanc sont plantés en cépage chardonnay et aligoté. Les vins rosés et rouges sont le fruit du cépage gamay, le pinot noir est autorisé à hauteur de 15 % maximum de l'assemblage final.

Le beaujolais primeur (ou nouveau) est mis sur le marché le 3e jeudi de novembre. Les rouges sont peu tanniques, acidulés et au fruité croquant. Les blancs se font souples et élégants, aux arômes de fleurs blanches et de pomme.

L'AOC beaujolais-villages (1937) s'épanouit sur environ 6 000 ha, empruntant le territoire de 39 communes du Rhône et de Saône-et-Loire. L'appellation est vinifiée en blanc, rosé et rouge. Jeunes, les beaujolais-villages, de couleur grenat sombre, développent des arômes de fruits rouges acidulés, ils peuvent vieillir quelques années et évoluer sur des arômes plus complexes.

Producteurs recommandés

L'AOC chiroubles :
Bernard Métrat, Alain Passot.

L'AOC morgon :
Marcel Lapierre, Jean Foillard, Jean-Claude Thévenet, Guy Breton.

L'AOC brouilly :
Jean-Claude Lapalu, Georges Descombes, Christophe Pacalet, Jean-Paul Dubost...

L'AOC côte-de-brouilly :
Château Thivin, Jean-Paul Brun, domaine Georges Dubœuf, la cave de Bel-Air, Benoît Trichard.

L'AOC beaujolais :
Jean-Paul Brun au domaine des Terres-Dorées. Pierre-Marie Chermette du domaine du Vissoux.

L'AOC beaujolais-villages :
Château Cambon, Jean-Claude Lapalu.

Qu'est-ce que le beaujolais nouveau ?

Le cépage du beaujolais, le gamay noir à jus blanc, se prête idéalement à la production de vins nouveaux, pleins de fraîcheur et fleurant les petits fruits rouges. Le vigneron pratique une macération courte de 5 jours maximum, la vinification spécifique se fait en grappes entières et tout aussi rapidement afin d'extraire un maximum d'arômes de fruits sans développer les tanins. Deux appellations sont productrices de primeur, les beaujolais et beaujolais-village. On boit des vins nouveaux, troubles et bourrus, depuis l'Antiquité. Et pour cause, on ne savait pas les faire vieillir ni les conserver avant les découvertes de Louis Pasteur, en 1863. Malgré les progrès de la science, le Beaujolais continuera de produire des vins nouveaux. À Lyon, une demande forte existe, les débitants de boisson, les « bouchons » et « épiciers porte-pot », dès les vendanges achevées, viennent dans le vignoble chercher les cuvées. Les tonneaux sont acheminés à Lyon en voiture à cheval ou en barges en bois sur la Saône. En 1951, le 13 novembre exactement, les viticulteurs obtiennent une dérogation : alors que la sortie des vins primeurs était fixée au 15 décembre, l'administration autorise la vente du beaujolais un mois plus tôt, dès la mi-novembre, donc avant tous les autres. Cette date marque la naissance officielle du beaujolais nouveau. L'énergie de vignerons et de négociants dans leur volonté de développer le vignoble fera le reste favorisant la percée du beaujolais sur les marchés étrangers : Europe, États-unis, Australie, Japon... Depuis, chaque troisième jeudi de novembre, dans toutes les langues et tous les accents, il se dit que le beaujolais nouveau est arrivé. Un phénomène mondial inégalé. De 1950 à la fin du XXe siècle, la production de beaujolais nouveau est passé de 15 000 hl à 450 000 hl.

Hommage

L'empereur du beaujolais

Dubœuf et le beaujolais associent leur histoire singulière chaque troisième jeudi de novembre. 180 pays savourent cette date pour fêter l'amitié autour du vin primeur. Embaumant fraîchement les parfums des vendanges, dégageant des arômes de fruits rouges, le beaujolais nouveau bénéficie d'une promotion de terroir inégalable. Trois millions de caisses estampillées Dubœuf quittent, la veille du jour J, le tarmac de l'aéroport Saint-Exupéry pour atterrir à minuit pile sur les zincs des bistrots du bout du monde. Plus apprécié à New York qu'à Lyon, célébré à Sydney autant qu'à Villefranche-sur-Saône, dégusté en avant-première au hameau de Romanèche-Thorins (71), ce vin espiègle rassemble, fait parler, suscite même la critique. « L'empereur du beaujolais » est aussi ce chef d'entreprise qui apprit instinctivement le négoce sur les routes du Mâconais avec un vieux camion en guise de cave à conviction. Paul Bocuse s'en souvient. Vinificateur depuis 2002, Georges Duboeuf vit chaque jour dès 5 heures du matin les joies et les exigences du métier. Entre deux voyages pour faire aimer les crus de son pays, il se plaît à fouler les vignobles alentour avec l'aisance d'un homme d'expérience et l'humilité d'un paysan. Sa réussite n'est pas le fruit du hasard : 30 millions de bouteilles par an attestent de la vitalité d'une maison familiale tenue également par sa femme Rolande, son fils Franck et sa belle-fille Anne. Les Vins Georges Dubœuf (400 vignerons, 18 coopératives) font aussi les louanges de jolis cépages de la vallée du Rhône, du pays d'Oc ou du Bordelais.

Opération escargot à Beaujeu

Helix aspersa est le nom latin de la seule espèce d'escargot élevée dans la région Rhône-Alpes. En français, c'est un gris*. Notre pays manque de gastéropodes pour satisfaire la consommation des Français, premiers mangeurs au monde. La France doit donc en importer d'Asie du sud ou d'Europe de l'Est. À Beaujeu, Jean-Paul Fargeton, entre pierres dorées et vignes, propose une visite de son exploitation de 250 000 escargots afin que l'amateur sache ce qu'est un vrai escargot français.
L'héliciculteur se veut pédagogue pour éviter la confusion entre ses produits et les étiquettes trompeuses. Lors de ses portes ouvertes, de juin à octobre, Jean-Paul Fargeton sur le thème « de la reproduction à l'assiette » présente sa forêt d'escargots. Le visiteur apprend qu'il existe trois types d'élevages : totalement en extérieur comme le sien, hors sol c'est-à-dire à l'intérieur d'un bâtiment, et mixte, intérieur en début de croissance puis en plein air. Dans des parcs plantés de radis et betteraves, les hermaphrodites se nourrissent goulûment de ces légumes mais aussi de céréales. Très véloces malgré leur réputation de limaçons, les escargots ont tendance à filer à l'anglaise. Pour prévenir les évasions, Jean-Paul Fargeton étale du savon noir autour de l'escargotière. Efficace, semble-t-il. Transformés par le laboratoire du lycée agricole de la Motte-Servolex en Savoie, ces mollusques terrestres quitteront leur coquille pour une boîte en fer ou une verrine, prêts à être consommés au beurre aillé et persillé ou autres recettes succulentes.

*Le gros gris (*Helix aspersa maxima*) pèse 20 g ;
le petit gris (*Helix aspersa aspersa*) pèse 10 g.

Fromages à la carte

Arôme de Lyon
C'est un petit fromage de vache ou de chèvre à pâte molle. Il est séché puis mis en fût de chêne ou dans un bac en bois pour macérer un mois dans du vin blanc ou rouge avec des rafles de raisins (résidus des raisins pressés). Fabriqué dans les monts du Lyonnais, souvent après les vendanges, l'arôme de Lyon s'apprécie avec un verre de beaujolais. Il se conserve selon une coutume lyonnaise dans une boîte contenant du gène de marc.

Bouton de culotte
Fromage de chèvre à pâte molle produit dans le haut Beaujolais, le bouton de culotte est séché très longtemps au point d'avoir la consistance d'un fossile. Idéal pour un casse-croûte avec du bon pain et un verre de blanc.

Charolais
Ce fromage fermier cylindrique de 8 cm de haut et pesant 200 g, produit en Beaujolais, a une croûte de couleur crème ou gris bleu. Fait au lait de chèvre, le charolais est plus doux avec une adjonction de lait de vache. Affiné dans un endroit frais, il est vendu en direct ou sur les marchés.

Le mont-d'or des monts du Lyonnais

Les vaches des cantons de Limonest et Neuville-sur-Saône se nourrissent de beaux pâturages. Avec leur lait, les producteurs fabriquent un fromage onctueux et délicatement parfumé. Caractérisé par sa croûte orange, le mont-d'or des monts du Lyonnais est fort apprécié des amateurs de fromages à pâte molle.

Rigotte du Lyonnais

La rigotte du Lyonnais est une pâte molle à croûte fleurie blanc orangé. Saveur tendre et goût subtil pour cette rigotte produite dans la Loire et le Rhône qui peaufine ses arômes en bocal d'huile d'olive et fines herbes.

Chèvre bio

Installée en pleine nature, dans un coin de Beaujolais resté sauvage, la famille Gauthier n'a pas besoin de préciser que ses fromages sont bio. Au-dessus du vallon d'Ouroux, à 600 m d'altitude, des chèvres grappillent jeunes pousses d'aubépine, feuilles de frêne et branches de prunellier. Ce troupeau de 70 alpines chamoisées produit du bon lait pour faire des petites tommes. Tandis que son mari s'occupe de la traite, Linda Gauthier façonne ses fromages au lait cru, leur donnant des formes ludiques : pyramides, cœurs et petits bouchons. Les « tommes de Carruge », du nom de la ferme, sont vendues sur place ou au marché, fraîches ou affinées.

La poire de Chasselay

La culture des poires s'est enracinée à partir des années 1920 dans ce gros bourg des Monts-d'Or au nord de Lyon. Avec sa belle profondeur de terrain silico-argileux, Chasselay est une terre à poiriers où poussent de grandes variétés : précoce de Trévoux, louise-bonne, alexandrine, guyot et williams. Parce que tout le monde vivait bien de ce fruit, le village était en fête chaque année après la récolte. Mais la mévente de 1970 a profondément affecté l'économie du pays.

Les agriculteurs ont arraché les poiriers, les remplaçant par des céréales, d'où la réduction des superficies de vergers. Le fruit phare de la commune a même été détrôné par la pomme. Une foire, le troisième dimanche d'octobre, entretient la flamme d'une production anciennement fructueuse avec dégustation de poires, sirops, gâteaux et eaux-de-vie.

Coup de projecteur

Huiles pur jus

L'huilerie beaujolaise fournisseur officiel des chefs étoilés ! En une dizaine d'années, le moulinier de Beaujeu a imposé la qualité de ses huiles dans le monde gastronomique. Bocuse, Troisgros, Lacombe, Vianney, Ducasse, Boulud à New York, les grandes toques ne cuisinent qu'à l'huile précieuse de Jean-Marc Montegottero. L'histoire de cette réussite commence comme un conte de fées. En 1981, ses parents achètent une ancienne quincaillerie. Jean-Marc en fouinant découvre à l'arrière-boutique un atelier de fabrication d'huile datant du XIXe. Il est trop tôt pour penser à le faire revivre. Après ses études d'agriculture, le moment de construire son rêve est à l'ordre du jour. La meule en pierre usée doit ressusciter. Des travaux de rénovation sont nécessaires et puis il faut apprendre le métier, alors Jean-Marc Montegottero se rend chez un moulinier isérois pour découvrir l'art de faire. Rue des Écharmeaux à Beaujeu, les débuts sont difficiles, mais les gens du pays sont complices, lui apportant spontanément leurs noix. Jean-Marc élargit sa gamme, travaille avec acharnement, se fait connaître. Le bouche-à-oreille fonctionne, le coup de pouce des grands chefs assure à Jean- Marc le succès... Avec Mireille Arthaud, qui a rejoint le moulin, ainsi que 7 employés, l'huilerie

Chocolats de pays

Dans la région de Tarare, l'industrie, la vigne, les rites ruraux ont inspiré les chocolatiers-pâtissiers du coin. Patrick Demolliere, de janvier à février, fait dans sa boutique un clin d'œil gourmand aux paysans qui tuaient le cochon à la ferme. Entre croissants et gâteaux, le petit cochon en meringue fourré de praliné tient son rang en devanture de janvier à février. Dans la capitale du rideau, le chocolatier Jean-Luc Poncept, quant à lui, confectionne sa mousseline de Tarare, coques de nougatines fourrées de praliné enrobées de chocolat noir. Deux autres spécialités, le grapillon du Beaujolais et les pierres dorées du Beaujolais mettent en saveur deux éléments fort du paysage local.

Le sarmentin

À Beaujeu, capitale historique du Beaujolais, la sortie du primeur mi-novembre donne lieu à de joyeuses festivités, « Les Sarmentelles ». Les pâtissiers de la ville ont créé à cet effet un chocolat, le sarmentin, un petit pavé praliné, truffé de feuilleté craquant et de noix.

beaujolaise perpétue la fabrication traditionnelle d'huiles vierges, extrayant les plus beaux fruits secs et céréales oléagineuses de terroirs : pignons de pin, amandes, pistaches, noix de pécan, noix, noisettes, pavot, argan, sésame... Sensible aux charmes de l'authenticité, Jean-Marc Montegottero aime le mystère des produits oubliés comme la navette ou l'œillette. La navette est plus rustique que le colza. L'huile qui en est extraite est d'un jaune très doré. L'œillette, ou pavot, dégage des arômes floraux surprenants et très puissants. Elle fut en son temps l'huile consommée aux moments difficiles. Sélectionnant des trésors de fruits, ce chasseur de saveurs d'origine parcourt inlassablement son pays le nez planté dans les terroirs d'où il rapporte des trophées : amandes de Corse, colza de l'Ain, noix du Dauphiné, navettes de Haute-Marne.

Les mouliniers de l'huilerie beaujolaise procèdent alors à la phase de décorticage des fruits qui seront aplatis sous une meule de pierre ou un aplatisseur mécanique. La cuisson demeure l'étape la plus délicate, révélant le savoir-faire de l'artisan. Les fruits chauffent dans d'épaisses poêles en fonte puis sont placés sous presse hydraulique dans des scourtins (filtres). Cette technique ancestrale entraîne une pression lente. La phase de décantation sur papier buvard dure 3 à 4 jours avant la mise en bouteilles. Les huiles de Beaujeu vendues sur place et dans des épiceries fines voyagent à travers le monde, particulièrement en Allemagne, Scandinavie, Japon, Nouvelle-Zélande, Italie ou États-Unis. Fort de ce succès planétaire, le moulinier de Beaujeu se lance maintenant dans la fabrication de vinaigre et de farines aux mêmes accents artisanaux.

Nicolas Le Bec : une cuisine d'inspiration

Restaurant
Nicolas le Bec
14 rue Grolée
69002 Lyon
Tél. 04 78 42 15 00

Il a pris ses marques, imposant un nouveau style culinaire en terre « bocusienne ». Nicolas Le Bec sait exprimer clairement sa manière de faire « sa » cuisine en toute indépendance. Né en région parisienne mais d'origine bretonne, le jeune chef aime la vérité des produits depuis ses premières tartines de beurre salé. Dans sa quête de saveurs, Nicolas le Bec travaille avec 300 petits producteurs, repérant au nez et à l'œil les meilleurs goûts de terroir.

« Je ne m'amuse pas à jouer avec une cuisine trop tendance, technologique. Laissons la chimie à la chimie et la cuisine aux cuisiniers. »

« Je ne m'amuse pas à jouer avec une cuisine trop tendance, technologique. Laissons la chimie à la chimie et la cuisine aux cuisiniers. » Nicolas Le Bec, bien dans son siècle, chasse d'un coup de toque les idées avant-gardistes qui règnent chez certains. Avec le réalisme d'un chef d'entreprise, la fougue d'un adolescent, l'émotion d'un artiste, Nicolas Le Bec se donne cœur et âme à sa passion. L'homme en noir pousse parfois des coups de gueule pour dire que Lyon ne doit pas s'endormir ou que l'image des beaux produits rhônalpins manque de couleurs : « Il faut montrer autre chose que le gratin à la crème et la volaille de Bresse. » Respectueux des terroirs, Nicolas Le Bec fréquente avec bonheur les petits producteurs. Il ne se prive pas de leur téléphoner, d'aller les rencontrer sur les marchés ou sur leurs terres. Truffes du Tricastin, asperges du Luberon, agneau des Pyrénées, cochon de Bavière, les bonnes choses, d'ici ou d'ailleurs, convergent dans son restaurant. Cuisiner a toujours été sa marotte sur fond de scène toute simple : « J'ai le souvenir de moules en fer-blanc qui rouillaient à l'eau dans lesquels ma mère étalait une pâte brisée et disposait des framboises fraîches. » Le Nicolas aux tartelettes et fruits rouges sur les doigts est devenu Monsieur Le Bec dans le monde de la gastronomie, créant aujourd'hui des recettes qui donnent l'eau à la bouche.

Recette de chef

Ingrédients pour 4 personnes

- 150 gr de feuilletage
- 4 poires
- 1 persillé du Beaujolais
- poivre noir
- cumin

Galette de poires de Chasselay au persillé du Beaujolais

Confectionner 150 g de feuilletage au beurre ou le commander chez le boulanger. L'étaler très finement, puis le cuire au four chaud à 190 °C (thermostat 5) pendant 15 min, entre deux plaques, pour qu'il reste le plus mince possible.

Laver 4 poires, les essuyer, puis les tailler en 4 lamelles épaisses sans les peler.

Les faire revenir dans une poêle avec 20 g de beurre pour les dorer ; les laisser cuire pendant 10 min.

Tailler des tranches régulières dans un persillé du Beaujolais.

Les déposer sur le feuilletage cuit, tiède et croustillant, en les intercalant avec les lamelles de poires dorées.

Ajouter un tour de moulin à poivre noir et quelques grains de cumin.

Déguster en toute simplicité.

Le Pilat rhodanien

Haut perchés sur des collines escarpées, de mythiques vignobles plantés en côte rôtie et condrieu se chauffent en terrasses avec vue sur le Rhône. Les reliefs du parc naturel régional du Pilat donnent du caractère aux fermiers aussi téméraires que leurs chèvres quand il s'agit de faire de la rigotte. Magnifique pays de randonnées, déjà sous influence méditerranéenne, le Pilat rhodanien fut un pays de cocagne pour les romains établis à Vienne (Isère) et Saint-Romain-en Gal. Ici nature, culture et gastronomie sont complices. Les rives du Rhône dessinent au loin d'autres perspectives ; le fleuve continue sa course avec autant d'impétuosité. Les pommes du Pilat donnent envie de croquer tout ce paysage aux milliers d'arbres fruitiers.

Côtes-du-rhône : crus d'excellence

Producteurs recommandés

L'AOC côte rôtie :
Domaine Clusel-Roch, Jean-Michel Gerin, Christophe et Patrick Bonnefond, Michel et Stéphane Ogier, maison Guigal, Bernard Burgaud, Pierre Gaillard...

L'AOC condrieu :
Domaine Georges Vernay, André Perret, Yves Cuilleron, François Villard, maison Guigal (La Doriane), domaine du Monteillet, Yves et Mathilde Gangloff, Pierre Gaillard, domaine Louis-Chèze, domaine du Chêne...

L'AOC côte rôtie (1940) est recroquevillée sur 230 ha entre Ampuis, Saint-Cyr-sur-le-Rhône et Tupins-et-Semons côté rive droite du fleuve. Le vignoble en terrasses, agrippé sur des coteaux abrupts, est retenu par des murets en pierres appelés « chaillets ». Vinifiée exclusivement en rouge, l'appellation côte rôtie se singularise par l'assemblage d'un cépage rouge, la syrah, et d'un cépage blanc, le viognier, autorisé jusqu'à 20 %. On distingue plusieurs terroirs donnant des vins aux sensibilités différentes : les plus connus sont la côte blonde et la côte brune. Les vins issus de la côte blonde, au terrain siliceux, se caractérisent par une belle finesse et une remarquable complexité aromatique souvent apportée par le viognier. Les lieux-dits Lancement ou la Mouline en sont les fiers représentants. Les vins provenant de la côte brune possèdent une certaine rusticité dans leur jeunesse, des arômes plus sauvages, de fruits mûrs, puisés dans un sous-sol riche en argile. Les lieux-dits la Landonne ou les Rochains expriment cette virilité.

L'AOC condrieu (1940) se réserve 100 ha de parcelles en coteaux sur les communes de Condrieu dans le Rhône, Chavanay, Malleval, Saint-Michel-sur-Rhône, Saint-Pierre-de-Bœuf, Vérin dans la Loire et Limony dans l'Ardèche. Le vin de Condrieu est issu d'un cépage blanc appelé le viognier (écrit également vionnier), vinifié généralement en vin blanc sec. Il est aussi proposé en blanc doux (condrieu de Noël), et depuis quelques années en vin moelleux voire liquoreux, à l'image des vendanges tardives ou sélection de grains nobles d'Alsace. C'est un vin aux arômes mêlés de fleurs comme la violette, et de fruits comme la pêche ou l'abricot. Le condrieu est un des plus grands vins blancs de France.

L'AOC côtes-du-rhône (1996) prend ses aises sur un peu plus de 42 000 ha répartis en 6 départements : Ardèche, Drôme, Gard, Loire, Rhône et Vaucluse. Dans le Rhône, l'appellation est localisée sur les communes d'Ampuis, de Condrieu, Saint-Cyr-sur-le-Rhône et Tupin-et-Semons. L'encépagement majoritaire pour les vins rouges est la syrah, pour les vins blancs le viognier et la marsanne.

Une femme dans la vigne

Un vignoble funambule, qui cherche sa nourriture dans un sol dénué de vraie terre.

C'est un vignoble mythique qui ne doit sa survie qu'à des hommes déterminés. Georges Vernay fut de ceux-là. Ce vigneron peut aujourd'hui contempler du haut de ses 80 ans le domaine que sa fille Christine exploite maintenant avec maestria. Son petit lopin de vignes accroché vertigineusement au coteau de Vernon donnait un vin sublime. Impossible qu'il tombe dans l'oubli. Dans les années 1940, le viognier ne coule presque plus dans les veines du village. Georges Vernay mobilise alors une poignée de vignerons. Le pape du condrieu savoure sa victoire en 1960 : l'appellation est sauvée. Aujourd'hui à la retraite, Georges Vernay est un homme tranquille, le condrieu est devenu un très grand vin chiné comme une œuvre d'art par les connaisseurs. Ce vignoble un peu funambule, agrippé aux terrasses escarpées sur des falaises taillées dans le granit, cherche sa nourriture dans un sol dénué de vraie terre. Il puise sa force dans la magie du terroir. Chaque pied de vigne enlacé sur échalas face au vide est vendangé manuellement, toute mécanisation est exclue sur ce terrain accidenté. À fleur de Condrieu, Christine Vernay a pris ses marques. En douceur et avec enthousiasme, elle s'est jetée dans la gueule du métier, imprégnée du modèle paternel, couvant comme une mère attentive ses vignes au moindre bruit de feuilles. Son art s'exerce aussi au moment de la vinification, étape cruciale pour réussir un millésime. La belle dame brune sur ses 8 ha en appellation condrieu dont 3 ha plantés en vieilles vignes est heureuse. Chaque matin, devant sa porte, son cher « coteau de Vernon » la salue !

PRODUCT OF FRANCE
Coteau de Vernon
CONDRIEU
Appellation Condrieu contrôlée
2004
750ml
Mis en bouteille à la Propriété
Georges VERNAY, Viticulteur à CONDRIEU (Rhône) FRANCE
L.03

Vins de légende

« Nos crus sont des signatures de terroir qui engagent notre nom. »

La vigne ici a besoin de souffrir pour offrir toute sa quintessence au vin. Les murets ébauchent des vagues de pierres baignées de vignerons sportifs lors des vendanges. La nature et la main de l'homme sont complices sur ces coteaux abrupts donnant le vertige. La vallée du Rhône par ce paysage éloquent apporte élégance et puissance à deux cépages prodigieux depuis 2 000 ans, la syrah et le viognier. À cœur de mémoire, la maison Guigal d'Ampuis est un modèle de réussite familiale autour de Marcel Guigal, formé à l'école du labeur auprès d'un père courage. Aujourd'hui, les vins de son domaine, fondés sur le raffinement extrême, le travail à outrance, les valeurs familiales, sont entrés dans la postérité : « Nos crus sont des signatures de terroirs qui engagent notre nom. Notre façon de concevoir nos vins va dans le sens du terroir et du millésime sans céder aux tendances de vins faits pour plaire. » Propriétaires d'illustres parcelles sur les vignobles de condrieu et côte rôtie, Marcel Guigal et son fils Philippe travaillent des trésors : la Doriane, ce condrieu aux reflets d'or, notes de vanille et beurre clarifié ; les Mouline Turque et Landonne, côtes rôties aux éclats rouge grenat, alliant finesse, retour de chasse, épices et fleurs de pivoine, sans oublier la côte brune complètement syrah et la côte blonde plus féminine avec sa jolie dose de viognier. « La côte rôtie est un pari fou, nous faisons vivre un vignoble-musée, le plus pentu de France. Les vignes plongent leurs racines à 6 m sous terre pour survivre et vont chercher jusqu'au bout de la roche le souffle de leur vitalité ». Vieillis en fûts de chêne neufs 3 ans à 3 ans 1/2 pour certains, les vins Guigal s'affinent patiemment dans le silence des tonneaux : « Il faut du temps pour que les caractères se révèlent, comme pour l'humain. S'il existe une dimension personnelle et affective très forte, pour en parler, mon langage est très simple : le vin apporte du plaisir, c'est un aliment bon pour la santé » assure le viticulteur rhodanien. À Ampuis, l'empire autonome Guigal se niche dans un « hameau » composé d'un château, de caves modernes et séculaires, d'une tonnellerie, de chais, de cuveries, d'un tunnel sous la nationale, de salles de dégustations, de bureaux et d'une ligne d'embouteillage, la plus robotisée d'Europe. Considéré comme un des plus grands vignerons du monde, Marcel Guigal garde les pieds sur terre. C'est sa force.

LA MOULINE
CÔTE-RÔTIE
Domaine
E. GUIGAL
CHÂTEAU D'AMPUIS

Histoire de rigotte

Selon les archives municipales, la présence de la rigotte sur le marché de Condrieu remonterait au milieu du XIXe siècle. Ce petit fromage pur chèvre est aujourd'hui aimé bien au-delà de son berceau, comptant de nombreux amateurs à Vienne, Lyon et Saint-Étienne. Consommé frais ou sec sous sa croûte bleutée, ce chèvre au lait cru et entier concentre des parfums de champignons, noisettes et sous-bois. Ces arômes de terroirs viennent par bouffées du parc naturel régional du Pilat où les chèvres alpines chamoisées aiment grignoter. Les rigottes ont aussi la saveur du tour de main des producteurs qui fabriquent leur propre fromage à la ferme. Les autres livrent leurs bidons remplis de lait bien crémeux aux fromageries. 700 000 l de lait sont transformés en palets de chèvre. De jeunes agriculteurs s'installent dans le Pilat, stimulés par une future AOC qui donne des ailes à la petite rigotte.

Les biquettes à rigotte

La chaleur du laminoir n'est qu'un vieux souvenir, Lucien Bonnard quitte en 1976 sans regret son métier d'ouvrier métallurgiste à Rive-de-Gier. En épousant Éliane il s'est pris d'amour pour la ferme de ses beaux-parents. Sa conversion dans la rigotte de condrieu remonte à cette période. Éliane et Lucien Bonnard ont aujourd'hui la soixantaine et profitent du bon air du Pilat : « Pour arriver chez nous, on sort de la vallée du Rhône, on quitte les vignes, on arrive sur un plateau, c'est juste sous le mont Monnet, en pleine campagne ! » Lucien Bonnard respire la nature à coups d'humour : « Vous tombez bien. Aujourd'hui, c'est la journée du livre, nos chèvres bouquinent ! » Son troupeau est composé d'alpines chamoisées, véritables « clones » des bouquetins des Alpes. Très rustiques, elles évoluent en libre parcours, raffolent de broussailles, buissons et ronces. Éliane et Lucien travaillent 60 h par semaine sans stress et sans vacances : « C'est la seule façon de s'en sortir, on a pu élever nos enfants, leur faire faire des études. Sans la biquette, il n'y aurait plus d'agriculteurs dans le Pilat, elles ont sauvé nos toutes petites exploitations. » Au lieu-dit Chamagneux, où se trouve la ferme, les Bonnard font 250 rigottes par jour avec 100 l de lait. La fabrication des fromages, c'est le rayon d'Éliane. Travail long et minutieux : mélange de lait du matin et du soir, emprésurage, moulage à la louche, mise en faisselle, égouttage, salage. La fromagerie est aux normes européennes : « Des rigottes affinées sur du bois, et en cave, je ne vois ça qu'à la télé, pas chez nous, les services vétérinaires ne nous font pas de cadeau ; ici, tout est en inox et carreaux blancs » justifie le Lucien, fier de sa rigotte au goût frais, doux, acidulé ou mi-sec qui prend un parfum de noisettes, de sous-bois, de champignons.

Les Bonnard vendent leur production en direct sur le marché des Roches-de-Condrieu, aux restaurateurs et à la grande distribution. Bientôt à la retraite, le couple de fermiers, c'est sûr, continuera à manger de la rigotte à tous les repas.

Douceurs

Les « saisons de Rosalie »

L'armoire à confiture de « Rosalie » est une bibliothèque remplie de couleurs. À Longes, Marie-Françoise Bonnard et Philippe Bruneton piochent dans des paniers fruités leurs idées suavement sucrées. La fée « Rosalie », qui règne en maître sur la confiturerie artisanale, tartine les saisons à coups d'arômes, d'épices, de jus, d'herbes ou de vergers odorants. Qu'elles soient traditionnelles ou avec un zeste de fantaisie, les marmelades ici respectent bien le goût des choses et du terroir : pêches blanches du Jarez au géranium, pommes du Pilat au viognier, framboises d'Ardèche au chocolat, griottes du Lyonnais à la menthe fraîche, abricots des Baronnies, fraises de Thurins...

Les « saisons de Rosalie », la marque de ce duo incroyable de confituriers, remportent un succès fou et des trophées nationaux grâce à leur qualités et originalités inédites.

Galets du Rhône

Les galets du Rhône que le fleuve roule dans ses eaux depuis des millénaires façonnent des pierres aux belles rondeurs irisées. Ils ont servi au Moyen Âge à la construction de ruelles et de fermes aux reliefs magnifiquement patinés. Cette force minérale de la nature a inspiré un chocolatier de Grigny, qui concocte dans sa boutique les « galets du Rhône ». Avec cette création, Fleury Panel donna un véritable essor à la maison de gourmandises fondée par son père en 1905. Pour fabriquer cette coquille de nougatine garnie de praliné (amandes, noisettes) et enrobée de chocolat, l artisan de Grigny sélectionne les meilleures matières premières et évidemment du chocolat pur beurre de cacao. Al iant croustillant et moelleux, douceur et vigueur, les galets se présentent comme de petites boules emballées dans un papier or. Aujourd'hui, Jaqueline et Jean-Claude Panel dirigent une entreprise artisanale haut de gamme. La troisième génération d'une famille passionnée par le chocolat fait rouler les galets du Rhône jusqu'aux États-Unis, Japon, Émirats, ou Royaume-Uni.

La Savoie

Un parc d'émotions

La Savoie, capitale Chambéry, évoque souverainement la qualité de vie, les champs de neige, les vignobles escarpés, les alpages verdoyants, les fromages fermiers ou la pêche au lavaret. Le département concentre en peu de territoire toute une géographie de charme avec le lac du Bourget et trois parcs naturels : les Bauges, la Chartreuse et la Vanoise. À l'orée de l'Italie, le Beaufortain se dresse comme une frontière s'ouvrant sur les vallées de la Tarentaise et de la Maurienne. Cette terre de caractère dessine une farandole de produits vigoureux. Les belles salaisons et les fromages montagnards garnissent la table savoyarde, nourrissant de solides appétits. Les vins blancs rustiques et néanmoins élégants donnent de l'éclat aux fondues et affichent leurs beaux cépages sur les cartes. Ici, les repas finissent en douceur autour d'un gâteau de Savoie ou un saint-genix. Cette cuisine paysanne accompagnant le développement des sports d'hiver s'est hissée au sommet du côté des Arcs, la Plagne, Tignes, Val-d'Isère, Courchevel, Méribel, les Menuires ou Val-Thorens. Où que l'on soit flotte le drapeau aux armes de Savoie revendiquant l'histoire d'un ancien duché rattaché à la France en 1860.

Repères

Superficie : 6 035 km^2.
Chef-lieu : Chambéry.
3 arrondissements, 34 cantons, 305 communes.
Population : 348 261 habitants.
Point culminant : la Grande Casse (3 852 m).
1 parc national (la Vanoise), 2 parcs régionaux (les Bauges et la Chartreuse).

La ronde des AOC

Vins

80 % du vignoble savoyard soit 1 550 ha est classé en AOC. Le vin de Savoie, après avoir été un vin de soif, est monté en puissance dans les stations grâce au boom des sports d'hiver. Large choix au sommet avec 22 crus et une vingtaine de cépages en AOC vins de Savoie (depuis le 4 septembre 1973) et roussette de Savoie : abymes, chautagne, chignin, bergeron, cruet, jongieux, montmélian, marestel, monterminod, monthoux. Les vins rouges et rosés produits dans les terroirs de la Chautagne et des versants ouest du massif des Bauges, sont principalement élaborés à partir de mondeuse, gamay et pinot. La jacquère constitue le cépage essentiel des blancs. La roussanne est également utilisée pour l'élaboration du chignin-bergeron.

Fromages

Le beaufort se peaufine sur les flancs du Beaufortain, de la Tarentaise et de la Maurienne, soit les deux tiers de la Savoie. Dès les beaux jours, plus de 10 000 vaches de race tarine ou abondance paissent en alpage au berceau du prince des gruyères. Ce fromage riche en goût nécessite 10 l de lait pour 1 kg de beaufort, ce qui explique sa petite production de 4 000 t soit 100 000 meules par an. Ajusté dans un cercle de bois qui lui donne son talon concave, le beaufort s'affine 5 mois minimum, le temps de prendre sa couleur ivoire et son doux parfum de noisettes. Fromage à pâte pressée cuite, son AOC, obtenue en 1968, l'a sauvé d'une disparition certaine dans le contexte d'une agriculture de haute montagne un temps menacée. Aujourd'hui, ce fromage savoyard d'exception fait vivre 7 000 exploitations laitières.

La tome des Bauges ne cache pas ses origines, elle fait partie du patrimoine naturel du massif éponyme. Son nom vient du patois savoyard « toma », qui désigne une fabrication en alpage. Pâte pressée, au bon lait cru de vache de race tarine, abondance et montbéliarde, la tome des Bauges n'a qu'un « m » contrairement à la tomme de Savoie. Recouverte d'une rustique croûte grise, sa pâte aux nuances ivoire à jaune est percée de petits trous laissant respirer le fromage. De fabrication laitière ou fermière, la tome est affinée pendant au moins 5 semaines sur le terroir de 25 communes qui en fabriquent 480 t par an. La tome des Bauges est le cinquième fromage savoyard estampillé AOC. Le département partage avec la Haute-Savoie le privilège de produire deux autres fromages AOC : le reblochon et l'abondance.

produit de France
Vieilles Vignes
Vin de Savoie
APPELLATION VIN DE SAVOIE CONTRÔLÉE
GAMAY
EDMOND JACQUIN & FILS
73170 JONGIEUX - TÉL. 04 79 44 02 35

L'avant-pays savoyard

Entre lacs et vallons, le paysage défile le long de l'autoroute Lyon-Chambéry-Aix-les-Bains. Les chemins de campagne conduisent vers des fermes typiques ; les premières fruitières apparaissent, fleurant l'emmenthal et la tomme de Savoie. Chambéry, la capitale, concentre des fabriques de beaux produits traditionnels comme le vermouth, les sirops ou les crozets. Les vignobles puisent dans le vif du terroir les arômes de Savoie, en rouge, blanc et rosé. Les eaux du lac du Bourget ombrées par les filets des pêcheurs renferment de magnifiques poissons : omble chevalier, féra et lavaret. À Aix-les-Bains, les touristes se détendent aux thermes ou découvrent les bienfaits de la gastronomie savoyarde !

Pêche au Bourget

Chiffres

Le président des pêcheurs professionnels des lacs alpins regrette que sa relève ne soit pas assurée : « Nous ne sommes plus que 10 pêcheurs professionnels au Bourget contre 80 dans les années 1950, le métier est trop dur pour les jeunes et la législation de la profession est peut-être aussi trop lourde. »

L'œil à l'affût, Gilbert Simon, 58 ans, bonnet rouge, ciré et bottes en caoutchouc scrute le lac. Pêcheur professionnel depuis un quart de siècle, ce savoyard est en osmose avec le paysage des rives du Bourget. Ce territoire est le sien. Tout petit, il accompagnait déjà son père qui associait le métier d'agriculteur à celui de pêcheur. Par tous les temps, sur une barque en bois, Gilbert était déjà dans le bain de sa future activité. Aujourd'hui, son bateau à moteur est en aluminium. Le Chris-Mary, 6,50 m de long, mouille au port de Brizon-Saint-Innocent, à 5 km d'Aix-les-Bains. Ici, en fin de journée, le soleil coule à pic, se noyant dans un crépuscule évanescent. Si le lac de Lamartine invite à la rêverie, le pêcheur, lui, doit retrousser ses manches et placer ses filets avec le souci permanent de la météo : « Le vent du nord s'est levé, on ne va pas bien travailler ce soir » constate l'homme du lac. Sur son bateau, le « capitaine » use de son flair pour détecter les coins à poissons. À quelques encablures du bord, il allonge les filets. La masse de mailles s'évanouit mollement dans les eaux fraîches du lac. Ces filets impressionnants qui mesurent 15 m de haut et 120 m de long sont maintenus à la surface par des flotteurs. Gilbert en aligne quatre les uns derrière les autres.

Mais ce n'est pas sa seule méthode de pêche, comme il l'explique : « Par exemple, pour capturer la perche, le brochet, le sandre, l'omble et le lavaret, j'emploie un filet araignée qui épouse bien les fonds. » Ce « vieux loup des lacs » passe, seul, plus de mille heures par an sur son embarcation. Sa mission accomplie, Gilbert rentre au port, laissant derrière lui les filets tendus pour la nuit dans les eaux poissonneuses en rêvant de prises miraculeuses. Le lendemain, deux heures avant le réveil du jour, il se glisse de nouveau dans son habit de pêcheur. À bord du Chris-Mary, qui fend les ondulations du lac, Gilbert va retrouver furtivement ses filets. Arrivé sur place, c'est pour lui l'heure du verdict. À bout de bras, il récupère les poissons qui se débattent en frétillant. Ce matin-là, le tableau de pêche est beau : espèces à peau d'argent aux éclats dorés ou en écailles scintillantes sont remontées à bord, au total une centaine de kilos et en plus de jolies pièces. Cette belle moisson n'est pas systématique, précise le patron du Chris-Mary : « Ma moyenne annuelle s'élève à 5 t, mais selon les jours, cela oscille entre 3 et 50 kg. » Sans plus attendre, Gilbert « dépêche » à même le bateau, c'est-à-dire qu'il met en caisse les lavarets, ombles et brochets plus délicats que les autres. Au retour, le pêcheur du Bourget, contemplatif, reste toujours émerveillé par le spectacle vivant d'un site aux couleurs changeantes. Le Bourget, miroir de 4 700 ha où se reflètent les contreforts du Jura, de Belledonne et du Mont-Blanc, est le plus grand lac naturel de France. Arrivé à la maison, Gilbert Simon traite sa pêche et glace les poissons qui seront livrés aux mareyeurs, restaurateurs et à quelques particuliers. Grâce à quelques pêcheurs passionnés qui puisent des profondeurs d'un lac alpin les poissons d'une rare qualité, les consommateurs sont comblés quand ils viennent les déguster dans les restaurants panoramiques.

Les poissons du lac

Le lac du Bourget, plus grand lac naturel de France, est un vivier d'une rare diversité. Il offre ses eaux profondes et claires favorables à l'épanouissement de poissons recherchés : brochets, gardons, tanches, carpes, brèmes, sandres, truites, anguilles, lottes... Mais de toutes ces espèces, les plus prestigieuses sont les ombles chevaliers et les lavarets réputés pour leur chair fine et délicate.

Comment le lavaret a-t-il été sauvé des eaux ?

Le lavaret, souche typique du lac du Bourget, est une noble espèce qui a toutefois failli disparaître dans les années 1960 pour cause de pollution de l'eau. Heureusement, une association de pêcheurs professionnels et d'amateurs des trois lacs alpins a mis en œuvre un plan de sauvetage avec succès. Les eaux assainies ont pu être réempoissonnées en lavarets et en ombles chevaliers grâce à un processus délicat toujours en vigueur : les œufs prélevés sur les géniteurs en période de reproduction sont confiés à l'écloserie de Thonon-les-Bains, où ils donnent naissance à des alevins. Si une grande quantité d'entre eux réussit à survivre avant leur réintroduction dans les

lacs, c'est grâce aux ingénieurs de l'Inra qui ont élaboré pour eux une nourriture adéquate. La production annuelle de lavarets, tombée il y a 40 ans en dessous des 300 kg est remontée aujourd'hui à une dizaine de tonnes. Les amateurs de ce salmonidé à chair fine se réjouissent de la résurrection du lavaret.

L'omble chevalier

Ce prince des grands lacs alpins tire son goût pour les eaux pures, toniques, polaires de ses origines arctiques. L'omble chevalier se reproduit l'hiver en eau froide à 80 m de profondeur. Ce salmonidé aux nageoires rouge flamboyant a une peau grise tachetée de blanc. Le *salvelinus alpinus alpinus*, qui a la morphologie d'une truite se nourrit de mollusques, végétaux, larves d'insectes, crustacés et petits poissons. Les pêcheurs en retirent 15 t du Léman et 6 t des lacs du Bourget et d'Annecy. Spécialité locale très recherchée, l'omble chevalier, qui mesure de 20 à 50 cm se cuisine entier à la poêle, façon meunière ou en filet.

La perche

Ce poisson carnivore est un « percidé » qui se nourrit de vers et de petits alevins. De couleur gris-vert, avec des zébrures blanches et rouges, il se pêche l'été avec un filet appelé le « mirandelier ». Alors que sur le Léman, les pêcheurs doivent respecter la taille réglementaire de 15 cm pour la perche, au Bourget, des perchettes peuvent être prises pour être consommées en friture. Sa chair est goûteuse et ferme, mais onéreuse.

La lotte

Elle est la seule espèce à pouvoir être pêchée en février et mars, car ce prédateur mange les œufs des poissons pendant la période de reproduction. Le foie est particulièrement goûteux et sa chair, très subtile. De la couleur de la salamandre, la lotte a une tête de poisson-chat et présente un aspect extérieur assez rebutant.

Pierre Marin : pêcheur de saveurs

Auberge Lamartine
Route du tunnel du Chat Bourdeau
73370 Le Bourget-du-Lac
Tél. 04 79 25 01 03

Dans les murs d'une belle auberge tenue depuis 40 ans par la famille Marin, Pierre a transcendé les dons de son père Jean, cuisinier réputé de la région. Sorti de l'École hôtelière de Dardilly, il découvre auprès de grands maîtres cuisiniers l'art de la haute-gastronomie. Marie Christine, son épouse, contribue à la sérénité de cette confortable maison étoilée depuis 1989. L'Auberge Lamartine à Bourdeau accueille les amoureux de poésies gourmandes signées par un virtuose amoureux des produits de caractère.

Un époustouflant décor naturel à fleur de lac rassasie les convives les plus romantiques. La salle à manger de l'Auberge Lamartine, comme la proue d'un bateau, s'ouvre sur les eaux limpides du Bourget. Poétique, l'adresse est également gastronomique. Ce lac-spectacle est aussi nourricier, il offre un vivier naturel pour le maître des lieux Pierre Marin. L'« aubergiste », dans son immense cuisine, sait accommoder avec élégance les nobles poissons de chez lui. « Pour mon approvisionnement, je travaille avec deux pêcheurs, ils me soignent et me réservent les plus belles pièces prises dans leurs filets ! Lavarets, perches, brochets, ombles chevaliers, sandres sont intéressants à travailler, pour moi qui aime relever le goût de ces poissons d'eau douce avec des sauces toniques comme ma vinaigrette aux herbes et noisettes torréfiées ou ma crème d'écrevisse. » Au cœur d'une kyrielle de jeunes apprentis penchés sur les fourneaux, le chef jongle avec les casseroles de cuivre. Pierre Marin n'a pas oublié les conseils de ses maîtres Alain Senderens ou Pierre Orsi : « Je respecte les bases, j'aime les jus bien corsés, les petites sauces réussies, une cuisine vérifiée qui me vient en héritage de mes parents et de mes maîtres. » Le restaurateur du Bourget aime les saisons et sa carte se met à leur rythme : cuisine retour de pêche, cuisine battue de chasse ou cuisine des produits de la ferme. Le gibier, le cochon qu'il sert « en assiette trois façons », son foie de canard poêlé font partie des incontournables de l'Auberge Lamartine. Partisan de la cuisine vérité, Pierre Marin défend l'esprit terroir « C'est mon côté paysan, avec le produit AOC, on ne se trompe pas, elle lui apporte une crédibilité. » Une sincérité qui se reflète dans la démarche culinaire pleine de fraîcheur de ce savoyard de souche.

« La perche est le poisson du lac qui a le plus de goût, j'aime quand elle est frétillante de fraîcheur, juste frite. »

pour les belles appellations : « L'AOC, consécration des efforts des viticulteurs, est l'expression d'un terroir qui sera toujours recherché par le consommateur. » Il est rejoint dans son enthousiasme par des sommeliers et grands chefs mettant à l'honneur les vins de Savoie, à la notoriété grandissante.

Les vins des rives et montagnes

Le val du Bourget

Le cru charpignat ne compte plus que quelques pieds de vignes aux abords de Saint-Innocent, sur la rive gauche du lac du Bourget au nord d'Aix-les-Bains. On y cultivait autrefois un vin blanc issu du cépage molette.

La montagne du Chat

De l'autre côté du lac du Bourget, le versant ouest de la montagne du Chat fait mûrir de belles grappes.
À Jongieux et Lucey, la roussette de Savoie cru marestel (cépage altesse) est extraordinairement racée, apte au vieillissement, développant de beaux arômes de chèvrefeuille, de miel et de cire.

Le cru monthoux, plus rare encore que la roussette de marestel, est la fierté de Saint-Jean-de-Chevelu. Une grande complexité aromatique distingue ces vins épicés et floraux.

L'AOC vin de Savoie cru jongieux est située sur les territoires de Billième, Jongieux, Lucey, Saint-Jean-de-Chevelu et Yenne. Cette appellation assez méconnue mais magnifique se décline en vins rouges (cépage gamay) et vins blancs (cépage jacquère).

Producteurs recommandés

La montagne du Chat :
Edmond Jacquin & Fils

Le cru monthoux :
Domaine Dupasquier, domaine Carrel, domaine Jacquin.

L'AOC vin de Savoie cru jongieux :
Michel et Xavier Million-Rousseau

Jongieux ou l'âme viticole d'un village

Un amphithéâtre de vignes en gradins impose son décor à Jongieux, village de 320 habitants où coulent de remarquables vins de Savoie. Un paysage majestueux et intimiste dévoile en bleu un coin du lac du Bourget. Ce spectacle coloré provoque l'émerveillement des touristes du dimanche venus découvrir les crus réputés de la commune.

Dans le caveau des Jacquin, qui domine les vignobles, toute la palette des cépages savoyards peut se déguster. En plus de l'appellation vins de Savoie, comme un cadeau de terroir, la commune a le privilège de posséder deux crus attachants : le marestel et le jongieux.

Le marestel est cantonné sur un petit secteur de 40 ha, berceau du cépage altesse dont l'implantation remonte au XIIIe siècle. Ce vin blanc fruité, aux arômes de miel, pêches sauvages et abricots arbore une robe or quand il est jeune, tirant sur le jaune paille après un vieillissement de cinq ans. L'autre

cru porte le nom du bourg. En blanc, issu du cépage jacquère, le jongieux se boit sans attendre, dégageant de frais parfums d'aubépine et d'agrumes. En gamay, le jongieux couleur pourpre s'apprécie dans les trois ans, libérant sous le palais toute sa puissance de feu et de fruits rouges.

Jongieux, en harmonie avec ses 26 vignerons, vit l'histoire heureuse d'un village en plein essor depuis les années 1950. La saga paysanne du domaine Edmond Jacquin et fils en est l'illustration. Depuis 4 générations, cette famille savoyarde à l'aise dans sa passion de faire des vins travaille sur quelque 26 ha. Patrice avec son frère Jean-François produisent 1 500 hl de vins de Savoie soit 200 000 bouteilles. Leur cave moderne possède une cuverie en inox, et le caveau de dégustation a conservé son cachet d'antan.

Patrice, 45 ans, est aussi le maire du village. Ici, le vignoble (200 ha), enraciné dans un cirque naturel à ciel ouvert, escalade les collines en partant des rives du Rhône. Exposés sud, sud-ouest, les raisins lézardent au soleil des coteaux composés d'éboulis calcaires. Cette riche terre de vigne à 300 m d'altitude donne un sacré tempérament au vin. Plantés en rangs serrés, les ceps possèdent des ramifications jusqu'à 20 m de profondeur.

Sur les plateaux argilo-calcaires, la vigne affiche une physionomie singulière. Les sols entièrement « engazonnés », tondus comme des pelouses, réhaussent la couleur déjà bien verte des feuilles de vignes. Ce jardin vigneron ainsi composé favorise une concentration d'arômes et offre au regard le graphisme impeccable d'une culture de la vigne en palissage ou sur échalas. Une vinification au plus près du produit traduit magnifiquement la force d'un terroir. Floraux et fruités, les jongieux se distinguent dans la grande famille des appellations savoyardes par leur typicité et leur qualité. Un vin tout en charme et sincérité.

Eau d'Aix

Deuxième ville thermale française, recommandée pour la rhumatologie et les voies respiratoires, Aix-les-Bains est une ville d'eau se reflétant dans le lac chéri de Lamartine et s'oxygénant de l'air des montagnes, le mont Revard et au loin la chaîne du Mont-Blanc. « Aix-les-Bains » est aussi une eau minérale naturelle (propriété du groupe Intermarché) embouteillée à la source Raphy Saint-Simon à Grésy-sur-Aix : légère, peu minéralisée, bicarbonatée, calcique et magnésique, elle puise sa force au cœur des Alpes.

Gâteau de Savoie

Producteurs recommandés

Au véritable gâteau de Savoie
2, rue des Prêtres
73170 Yenne

Gâteau de Savoie : emblème sucré

En Savoie, il est le dessert de fête par excellence. Ce gâteau véhicule une sympathique image chargée de souvenirs d'enfance. Qui n'a pas vu sa grand-mère confectionner pour les repas de famille le gâteau de Savoie ? Bien que composée d'ingrédients tout simples, jaunes d'œufs, blancs montés en neige, sucre, farine et fécule, cette spécialité est un vrai régal. La recette ancestrale arrivée d'Italie du Nord a connu son heure de gloire sous Louis XIV. Lucien Debauge, véritable mémoire du patrimoine gourmand de Savoie, a fait de ce gâteau le fer de lance de sa pâtisserie à Yenne. Aujourd'hui, le jeune Christophe Truffet prend le relais dans cette maison de tradition qui conserve sur sa façade la réclame « Au véritable gâteau de Savoie ». Cette boutique de village au charme désuet donne envie avec sa vitrine à friandises, ses présentoirs comme autrefois, ses chocolats noirs et bons gâteaux de campagne… Un parfum de four chaud et des notes sucrées

s'échappent de l'arrière-boutique où le jeune pâtissier Christophe Truffet se concentre sur la cuisson de ses gâteaux de Savoie… Dans les moules à manqué, la pâte souple et aérée gonfle sous l'effet d'une température d'abord puissante puis modérée. C'est le secret de la réussite du biscuit qui se colore à l'extérieur et cuit doucement de l'intérieur, conservant tout son moelleux. Au bout de 45 min, la belle génoise couleur doré clair à texture souple doit être refroidie avant un saupoudrage de sucre glace.

Pourquoi le gâteau de Saint-Genix a-t-il un goût politique ?

Parce qu'il a scellé en quelque sorte le rattachement de la Savoie à la France en 1860, le saint-genix est plus qu'un gâteau, un véritable symbole. Une vingtaine d'années avant cette date historique, une fille des Abrets eut l'audace de se faire épouser – c'est-à-dire franchir le Guiers – par Pierre Labully, aubergiste à Saint-Genix. Celle qu'on appelait la « Française » allait révolutionner le village en ouvrant un coin pâtisserie dans l'auberge de son mari. D'après une recette d'un gâteau que faisait sa mère, elle lança le fameux saint-genix. Cette grosse brioche aux pralines vendue au poids est aujourd'hui toujours fabriquée à la même adresse. Alain Bavuz, avant de reprendre cette affaire, était l'apprenti du dernier descendant Labully. Le succès de ce gâteau (une pâte qu'on laisse lever toute une nuit dans des coppets, sortes de petits paniers) dépasse les rives du Guiers : le dimanche, les jours de fêtes, aux vacances scolaires sur la route du ski buissonnier, on achète un saint-genix avec des pralines aussi roses que les joues des enfants sages.

Producteurs recommandés

Gâteaux Labully
Place de l'Église
73240 Saint-Genix-sur-Guiers

Tarentaise, Beaufortain, Maurienne

Ces hautes-terres, saupoudrées de neiges éternelles jusqu'aux portes de l'Italie, possèdent une grande richesse : la montagne. Défrichés par les moines au Moyen Âge, les alpages ont favorisé une agriculture de type pastorale qui donne des fromages de chèvre ou de vache tels le beaufort, le termignon ou le reblochon. Ici, le génépi, réconfortante liqueur, s'apprécie bien frappé au coin de la cheminée. L'hiver, ce paradis blanc transforme de simples villages en stations courues par les touristes du monde entier. Val-d'Isère, qui évoque toujours Jean-Claude Killy, Courchevel et Méribel, qui riment avec belles, ont en commun l'amour des bonnes choses. L'unanimité en Savoie se fait autour des tartiflettes, croziflettes, fondues, raclettes et charcuteries affinées dans les séchoirs à l'air des Alpes.

Ambiance alpage

Repères

Production de beaufort : 4300 t.
Zone AOC : Tarentaise, Maurienne, Beaufortain et Val d'Arly.
43 ateliers de fabrication, dont 6 coopératives assurent 73 % du tonnage.

Pourquoi le beaufort a-t-il un talon concave ?

Les anciens ont eu l'idée de mouler le beaufort dans un cercle de hêtre ou de frêne. Cette gaine de bois permettait un maintien parfait de ce fromage très gras que les fermiers redescendaient dans la vallée à dos de mulet. Ce procédé toujours en vigueur apporte au talon du beaufort sa forme concave typique.

À fleur de clochers, dans les villages accrochés au flanc des montagnes, le mont Blanc dessine l'arrière-plan d'un paysage harmonieux. De pics en aiguilles, de crêtes en sommets, les routes épousent les vertiges de la montagne. Ici, petits hameaux, chalets disséminés dans la nature et cœurs de petites communes semblent se jeter dans le vide. Dans le Beaufortain, les saisons rythment la vie de la population locale. Comme engourdis l'hiver, épanouis l'été, les villages blottis contre les églises baroques invitent à la curiosité. Sous les toits des fermes centenaires, les bêtes ruminent leurs brassées de foins, tandis qu'à l'étage au-dessus tout sent bon dans la cuisine en attendant l'estive. Les vaches tarines et abondances sont impatientes. Dès le mois de juin, elles quittent l'étable pour l'alpage, montant en troupeaux les chemins belvédères pour atteindre pâturages et lacs d'altitude. Le vacher et son chien mènent la danse des vaches qui dégusteront là-haut, sous la musique des cascades, des « fleurs à beaufort », edelweiss, gentianes, lis martagon ou sabots de vénus.

Le beaufort : un prince en son royaume

Sur les hauts de Maurienne, Tarentaise et Beaufortain, dans des caves dégageant de bonnes sueurs de fromage, les meules de beaufort méticuleusement rangées sur de solides étagères affirment puissance et caractère. Fruit des alpages, ce prince des gruyères concentre dans sa pâte toute la vie fermière avec ses troupeaux de vaches brunes, ses gras pâturages montagnards, ses bidons de lait mousseux et ses courageux vachers. Fabriqué en chalet d'altitude ou à la coopérative laitière, le beaufort impose son rituel autour d'outils et gestes de tradition. Sa fabrication en cuves de cuivre, draps de lin et cercles de bois a su figer le respect d'un savoir-faire ancestral et unique.

À la cave, le fromage au lait cru entier et au ferment naturel travaille ses saveurs en se donnant le temps de bien vieillir. Placées entre les mains d'affineurs attentionnés, les meules aux belles rondeurs revêtent une croûte couleur bouton d'or. À l'intérieur, comme en secret, sommeille une pâte ivoire presque soyeuse, au parfum fondant de noisette et de citron en attente de dégustation.

Témoignage

Caroline Glise* : beaufort mode d'emploi

« Comme autrefois, le lait est toujours ramassé en bidon traditionnel. Après coagulation en cuve, le lait est décaillé très finement, chaque morceau n'est pas plus gros qu'un grain de riz. Après chauffage à 54 °C, ils sont placés dans une toile de lin, mis dans un moule convexe en bois qui permet de maintenir la chaleur du fromage et de faire travailler les levains. La préparation est ensuite placée pendant 20 h sous une lourde presse. À cinq reprises pendant le pressage, le linge qui absorbe l'humidité est renouvelé comme si on changeait un bébé ! Les fromagers rincent les toiles mangées par l'acidité du fromage, ils font en quelque sorte leur petite lessive. Il faut compter dix litres de lait pour faire 1 kg de beaufort. Les meules d'une hauteur de 14 à 16 cm, de 40 kg chacune sont formées et vont fabriquer leur croûte "orangée" en cave d'affinage. Bien rangées sur des étagères d'épicéas, elles reposent à 10 °C pendant 5 mois minimum. Les "cavistes" sont aux petits soins pour les meules, les retournant deux fois par semaine et les frottant à l'eau salée. Le système perdure depuis le XVIIe siècle. »

*animatrice du Syndicat de défense du beaufort – Tél. 04 79 31 22 57

La coopérative laitière du Beaufortain

« Le rôle des AOC, c'est la pérennité, une œuvre de transmission. Chaque génération doit léguer à la suivante les produits collectifs. »

Un fromage protégé

Beau et fort, ce fier fromage surnommé « prince des gruyères » par Brillat-Savarin a pourtant bien failli disparaître. Le *vatusium*, déjà fabriqué sous les Romains, réapparaît sous le nom de beaufort au XVIIe siècle, avant d'être menacé d'extinction après-guerre. À cette époque, l'activité agricole fut réduite par le développement de l'industrie hydroélectrique et ses grands lacs créés au milieu des pâturages. La création de stations de sport d'hiver et l'exode rural des années 1950 viennent ratifier cette chronique d'une mort annoncée. Mais, grâce à l'implication des producteurs, le prince des gruyères couronné par l'AOC en 1968 est sauvé. Gérard Œuvrard, responsable de la coopérative laitière du Beaufortain en atteste : « Le rôle des AOC, c'est la pérennité, une œuvre de transmission. Chaque génération doit léguer à la suivante les produits collectifs. » La maîtrise des procédés traditionnels de fabrication du beaufort assurés par les ingénieurs de l'Inra et la demande des consommateurs pour ce produit haut de gamme promettent un avenir durable à ce fromage d'exception.

Beaufort au naturel

Le beaufort est le seul des gruyères à être fabriqué avec un « levain sauvage », comme le stipule l'AOC. Laissant de côté les produits commerciaux trop virulents, les fromagers préparent eux-mêmes le levain en faisant macérer dans une « recuite » un morceau de caillette de veau. Ce ferment naturel servant de présure fait coaguler le lait et apporte les éléments lactiques favorables à la conservation du fromage.

Dans les hauts pâturages de Savoie, les vaches montent jusqu'à 2 700 m, à une journée et demie de marche du chalet d'alpage. Les paysans rejoignent les troupeaux en 4X4 avec des machines à traire mobiles pour récupérer le lait à cette altitude. « Nous sommes la seule région française où il reste une véritable transhumance des troupeaux laitiers. Chaque été, ce sont 12 000 vaches qui prennent le chemin de la montagne. Elles broutent herbes et fleurs sur de vastes alpages défrichés par des moines au XIIe siècle qui ne se doutaient pas qu'ils mettaient en place les futures pistes des grands domaines skiables ! »

LES FROMAGERS
DU BEAUFORT

SAVOIE • PRODUIT à
Cooperative laitiere du Beaufortain
BEAUFORT SAVOIE
BEAUFORT
BEAUFORT

Un fromage prisé !

Ce fromage fermier, saisonnier, est si prisé que les 20 t produites à Termignon sont retenues et vendues avant même d'être fabriquées ! C'est une belle récompense pour la poignée de producteurs qui, depuis 15 ans, fait briller ce bijou de fromage.

Raphaël Bantin
Tél. 04 79 20 58 87

Comment est né le bleu de Termignon ?

Exclusivement confectionné à Termignon, ce bleu d'exception puise son tempérament au cœur du parc national de la Vanoise. Né au soleil, en pleine montagne (2 500 m d'altitude) sur des tapis de fleurs sauvages et aux sons de cloches de vaches brunes, ce persillé d'estive concentre les meilleures saveurs d'alpages. Fromage de haut luxe, surnommé « la Rolls des bleus », il s'affiche sur les plateaux de l'Élysée, séduit les grands chefs et aiguise le palais du consommateur. Son histoire relève d'une erreur de fabrication ! Des paysans s'étaient trompés en faisant un mélange de deux laits caillés – celui de la veille avec celui du jour – qui ont « tourné » sous l'effet de la chaleur. Après affinage, la tomme attendue était devenue un bleu. Depuis, sa recette conserve la particularité d'être la seule pâte persillée sans adjonction de *penicillium* artificiel. Autre originalité : son moule en pin cembro. Raphaël Bantin, 30 ans, producteur, se souvient de la réticence des services vétérinaires à l'égard de l'utilisation du bois : « Ils nous ont cherché des noises, mais nous avons tenu bon. Aujourd'hui, les autorités sanitaires reconnaissent que ce matériau est des plus hygiéniques. » Le termignon reste 8 jours dans ce moule avant de sommeiller 5 mois en cave d'affinage à 12 °C. Son bleuissement se forme au contact de l'air qui pénètre dans la meule de 10 kg par de petits trous que perce le fromager. « Le termignon requiert beaucoup d'attention au départ, commente Raphaël Bantin, mais après, avec une bonne cave, cela va tout seul, on ne retourne d'ailleurs les meules qu'une fois par semaine. » Sous sa croûte naturelle et rustique, se niche une pâte bien grasse, persillée, douce comme une caresse de lait.

Saveurs de cuisine

Patates, choux et polenta

Tout ce qui tient au corps, céréales, patates et légumes d'hiver, les cuisinières savoyardes savaient les préparer et en tirer parti jusqu'à transcender une nourriture de gens modestes en festin paysan. Côté légumes, les Savoyards, surnommés les « mangeurs de rave », apprécient aussi le cardon, le plus souvent accommodé en gratin à la moelle de bœuf. Dans les faitouts, les choux bouillonnent avec les saucisses, diffusant une tenace odeur de potée. Quant aux pommes de terre, depuis deux siècles en Savoie, elles rassasient les féroces appétits autour de tablées familiales. En raclette, péla, sautées, en purée, sous la cendre ou dans les farçements, les patates sont reines au pays des tartiflettes. La gastronomie fermière s'est aussi donné un bel accent italien avec la polenta. Originaire du Piémont, cette semoule de maïs plus ou moins fine a traversé les Alpes vers le XVIIIe siècle. Appelé « blé de Turquie », ce produit roboratif constituait un plat principal quand les pommes de terre venaient à manquer pendant les longs hivers. La polenta apparaît dans le repas traditionnel montagnard en accompagnement des fricassées de viandes.

Gourmandises

Les bugnes

En Savoie, ce beignet plat est servi les jours de fête ou lors du carnaval. La recette et la forme des bugnes varient légèrement d'un village à un autre. La pâte parfumée à l'eau-de-vie ou à la fleur d'oranger frit dans l'huile chaude. Les bugnes de Savoie dorées sous un voile de sucre glace régalent les enfants.

L'épogne aux pralines

Le terme « épogne » désigne une tarte avec un fond de pâte levée, autrefois cuite au four du village, le « jour du pain ». L'épogne est garnie d'une crème pâtissière et de pralines écrasées lui donnant une bonne mine rose pourpre.

Les rioutes

Originaires de la vallée de la Maurienne, les rioutes marquaient la fin du carême. Dorées à l'œuf, ces brioches parfumées à l'anis sèchent en cuisant lentement au four. En forme de 8, elles se dégustent en les trempant dans un verre de vin.

Les rissoles

Les rissoles (*ci-dessus*) sont des chaussons en pâte brisée ou feuilletée fourrés aux fruits, à la compote ou à la confiture. Cuites en friture ou au four, elles se mangent tièdes ou froides. La « r'zule », son nom en patois, est un dessert de Noël ou de vogue.

Bauges et combe de Savoie

Le massif des Bauges avec sa double vue sur le lac d'Annecy et le lac du Bourget est devenu en 1995 parc naturel régional. Complètement nature, il attire des touristes épris de balades l'été, de ski familial l'hiver dans ses stations-villages.
À moindre altitude, le climat favorise la culture des vergers et du vignoble des vins de Savoie. L'agriculture, malgré le modernisme, a su pérenniser quelques gestes d'autrefois. Un éleveur transportant encore le lait en bidons peut croiser le camion de ramassage d'une laiterie industrielle. Affinés dans un monastère ou dans une fruitière, fermier ou laitier, les fromages, tome des Bauges, abondance et tamié ont l'art de leur terroir.
La cuisine aussi.

Les fromages

La tome des Bauges, arômes de pays

Cet humble fromage des familles qui se grignotait en casse-croûte ou à la veillée est devenue tout récemment une référence. Dans ce massif des Bauges qui prend de haut les lacs du Bourget et d'Annecy, pousse ce merveilleux fromage : la tome des Bauges, une AOC restée artisanale. Elle se fabrique à partir de lait cru de qualité, au cœur d'un parc naturel régional où, en plein air, les vaches tarines et abondances se nourrissent d'herbes et de fleurs fraîches des alpages. Dans le murmure des cascades, et au son des cloches des troupeaux, de petits chemins conduisent le promeneur vers des prés suspendus. Dans les villages, autour du Châtelard, les maisons grises coiffées d'immenses toits en tôle ou en lauze se parent l'été de guirlandes de géraniums. Les granges à foin aux lourdes portes en bois, les oratoires d'une Savoie pieuse avec ses clochers qui fendent le ciel contribuent au bonheur des vrais randonneurs qui aiment pique-niquer à la tome des Bauges et au pain de campagne. C'est par ici que sont produites à la ferme ou en fruitières les 600 t de l'appellation. La méthode de fabrication est entièrement manuelle. Le lait repose en cuve de cuivre avant d'être « crémé à la poche », puis emprésuré. Le caillé est ensuite moulé en faisselles avant d'être pressé. Les tomes d'1,2 kg environ sont mises en saumure puis retournées régulièrement en cave. L'affinage dure 5 à 6 semaines dans une atmosphère très humide à 12 °C. Une moisissure appelée « poil de chat » apparaît sur la croûte que le fromager frotte quotidiennement. Philippe Wattebled, affineur, en parle avec poésie : « Le fromage est au départ comme un petit poussin qui vient de naître. Mon rôle est de lui donner des plumes pour qu'il puisse s'envoler... Je lui apporte une protection, je lui confère une présentation, les fromages sont vraiment une leçon de vie... » Six semaines plus tard, la tome dans sa croûte gris brun aux reflets rouges est prête à être dégustée. Sa pâte fondante et souple, couleur bouton d'or, laisse alors éclater dans le palais des arômes subtilement fruités. Un goût des Bauges inimitable.

Le tamié bien-aimé

Sous la protection de deux massifs, la Belle-Étoile et la Sambuy, le monastère de Notre-Dame-de-Tamié ne pouvait trouver un site plus près de la nature. Au détour d'un chemin, la grosse bâtisse du XVIIe siècle coiffé d'un toit d'ardoise abrite une dizaine de religieux. À l'intérieur, frère Nathanaël, en blanc de travail, s'active auprès d'une grande cuve en cuivre. Moine trappiste, il se consacre à la fabrication du tamié, un fromage qui fait vivre toute la communauté. Partageant ses journées entre la laiterie et la chapelle, il confesse : « En plus de nos sept offices religieux quotidiens, il faut ménager

du temps pour produire le fromage. Nous suivons la règle de Saint-Benoît, qui préconise une vie équilibrée alternant la liturgie, les études et le travail manuel. » En sandalettes et robe à scapulaire, frère Nathanaël mène sa double vie au rythme des étapes du tamié. Ici, la tradition fromagère remonte à 1132 du temps de saint Pierre de Tarentaise. Depuis cette époque, les cloches du monastère rythment le silence des alpages. Elles tintent éternellement, renvoyant leur écho dans les profondes forêts à la lisière de l'abbaye. Ce coin de Savoie quasi coupé du monde l'hiver, à cause de la neige, renaît dès les beaux jours avec le retour des troupeaux en estives. Le lait de vache parfumé à l'air des sapins est collecté pour les moines auprès d'une dizaine de fermiers. Sitôt sorti du pis, il est transformé à la fromagerie monastique. Situées sous le cloître, les caves de 25 m de long accueillent les tamiés encore frais sur des planches d'épicéa pour un affinage sur mesure. Dans une ambiance fraîche et humide aux effluves de levure, de pommes et de fermentation, le tamié atteint sa maturité au terme de 4 à 6 semaines. Sous une croûte couleur safran mouchetée de blanc, la pâte évolue vers une texture bien crémeuse. Frère Nathanaël met toute son âme dans cette activité : « Nous aimons créer ce fromage de nos mains à partir d'une matière vivante et nous apprécions le calme et la sérénité qui règnent dans les caves. » Enveloppé dans du papier bleu frappé d'une croix de Malte blanche, le fromage des moines s'apparente à une tomme ou à un reblochon. Fabriqué en quantité confidentielle (150 t par an), il est vendu sur place mais aussi dans quelques bonnes crémeries. La vente des tamiés assure 75 % des revenus des moines.

Que font les moines du petit-lait du tamié ?

Pour retraiter le petit-lait, les moines-fromagers de Tamié ont mis en place un ingénieux système écologique. Grâce à la méthanisation, les microbes fabriquent du bio gaz, une énergie qui est récupérée pour réchauffer une partie du monastère. Les moines « biotech » ont trouvé ainsi une solution aux problèmes économiques et d'environnement qu'ils rencontraient.

Cochonnailles

Tuer le cochon...

En Savoie, on tue le « caïon ». Ici comme ailleurs, le sacrifice du cochon constituait un événement de la vie rurale, que la société moderne a quasiment éliminé des rites villageois. Quelques jours avant Noël, la cour de la ferme s'animait aux sons et gestes d'un petit groupe de voisins et parents venus prêter main-forte. Dans une atmosphère glaciale réchauffée par une certaine excitation, la communauté paysanne se rassemblait autour du cochon sélectionné pour ses rondeurs. Le tueur, armé d'un couteau bien aiguisé, tranchait la gorge de l'animal dans un jaillissement de sang. Un cri strident fendait le silence du petit matin. Les hommes retroussaient les manches. La bête était ébouillantée, nettoyée, grattée, vidée avant d'être découpée en mille morceaux. Langues, oreilles, joues, pieds, queue, couennes, cuisses, filets, boyaux, cœur, rognons, nourrissaient la famille pendant une bonne partie de l'année. La tuaille finissait à midi par un repas convivial où l'on goûtait la sanguette et le boudin. Pour fêter l'événement, tous buvaient le canon !

Le jambon de Savoie, un produit d'exception

Suspendu chez le charcutier à hauteur de regard, le jambon entier, provenant d'un porc aux cuisses plantureuses, suscite l'appétit. Frotté au gros sel sec et lentement séché, le « meilleur du cochon » est enrobé d'une couenne alléchante couleur marron grillé. Débité en tranches fines, le jambon sec de Savoie, ourlé d'un bon gras, affiche des nuances rouge-bordeaux. Au nez, cette feuille de salaisons exhale des notes salées et une odeur de campagne. Sa texture ferme et fondante estampille sa fabrication bien savoyarde. Autrefois, dans le contexte d'une cuisine frugale et de subsistance, le jambon n'était servi qu'aux grandes occasions. Pour être conservé, il était traditionnellement séché dans les fermes d'altitude à l'air vif. Aujourd'hui, des entreprises, pour la plupart artisanales, assurent la fabrication d'une charcuterie qui se mange au quotidien. Grâce à l'IGP, le consommateur peut être certain de déguster un jambon de Savoie fabriqué avec des porcs de la région et séché au pays pendant 9 mois minimum. Garantir l'authenticité d'une spécialité fermière ancestrale tout en mettant en œuvre les technologies et normes européennes en vigueur, c'est le défi à relever pour les salaisons de Savoie.

Le saucisson sec de Savoie

Posé sur une nappe à carreaux à côté d'une boule de pain de campagne, le saucisson sec fait partie du décor savoyard. Autrefois, les salaisons étaient une nécessité pour conserver la viande de porc, permettant aux paysans d'en manger toute l'année. Les saucissons secs étaient parfois fumés au bois ou à la sciure de hêtre, une tradition haut-savoyarde toujours pratiquée.

Aujourd'hui, en grande surface ou chez l'artisan-charcutier, le saucisson sec est toujours un produit phare. Le bon saucisson requiert des matières premières soigneusement choisies provenant de porcs français nourris principalement de céréales. Jambons, longes, épaules, poitrines et gras de bardière sont les ingrédients nobles qui passent au hachoir à grille moyenne ou grosse. La farce obtenue est assaisonnée puis embossée en boyaux naturels de cochons. Les saucissons sont ensuite étuvés puis mis à sécher de 4 à 6 semaines. Au goût rustique, de ferme de montagne et de gros sel, le saucisson sec est le complice gourmand des bons moments.

Les bons jambons étaient réservés pour les fêtes de famille, les saucisses constituaient la base de l'alimentation paysanne de tous les jours.

Les fameux diots

La potée savoyarde n'aurait pas cette saveur de pays sans les diots. Ce nom proviendrait, par contraction, de *Sabaudia*, origine du mot Savoie. Typiques de la région, les diots étaient jadis fabriqués une fois l'an, quand on tuait le « caïon ». Un temps oubliées, ces petites saucisses fraîches, de 100 g environ, sont de nos jours produites toute l'année. Elles font un retour en force sur les tables savoyardes. Ces saucisses à cuire, pur porc, parfumées à l'ail frais et à la noix muscade, se composent d'épaule dégraissée, de lard découenné et de morceaux de gras. Une recette ancestrale que perpétue Yvette Raffin dans ses ateliers de salaisons à la Rochette : « La viande de porc est hachée gros laissant apparaître le gras et le grain de la viande, elle est ensuite embossée en boyaux naturels, puis la saucisse est étuvée 12 à 24 h pour expurger son humidité. Au toucher, les diots ne suintent plus et sont presque craquants. » Natures ou fumés au bois de hêtre ou de genièvre, ils sont d'une texture tendre et d'une belle couleur rose. Leur cuisson dure 20 min dans de l'eau frissonnante. En version plus gastronomique, les diots à la vigneronne mitonnent 4 h dans un caquelon aux vapeurs de vin blanc sur un lit de sarments de vigne. Polenta, crozets gratinés, pommes de terre ou choux les accompagnent merveilleusement. Ces diots se déclinent en différentes recettes selon les massifs. À Valloire, ils sont à base d'abats. Du côté d'Alberville, on ajoute des poireaux ou des blettes à la viande. Dans les Bauges, Les diots baujus sont aux choux. On en trouve aussi au bœuf. Autant de variantes pour cette spécialité qui traverse le temps sans perdre son goût d'antan !

Pâtes de pays

D'où viennent les crozets ?

Venus de Turin, le pays des pâtes, les crozets, introduits en Savoie au XVIIe siècle, apportèrent aux tables du duché des saveurs pétries de tradition italienne. La transmission de cette recette rustique et familiale s'est faite en estive, lorsque les paysans des deux côtés des Alpes se croisaient avec leurs troupeaux. Le nom de crozet vient du patois « croé » signifiant « petit ». Pendant des décennies, les femmes des hautes vallées savoyardes les façonnèrent à base d'œufs frais et de farines de blé ou de sarrasin. D'un geste sûr, elles découpaient la pâte en minuscules carrés à l'aide d'un couteau-hachoir. Les premiers couteaux étaient fabriqués avec de vieilles lames de faux. Remis au goût du jour, les crozets sont exquis gratinés au beaufort mais accompagnent aussi délicieusement les spécialités régionales comme les diots ou le jambon de Savoie.

La maison des pâtes

L'histoire des pâtes en Savoie a ouvert un chapitre capital sous l'impulsion de la famille Chiron, fabricant depuis plus de 150 ans. Louis Chiron, semoulier-pastier fonda dès 1844 une maison qui compte encore de nos jours. Ce savoyard eut l'idée géniale d'utiliser la force motrice des eaux provenant des Alpes pour broyer les grains de blés dans ses moulins. Six générations ont, tour à tour, contribué au développement de l'entreprise jusqu'au rachat en 2000 par Alpina Savoie. C'est sous cette dernière marque, sans se départir de l'esprit Chiron, que la société est passée troisième producteur de pâtes sèches en France. Le groupe savoyard, installé à Chambéry, propose aujourd'hui toute une collection de pâtes, dont les fameux crozets. Le procédé de fabrication artisanal transmis par François Fraissard, un passionné de tradition pastière régionale, permet à Alpina Savoie d'offrir aux crozets une nouvelle jeunesse. Le succès intemporel du produit s'explique par son côté authentique et convivial si bien exprimé par la « croziflette » (crozets, reblochon et jambon en gratin). Alpina Savoie propose au consommateur d'autres spécialités comme les taillerins, sortes de tagliatelles parfumées aux champignons, noix, châtaignes ou myrtilles, ainsi que des pâtes grillées toutes prêtes. La recette d'autrefois consistait à faire « rouiller » les pâtes en les faisant revenir à la poêle avant d'y ajouter de l'eau.

Jean-Michel Bouvier : Pourquoi pas un sorbet de reblochon ?

Restaurant L'Essentiel
183, place de la Gare
73000 Chambéry
Tél. 04 79 96 97 27

« Mes parents étaient paysans à La Motte-Servolex. Quand on tuait le « caïon » à la ferme, je faisais sauter les cours pour participer à la fête ! » C'est également tout gamin que Jean-Michel Bouvier s'est épris de gastronomie en voyant travailler sa grand-mère, cuisinière dans les maisons bourgeoises. Aujourd'hui, que ce soit à l'Essentiel, sa table étoilée de Chambéry, ou dans ses restaurants d'altitude, le chef trublion réinterprète avec audace les recettes traditionnelles. Avec lui, quand le reblochon devient sorbet ou jaillit du fond d'un nem, tout le patrimoine culinaire savoyard est en émoi.

« Je mets les produits en valeur, j'épure les plats quitte à revisiter les grands classiques. »

Il adore les Bauges, le ski, la marche à pied, la région, ses Savoie, hiver comme été. Parce qu'il possède plusieurs établissements en montagne, Jean-Pierre Bouvier s'agite tout en se nourrissant de la force des paysages et de belles convictions : « J'appartiens à une génération de chefs nouveaux qui pense que la cuisine française doit se réveiller car elle est trop sclérosée ! » Un discours engagé que Jean-Michel Bouvier met en œuvre lorsqu'il propose de changer la face des produits du terroir en dynamisant une côte de porc braisée, un tournedos de cerf, ou une raviole de caïon. Chacune de ses recettes est un puzzle de saveurs : frito de polenta, gratinée de cardons, milk-shake de courges à la tomme blanche ou cappucino aux herbes. Dans une salle moderne oxygénée par des sculptures florales, les préparations arrivent sur assiette, installées comme des œuvres éphémères. Le chef remuant restructure les produits à sa guise, porc en allumette ou sorbet de tomates servi en mini-cornet. Le chef chambérien résume sa philosophie : « Il faut préserver nos artisans et travailler avec les petites maisons. Je mets le produit en valeur, j'épure les plats quitte à revisiter les grands classiques. » Avec la formule qui le fait avancer : « Au resto, ça doit décoiffer », Jean-Michel Bouvier donne un coup de jeune à sa tartiflette. Elle se présente en trilogie : crème de pommes de terre, mousse de lard et sorbet au reblochon ! Dans son implication terroir, l'artiste de l'Essentiel aborde le sujet AOC avec lucidité : « Les appellations sont certes des gages de qualité, mais je connais certains petits producteurs qui font des fromages sans l'AOC, et qui sont pourtant formidables ! » Le reblochon notamment est pour lui une inépuisable source d'inspiration. Sous des airs exotiques, sa création baptisée « le Savoyard fait ses nems » n'est finalement pas si éloignée de la façon dont se mangeait le reblochon autrefois ! En effet, quand les fromages devenaient trop durs, les vieux paysans édentés les faisaient fondre et y trempaient leur pain.

Recette de chef

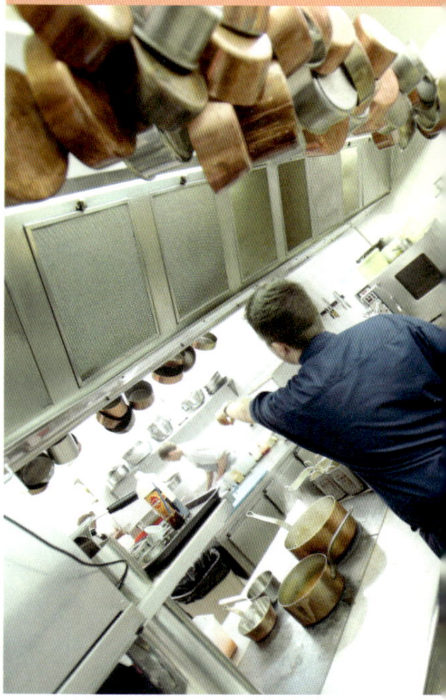

Le savoyard fait ses nems

Couper la brick en 4. Faire suer les oignons avec le lard fumé découpé en lardons. Ajouter le reblochon détaillé en morceaux et 100 g de crème liquide. Laisser chauffer 5 à 10 min. Assaisonner en sel et poivre. Faire revenir les pommes de terre en cubes dans une poêle.

Ajouter les pommes de terre dans la crème de reblochon.

Garnir le centre de la brick avec le mélange. Rouler la feuille de brick comme un nem. Réserver au frais.

Dorer au jaune d'œuf avec un pinceau. Faire cuire au four à 250 °C pendant 4 à 5 min.

Disposer les nems au centre de l'assiette, accompagnés de jambon cru et d'une petite salade d'herbes.

Ingrédients

- reblochon fermier
- feuilles de Brick
- 100 g de lard fumé
- 1 jaune d'œuf
- brunoise de pommes de terre
- sel et poivre
- 100 g de crème fraîche

Parfums de montagne

Le vermouth de Chambéry

D'origine turinoise, cet apéritif donna des idées au liquoriste-distillateur savoyard Joseph Chavasse qui, bénéficiant d'un jardin aromatique à portée de main, « chambérysa » le vermouth italien. C'était en 1821, quand la Savoie appartenait au royaume du Piémont-Sardaigne. Le vermouth de Chambéry est une spécialité élaborée à base de vin blanc sec et d'un assemblage de 30 plantes parmi lesquelles gentianes, absinthes, camomilles romaines et roses pâles du Maroc. La macération à froid dure un mois. D'une couleur limpide quand il est sec, le vermouth devient doux quand le fabricant y ajoute du sucre, et rouge avec l'addition de caramel. Cocktail de plantes aux parfums de montagnes, ce breuvage au goût subtil titre à 17,5 ° d'alcool. Servie au bar avec de la liqueur de fraise, la chambéryzette est appréciée des connaisseurs. Le vermouth, produit fort de Chambéry, compta jusqu'à 22 fabricants dans le passé. Le pionnier, Joseph Chavasse créa bien d'autres élixirs aux noms évocateurs : crème royale, parfait amour, eau d'or, amour sans fin ou permission de minuit ! Seul son vermouth a franchi les frontières de la notoriété, remportant une médaille d'or à Philadelphie en 1860. Depuis, le vermouth Dolin, du nom de ses héritiers, est toujours fabriqué à Chambéry, parallèlement aux sirops Marie Dolin, très innovants avec leurs parfums bi-fruits.

Le génépi des Alpes

Il est une tradition en montagne de finir le repas en prenant un génépi dans sa tasse à café ou dans un petit verre. Cet alcool fort, fragrance des Alpes aux vertus digestives, évoque la puissance et le parfum d'altitude. La liqueur tire son nom et son caractère du génépi, une plante de la famille des armoises, poussant dans les moraines glaciaires alpines entre 1 000 et 2 000 m. Le génépi à petites fleurs jaunes et feuilles veloutées est très odorant, d'ailleurs les chamois s'en délectent l'été. Les brins de génépi fraîchement cueillis sont baignés dans l'eau-de-vie et macèrent avant distillation. Mais chacun a son art de distiller, concentrant ainsi à l'intérieur de chaque bouteille des arômes personnalisés et des couleurs oscillant du vert transparent au jaune tendre.

Qu'est-ce que le bonal ?

C'est un apéritif à base de racines de gentiane du massif de la Chartreuse. Contrairement à la Suze ou au Salers, elles ne macèrent pas dans l'alcool mais dans une mistelle, c'est-à-dire un jus de raisin qui a commencé à fermenter et dans lequel on ajoute de l'alcool pour stopper la fermentation. On y verse de la chartreuse, de l'écorce d'orange et du caramel. L'apéritif, qui titre 16 °, est fébrifuge et tonique. Vendu sous le slogan « la clé qui ouvre

l'appétit », le bonal fut inventé en 1865 par un moine médecin installé à Saint-Laurent-du-Pont.

Sirops de chez Routin

Avec 300 parfums, la société Routin constitue un empire du sirop. Le fabricant chambérien, numéro deux français derrière Teisseire, occupe la place de premier exportateur mondial ! À La Motte–Servolex, l'usine ultramoderne produit une palette infinie de sirops aux fruits ou fleurs, dont la célèbre violette. Les propriétaires, la famille Clochet, ont diversifié l'activité en créant une brasserie spécialisée en bières typées Savoie : "aiguilles blanches", "piste noire", "bâton de feu" ou "mousse au génépi". Cette maison innovante reste néanmoins fidèle à l'esprit des débuts : l'élaboration de liqueurs et alcools. Il y a 120 ans, Philibert Routin, fondateur d'une fabrique de vermouth à Chambéry s'était fait remarquer à l'exposition universelle de Londres.

Les vins

Producteurs recommandés

Le cru arbin :
Louis Magnin pour sa cuvée « la brova ».

Le cru Cruet :
La cave de Cruet.

Le cru saint-jean-de-la-porte :
Domaine Bouvet, Michel Grisard.

Combe de Savoie : vins distingués et natures

Dans le prolongement de la vallée du Grésivaudan et de la cluse de Chambéry, la Combe de Savoie déploie ses sympathiques vignobles plongeant sur la rivière Isère.

Le cru montmélian (cépage jacquère et roussanne appelé ici le bergeron) se complaît sur les communes de Francin et Montmélian. L'urbanisation de la ville de Montmélian pousse les vignerons vers le haut des coteaux.

Le cru arbin occupe une trentaine d'hectares entre Arbin, Cruet et Montmélian. Ce vin rouge fort réputé, issu du cépage mondeuse, développe de beaux arômes de violette, de cassis et de poivre rivalisant avec la syrah du nord de la vallée du Rhône.

Le cru cruet est un vin de Savoie blanc à base de jacquère, chardonnay et roussette. En rouge, il emprunte ses cépages à la mondeuse et au gamay mais également à quelques plants de pinot noir ou de persan.

Le cru saint-jean-de-la-porte, cépage mondeuse, est en aoc tout comme les vins produits à Saint-Pierre-d'Albigny et à Fréterive où quelques vignerons signent de grands rouges à base de mondeuse, et de belles roussettes.

Crus de Savoie : frais et vigoureux

Dans la cluse de Chambéry, riche vallée qui sépare les massifs préalpins de la Chartreuse et des Bauges, six crus AOC se taillent une belle réputation :

La roussette de Savoie cru monterminod. Composé de petites parcelles en terrasses adossées aux pentes du Nivolet, ce petit vignoble de 9 ha profite d'un bel ensoleillement. Issu du cépage altesse, ce vin est à sauvegarder, victime de l'urbanisation de Chambéry.

Vin de Savoie cru saint-jeoire-prieuré. Cette AOC prend racine aux abords de Challes-les-Eaux sur une vingtaine d'hectares environ et donne un vin blanc de cépage jacquère séduisant.

Vin de Savoie cru chignin. Les vignes épousent les contours du village de Chignin. Le cépage jacquère confère élégance et finesse à ce vin très aromatique. Le chignin rouge est issu soit de gamay, de pinot noir ou encore de la mondeuse, signatures de vins de caractère.

L'AOC chignin-bergeron habite les communes de Chignin, Francin et Montmélian. Ce blanc, cépage roussanne, est un vin sec, racé, aux arômes de citronnelle, de coing et de cire, qui le rapproche des notes florales de l'hermitage.

L'apremont (cépage jacquère) s'épanouit sur les villages d'Apremont, Les Marches et Saint-Badolph. Représentant à lui seul 30 % de la production totale des vins de Savoie, l'apremont est forcément le plus populaire. Ce blanc, mis en bouteille rapidement, acquiert un perlant caractéristique et conserve une fraîche insolence.

L'abymes provient des communes d'Apremont, Myans, Les Marches et Chapareillan (Isère). Issu du cépage jacquère, cette AOC est très proche gustativement de l'apremont, avec des arômes fruités et de pierre à fusil hérités du sol calcaire où il est cultivé.

Producteurs recommandés

La roussette de Savoie cru monterminod : **Château Monterminod.**

Vin de Savoie cru saint-jeoire-prieuré : **Château de la Gentilhommière.**

Vin de Savoie cru chignin : **Jean Perrier et Fils, André et Michel Quenard.**

Le cru apremont (cépage jacquère) : **Pierre Boniface « Cuvée Les Rocailles », Franck Noiray.**

Le cru abymes : **domaine des Granges Longes, F. Masson pour sa rare cuvée issue du cépage verdesse.**

Le Printemps des Chèvres
Faverges

La Haute-Savoie

La vie en relief

Ce petit joyau de département harmonieusement enchâssé dans un décor de neige, lacs et vallées fleuries brille à l'est de Rhône-Alpes. Megève, Chamonix, Annecy, Évian, Courchevel font connaître la Haute-Savoie dans le monde entier. La nature souveraine réserve des moments inédits à ceux qui la respectent. Tapis d'edelweiss, parfum de gentianes, traces de marmottes, silhouettes de bouquetins, vols de choucas composent un spectacle brut d'émotions. Au cœur des quatre grands domaines skiables dominés par le mont Blanc, 49 stations reçoivent une clientèle française et étrangère en piste pour mordre la poudreuse ou vivre des sensations vertigineuses. Côté lac, Annecy capitalise du charme à l'état pur avec ses canaux ourlés de géraniums, et sa façon d'être une petite Venise savoyarde. Bordant les lacs poissonneux du Léman, Évian et Thonon-les-Bains cumulent attraits du thermalisme et paradis pour plaisanciers. L'agriculture de qualité fournit une mosaïque de produits à déguster, fromage fermiers, vins et salaisons perpétuent dans un bel esprit de tradition le terroir dans toute sa splendeur.

Repères

Superficie 4 391 km^2.
Chef-lieu : Annecy.
4 arrondissements,
33 cantons,
291 communes.
Population :
568 286 habitants.
Point culminant :
le mont Blanc (4 808 m).

La ronde des AOC

Reblochon

Le tendre reblochon au bon goût de levain tient son drôle de nom d'une histoire de paysans rusés. Fabriqué au lait de vache cru et entier en Haute-Savoie et dans le Val d'Arly (Savoie), ce fromage tout simple est devenu une star. En un siècle, la production de reblochon fit un bond spectaculaire, passant de 40 à 18 000 t ! Propulsé à la troisième place nationale des AOC par l'essor du tourisme d'hiver qui fit découvrir le fromage à tartiflette.

Abondance

Fromage d'appellation d'origine contrôlée depuis 1990, l'abondance est fabriqué dans la partie montagneuse de Haute-Savoie où les vaches de races locales, dont l'abondance, se nourrissent de pâturages d'altitude tapissés de fleurs. Les procédés de fabrication et d'affinage sont les mêmes depuis cinq siècles, avec toile de lin et cercle de hêtre qui donnent aux meules une forme caractéristique. Sa pâte de couleur ivoire à jaune pâle onctueuse sous une croûte ambrée secrète une saveur douce amère unique.

Chevrotin

Déjà repéré au XVIIe siècle, le chevrotin a attendu 2002 pour être certifié AOC. 25 producteurs, 5 affineurs et une centaine d'exploitations perpétuent la tradition de ce chèvre dans son berceau naturel : les Aravis, le Chablais et le Mont-Blanc. Le chevrotin est un fromage au lait cru et entier, à pâte pressée non cuite, rond et de petite taille. Sa croûte recouverte d'une mousse blanche semble protéger son goût original qui varie selon les producteurs. Rappelant la fabrication du reblochon, ce fromage est laissé en cave d'affinage pour une durée minimum de 3 semaines.

Vins de Savoie

Comparée à sa voisine, la Haute-Savoie ne fournit que 10 % des vins de l'appellation. Les 170 ha de vignoble sont répartis sur trois régions. La rive sud du Léman où les blancs dominent : les crus marin, ripaille, marignan, et crépy, tous plantés en chasselas, donnent un vin sec, perlant, fin et léger. Plus en amont, dans la vallée de l'Arve, des coteaux ensoleillés produisent l'ayze issu du gringet, un cépage rapporté de Chypre au XIIIe siècle par les évêques du concile de Trente. En ce qui concerne la région du lac du Bourget, de Seyssel et de la rive gauche du Rhône jusqu'à Yenne, le cépage essentiel est l'altesse, très typique dans ses arômes.

Haute-Savoie

Aravis et pays du Mont-Blanc

Sur la route des vacances, hiver comme été, les prétextes pour photographier le paysage ne manquent pas. Magistral, le pays du Mont-Blanc guide le touriste vers l'exploit au sommet, ou une performance plus modeste. Les yeux rivés sur 4 808 m, depuis Chamonix ou Saint Gervais-les-Bains, les fondus de ski sont au paradis blanc. Plus bas, en bleu lac, Annecy, allurée dans son écrin de nature additionne les agréments d'une petite Venise au pied du Semnoz. Autre carte postale, en direction du col des Aravis, les Bornes, petite montagne, et son plateau des Glières couvert de vergers offrent un avant-goût des villages stations, et des bonnes adresses de fromages.

Haut-pays du fromage

La tradition fromagère est une composante savoyarde depuis des siècles. Sur ce territoire classé à 93 % en zone de montagne, le lait est la première production agricole des Savoie, avec ses 2 200 exploitations laitières, 85 000 vaches et 13 000 chèvres.

Le reblochon AOC

Les massifs du Mont-Blanc, des Préalpes, du Haut-Giffre, des Bornes et des Bauges dans sa partie nord dessinent le berceau d'origine de ce fromage. Là-haut, les vaches à reblochon sont de race abondance, tarine ou montbéliarde. Venu du fin fond du Moyen Âge, ce rustique produit paysan est arrivé à se tailler une sacrée réputation. Galvanisé par la tartiflette et revisité par les chefs, le reblochon appartient résolument au patrimoine affectif contemporain.

Le reblochon fermier est un fromage vivant. Sa saveur varie suivant la saison de fabrication : lait d'alpage ou lait d'étable, le goût n'est pas le même. Qu'il soit d'été ou d'hiver, chaque reblochon est différent avec une même recette. Le lait est d'abord chauffé à 33 °C puis emprésuré. Ensuite, le caillé, finement découpé et placé dans un moule tapissé d'une toile, s'égoutte. Le fromager appose une pastille de caséine sur les reblochons qui sont pressés avant d'être démoulés. Placés en cave fraîche à 12 °C, salés, brossés, retournés, lavés, ils s'affinent sur planches d'épicéa pendant deux à trois semaines. Se recouvrant doucement d'une croûte jaune orangée, leur pâte deviendra douce et onctueuse, au goût de noisette. Le connaisseur choisit son reblochon en le tâtant. Délicieux nature sur une tranche de pain, en tartiflette ou en péla, le reblochon respire à chaque bouchée l'air vif des Aravis avec ses prairies fleuries et ses vaches à gros pis.

Classement des fromages

Reblochon AOC : 18 000 t.
Tomme de Savoie IGP : 6 000 t.
Beaufort AOC : 4 450 t.
Emmental de Savoie IGP : 2 700 t.
Abondance AOC : 1 500 t.
Tome des Bauges AOC : 600 t.
Tamié : 150 t.
Chevrotin AOC : 100 t.

Que veut dire reblochon ?

L'histoire du reblochon remonte au XIIIe siècle. Les paysans devaient payer leur fermage aux propriétaires sur la base de la quantité de lait produite en une journée. Malins, les fermiers pratiquaient une traite incomplète le jour du contrôle, afin de diminuer cette contribution. Quand l'inspecteur avait tourné les talons, ils finissaient de traire leurs vaches, s'octroyant le restant de lait pour faire leurs propres fromages. C'est cette petite fraude qui a donné son nom au reblochon : en patois « re-blocher » signifie pincer les pis de la vache une deuxième fois.

Fermier ou non, comment le reconnaître ?

Le reblochon est fermier quand il porte sur sa croûte une pastille verte en caséine, un composant naturel du lait. La pastille rouge indique quant à elle que le fromage vient d'une laiterie ou d'une fruitière. Ces identifiants portant un numéro de producteur garantissent la traçabilité du reblochon. Le fromage fermier est élaboré sur l'exploitation même, aussitôt après la traite du matin et du soir, alors qu'en laiterie la fabrication n'a lieu qu'une seule fois par jour avec du lait fourni par plusieurs producteurs. Un cinquième des reblochons est d'origine fermière.

Le chevrotin : le seul chèvre AOC savoyard

Le chevrotin, fromage de chèvre comme son nom le laisse pressentir, est une pâte pressée non cuite au franc goût de montagne. Affiné pendant trois semaines sur des planches d'épicéa, le chevrotin se présente comme une sorte de reblochon qui, sous sa croûte recouverte de fine mousse blanche, révèle une pâte onctueuse et douce. Il se fabrique entièrement à la main, avec plusieurs laits de chèvres (alpine chamoisée, alpine de pays ou noire de Savoie) d'un même troupeau. Ce fromage aux trois siècles d'histoire est né en toute simplicité. Les paysans les plus pauvres qui n'avaient pas les moyens d'acheter des vaches laitières se contentaient de posséder quelques chèvres. Les familles buvaient leur lait et l'excédent servait à faire les chevrotins. Aujourd'hui encore, dans ce pays de vaches, les chèvres continuent de crapahuter sur les pentes abruptes des Bauges, des Aravis ou du Chablais. Grâce au dynamisme d'une quarantaine de producteurs, le chevrotin (76 t par an) trouve sa place sur les plateaux de fromages savoyards. C'est, après le picodon, le deuxième fromage de chèvre en Rhône-Alpes à être gratifié d'une appellation d'origine contrôlée.

Infos pratiques

Maison du reblochon
Rue Saint-Blaise BP 55
74230 Thônes
www.reblochon.fr

L'Union des producteurs de reblochons fermiers.
Créée en 1982,
elle regroupe les 188 producteurs de la vallée de Thônes et des Aravis.

Reportage

Nicolas dans son jardin d'alpage

« Quand les bêtes arrivent à l'alpage, nous remplaçons leurs cloches, qui font partie du folklore de la transhumance, par de plus petites, moins lourdes, car il fait chaud. »

Agrippé aux contreforts de la chaîne des Aravis, Manigod, près de Thônes, semble tout droit sorti d'un conte de Heidi. Ce village de Haute-Savoie est celui de Madeleine et de ses deux fils Franck et Nicolas, les fermiers du « Picard ». Ensemble, les Veyrat fabriquent quatre fromages bien de chez eux : la tomme de Savoie, le reblochon, le chevrotin persillé et la tomme de chèvre. Nicolas, 26 ans, jeune fermier d'alpage, ne rechigne pas devant ce métier à l'ancienne imposant une vie champêtre loin de l'excitation des villes. Malgré la pénibilité du labeur, il s'enthousiasme : « J'aime les paysages qui nous entourent, la montée en alpage au printemps, les bêtes, les fenaisons, la transhumance et la saison d'automne qui nous fait redescendre pour l'hiver. » Fin mai, l'ascension vers les prés fleuris avec le troupeau de 60 vaches et 40 chèvres est comme un pèlerinage. En chemin, chapelles, oratoires, chalets de bois, granges, abreuvoirs défilent pêle-mêle. Vers la Croix-Fry, quelques petites pointes de neige, souvenirs d'hiver, résistent encore à l'effervescence printanière. Dans les combes de pâturage, la nature déploie tout son nuancier de verts. Les herbes drues flirtent avec les crocus, de grands boutons d'or brillent à côté des reines-des-prés. Plus haut, edelweiss, pensées sauvages, myosotis et rhododendrons composent un beau jardin suspendu. C'est à cet endroit que les vaches brunes au pied montagnard broutent nonchalamment le parfum de leur lait. Autre moment de poésie, le rituel des cloches, que Nicolas se plaît à raconter : « Quand les bêtes arrivent à l'alpage, nous remplaçons leurs cloches, qui font partie du folklore de la transhumance, par de plus petites, moins lourdes, car il fait chaud. Les cloches ont leur utilité. Lorsque les vaches s'échappent, bravant les clôtures, les clochettes qui tintent joyeusement nous aident à les repérer et à les retrouver. »
Le clan Veyrat s'installe au col de Merdassier pour six mois de vie au grand air et de convivialité de chalet. Tandis que Franck reste à la ferme d'en bas pour la fenaison, là-haut on s'active à la traite des vaches et des chèvres et à la fabrication des vrais fromages d'alpage. Le chalet d'altitude des Veyrat, en bois d'épicéa, croule sous les géraniums et le lierre plantés par Madeleine. Les grosses cloches qui décorent la façade sont si belles que les randonneurs prennent ce chalet pour un hôtel-restaurant... sans être trop déçus puisqu'ils peuvent repartir avec un reblochon sous le bras.

SIR
FERMIER
377

Chevrotin d'aujourd'hui

Ce jour- là, il a beaucoup neigé sur La Clusaz. Marc Agnelet mène en calèche un groupe de touristes venus visiter son exploitation. Les chevaux de trait soufflent un nuage de vapeur, les hochets tintent, le chevrier du hameau de Platuy raconte son pays, parle de ses grands-parents fermiers et retrace la genèse du chevrotin : « Il y a très longtemps, la location d'alpage était réglée au propriétaire en chevrotins. Ici, les paysans avaient toujours à côté de leurs troupeaux de vaches une dizaine de chèvres. La production de chevrotins était saisonnière après que les chèvres eurent mis bas leurs chevreaux. Maintenant, on produit ce fromage toute l'année. » Président de l'appellation du chevrotin, Marc Agnelet est fier de rappeler qu'après l'AOC de 2002, « son » fromage a obtenu l'AOP en 2005, ce qui le protège dans toute l'Union européenne.
Une vraie consécration pour ce chèvre d'origine Aravis.

Le persillé des Aravis

Traditionnellement, le persillé des Aravis se fabriquait en automne avec le lait de brebis ou de chèvre du pays pour être consommé après deux mois d'affinage, à Noël. Ce chèvre au lait cru et entier, de forme cylindrique, d'une douzaine de centimètres de hauteur pèse une livre. Sa pâte friable mais douce est entourée d'une épaisse croûte de couleur grise aux moisissures blanches et orangées. Ce fromage s'appelle « persillé » car on observe plusieurs nuances dans sa pâte provenant des deux caillés différents, créant une texture marbrée caractéristique. Certains fermiers l'affinent en bleu. Mangé mâture, ce fromage de berger fleure bon la vigueur des montagnes de Thônes, du Grand-Bornand ou de La Clusaz.

Sérac : frais comme un glacier

Autrefois, on ne trouvait ce fromage de pauvre que sur les tables de familles sans grands moyens. Frais comme un bloc de glace d'où il tire son nom, le sérac est fabriqué avec du petit lait de chèvre, de brebis ou de vache et vendu en motte sur les marchés. Peu calorique, tout blanc et de texture souple, ce fromage s'apprécie nature ou poivré avec un filet d'huile d'olive qui lui donne encore plus de relief.

Rayon gourmandises

La cloche d'Annecy

Cette petite cloche en chocolat, fourrée au praliné noisette avec un soupçon de Grand-Marnier, est un clin d'œil à la célèbre fabrique de cloches Paccard. La marque et le modèle sont déposés par la maison Fidèle-Berger, une institution à Annecy.

Roseaux du lac

Ce chocolat à l'alcool en forme de bâtonnet évoque une « fleur » de roseau du lac d'Annecy. Créée en 1924 par un artisan annécien, la recette complexe nécessite 12 heures de patience pour sa réalisation. Renfermant des liqueurs de chartreuse, poire, génépi, café ou framboise, cette confiserie est enrobée de paillettes de chocolat noir.

Le bescoin

Un peu éclipsé aujourd'hui des étals de gâteaux, le bescoin, dérivé de biscuit, est une sorte de pain brioché au safran et aux graines d'anis vert. Ces parfums du sud plutôt surprenants pour une spécialité savoyarde se justifient par l'histoire commune du duché de Savoie avec le Piémont et le comté de Nice. Cette pâtisserie de boulanger localisée surtout au Grand-Bornand et à La Clusaz était un rituel du 15 août. La coutume voulait que le parrain offre ce jour-là un bescoin à son filleul. Rustique et couleur safran, le bescoin est apprécié au petit-déjeuner et au goûter, agrémenté de beurre frais ou de miel.

Miel : crème de fleurs

Comme le berger avec ses moutons, l'apiculteur fait transhumer ses ruchers au fil des floraisons. Dès l'éclosion du printemps, le monde des abeilles est en effervescence. Recherchant amoureusement les meilleurs parfums de la nature, les ailes en émoi, elles butinent goulûment sucs et nectars. Au gré du vent, les ouvrières font leur marché aux fleurs. Chargées de provisions, elles regagnent alors les petites cabanes où règne une activité bourdonnante. La fabrique à miel est en marche, sous l'autorité de la reine. Crémeux, onctueux, fruité, rustique, le fruit du labeur des abeilles suinte dans de belles nuances, passant du jaune soyeux à l'ambre doré. Rhône-Alpes, avec ses terroirs du sud (Drôme, Ardèche et Isère), concentre d'importantes quantités de miel. Les Savoie quant à elles offrent un produit typiquement alpin, très fin et puissant en bouche avec ses miels d'acacia, de forêts (alliance boisée de tilleuls, ronces et châtaigniers) de sapin, de montagnes dont un somptueux mélange floral fait de centaurée, scabieuse, vesce, sainfoin et rhododendron. Ce bouquet d'arômes est composé par les abeilles de 20 000 ruches en Savoie, 15 000 en Haute-Savoie. Cependant les pesticides et les pratiques agricoles modernes menacent la production : les abeilles meurent, les fleurs de prairies tendent à disparaître. Le miel, don de la nature, devient un produit rare et de luxe.

Le Chablais

Le Léman, petite mer franco-suisse, est le théâtre d'une myriade d'activités : pêche, tourisme et thermalisme. Évian, Thonon-les-Bains et la jolie cité médiévale d'Yvoire rivalisent de charme. Les vignobles, avec leurs chasselas en bord de lac, donnent des blancs tranquilles. Dans la vallée de l'Arve, du côté de Bonneville, l'ayze pétille et les bonnes charcuteries ont toujours le goût de "caïon". La montagne pointe le bout de ses cimes aux Portes du Soleil et des grands massifs où les stations scintillent : Les Gets, Avoriaz, Morzine, Samoëns ou Flaine. Ici, le fromage abondance tire son nom d'une vallée où les vaches font tinter leurs cloches. Le Genevois, du côté d'Annemasse, prend ses aises de quartier résidentiel, étouffant les derniers rangs des framboises de Machilly.

Fromages à cœur

L'abondance, un fromage racé

Vallée du nord des Alpes savoyardes, l'Abondance donna son nom à un fromage au cœur de terroir. Les moines, dès le Moyen Âge, l'ont porté sur les fonts baptismaux, le livrant en Avignon à chaque élection d'un pape. Bien plus tard, ce fromage vécut son propre couronnement l'année 1990, date de l'obtention de l'AOC. 1 500 t d'abondance sont aujourd'hui fabriquées en Haute- Savoie dans les fruitières ou à la ferme. Chaque meule de cette pâte pressée mi-cuite au lait cru entier est identifiée par une plaque de caséine bleue.

L'abondance, c'est aussi une vache de caractère qui donne un lait extraordinaire. Présente depuis des lustres dans les montagnes haut-savoyardes, cette race locale robuste résiste au climat rude et s'adapte aux reliefs tourmentés. Avec leur robe acajou, leurs yeux comme maquillés de cernes bruns, ces bêtes sont indissociables des paysages au parfum de fermes. L'été, sabots et cloches mettent en musique la montée des troupeaux vers les zones d'alpage. Foulant l'herbe grasse truffée de fleurs, ils atteignent des prairies d'altitude arrosées comme des jardins sous l'effet d'un climat particulièrement pluvieux. L'hiver, quand leurs pâturages sont devenus pistes de ski, abondances, mais aussi tarines et montbéliardes retrouvent l'étable pour se régaler de foin.

Qu'est-ce qu'une fruitière ?

Autrefois, les paysans regroupaient leurs troupeaux de vaches dans les vastes alpages et fabriquaient ensemble de grosses meules de fromage. Ce « fruit » commun était ensuite partagé entre eux. Aujourd'hui, une fruitière (voir p. 390) est une coopérative de village avec sa partie vente en direct attenante à la laiterie. Gérard Chabert, un grand nom du fromage, défend ce système de production communautaire : « Ici, le lien est très fort avec les hommes, les produits, les terroirs, et les savoir-faire. C'est une façon de dire "non" à la concentration qui risquerait d'aboutir à une fromagerie industrielle unique dans la région et à des produits uniformes. »

Par peur de voir disparaître cette tradition typiquement savoyarde, les élus locaux soutiennent la réorganisation des fruitières dans un souci d'aménagement du territoire.

Petite recette : le berthoud chablaisien

Frotter un ramequin à l'ail et disposer de fines lamelles d'abondance. Arroser d'une cuiller de madère et de vin blanc de Savoie. Poivrer, Faire gratiner 5 min au four. Déguster avec des pommes de terre.

Pierre Carrier : vertiges de cuisinier

Hameau Albert-1er
Pierre et Martine Carrier
38, rue du Bouchet
74402 Chamonix Mont-Blanc
04 50 53 05 09

L'ancienne auberge « esprit campagne » plantée au cœur de Chamonix est devenue en un siècle le fief des Carrier, version hôtel-restaurant de prestige. Le maître des lieux, Pierre, fit ses classes auprès des meilleurs chefs de l'Hexagone. Ce petit tour de France conforta le jeune haut-savoyard dans l'idée de faire le même métier que son père et de s'ouvrir à une cuisine de produits. Dans sa maison haut-de-gamme, où cohabitent sincérité paysanne et originalité d'artiste, le chef de l'Albert-1er met à la carte son sérieux et ses pointes d'audace.

Pierre Carrier à son gendre et second : « La notion de terroir a de la valeur. Que je sache, la Savoie n'est pas New York ou Tokyo. »

Dans son grand jardin à fleur de neige, Pierre Carrier fait pousser des herbes de montagne et des légumes oubliés comme le panais. À Chamonix, le chef-propriétaire du Hameau Albert-1er défend ardemment les spécialités régionales qui sont appelées à disparaître : « La cuisine savoyarde est simple, roborative et paysanne, à base de choux, patates, cochon, fromages. Les restaurateurs ont un rôle à tenir face à une cuisine mondiale trop tournée vers la technique. » Sans se soucier des modes, privilégiant « sa » culture des saveurs, Pierre Carrier illustre parfaitement cet engagement avec la recette d'omble chevalier au miel : « Le miel est fait maison, c'est une sorte de sirop de bourgeons de sapin que nous ramassons au printemps. En réduction épaisse très concentrée, acidulée, résineuse, cela rehausse le poisson de nos lacs alpins. » L'omble chevalier est un poisson inégalable pour Pierre Carrier qui allait le pêcher tout gamin au-dessus de Chamonix dans les lacs d'Anterne et Cornu. Dans sa maison chamoniarde centenaire, il insuffle aussi à sa cuisine les influences historiques du royaume du Piémont. Complice de saveurs empruntées à la vallée d'Aoste (truffes, noisettes, fromages) et à l'ex-comté de Nice (basilic, huile d'olive), Pierre Carrier ensoleille les assiettes. Recréant le « Grand Menu de la Maison de Savoie », il adresse de la sorte un clin d'œil au « royaume » : « Je sers 14 plats en dégustation, des produits très typés qui ont du caractère et du goût. C'est mon empreinte, mon identité, je suis attaché à la notion de terroir et de région, le client ne veut pas manger ici la même chose qu'à New York ou Tokyo. »

Recette de chef

Ingrédients pour 4 personnes

- 1 kg de bourgeons de sapin
- 2 litres d'eau
- 750 g de sucre
- 4 filets d'omble de 300 g
- 200 g de beurre
- 2 bottes de 12 jeunes carottes fanes
- 20 cl de bouillon de légumes
- 2 c. à soupe de crème fouettée
- 300 g de miel de bourgeons de sapin
- vinaigre balsamique vieux

Omble chevalier au miel de bourgeons de sapin

Cuire les bourgeons dans l'eau 1/2 heure, laisser infuser à couvert pendant une demi-journée, passer en pressant bien pour extraire tout le jus, remettre sur le feu doux et porter à ébullition pour réduire de moitié, ajouter 750 g de sucre et cuire à nouveau jusqu'à l'obtention d'un litre de sirop épais.

Pour la sauce
Mettre le bouillon dans une casserole avec 200 g de miel, porter à ébullition et laisser cuire doucement jusqu'à 1/3 de réduction.

Pour les carottes
Faire confire les carottes dans une casserole avec 100 g de miel, 100 g de beurre et 20 cl de bouillon de légumes. Cuire doucement, ajouter sel et poivre du moulin.

Poêler les filets d'omble – côté peau – doucement avec 50 g de beurre pour obtenir une légère coloration, retourner pendant 30 s côté chair. Réserver.

Enlever la peau, assaisonner. Les dresser sur assiette très chaude. Dresser les carottes en bouquet. Finir la sauce en la fouettant sur le feu avec les 50 g de beurre frais puis les 2 cuillerées de crème, assaisonner et porter à ébullition. Saucer autour des filets et ajouter quelques gouttes de vinaigre balsamique.

Salaisons savoyardes

« Savoie » : ce nom porte en lui une image positive qui rayonne authentiquement dans le cœur de ses visiteurs. Le tourisme amorcé après-guerre a joué un rôle capital dans la découverte des paysages mais aussi des produits savoyards, vins, fromages et évidemment salaisons. Une clientèle d'abord huppée, puis plus familiale, s'est prise d'affection, tout en découvrant les sports d'hiver et le tourisme vert, pour les spécialités locales, jambons et saucissons de Savoie compris. Dans ce pays à vaches, le cochon a longtemps tenu sa place. L'élevage porcin était une activité en osmose avec la fabrication fromagère. Dans les fermes, le « caïon » avait son auge tout à côté de l'étable et se nourrissait, entre autres, du petit-lait des vaches. L'été, truies, verrats et porcelets accompagnaient tarines et abondances dans les alpages. Avant Noël, on tuait la bête bien engraissée et dodue. Pour conserver la viande de porc, le paysan montagnard avait le choix entre deux techniques, la salaison ou le fumoir que l'on trouve plus spécialement en Haute-Savoie. Une pratique fermière qui tend à disparaître car l'élevage porcin, trop polluant pour ce beau pays, est délaissé. Aujourd'hui restent les salaisons réalisées par des artisans et des industriels travaillant l'esprit terroir, comme le confirme Benoît Macheret, président du syndicat des salaisons de Savoie : « Le respect de la tradition reste une règle d'or. Nous devons apporter au consommateur un produit typique même s'il est fabriqué suivant les normes actuelles. » Pour cela, la maison Péguet qu'il dirige et les producteurs ont développé une filière « cochons » garantissant des porcins nés, élevés et abattus en Rhône-Alpes. Certains ateliers de salaisons appliquent le principe de tradition jusque dans la façon de sécher à l'ancienne. Jambons et saucissons de Savoie sont affinés au dernier étage des bâtiments avec un système de trappe pour faire rentrer l'air naturel dans le séchoir. Comme autrefois dans les greniers des fermes.

Pourquoi des salaisons en pays savoyard ?

La tradition des salaisons s'explique par le rôle essentiel du climat savoyard.

Dans ce terroir, il y a tout pour réussir des charcuteries sèches. La montagne avec son air vif, froid et peu humide favorise le séchage des saucissons. Après l'embossage, ils étaient étuvés à la cuisine de la ferme au dessus du fourneau bien chaud afin de faire « rougir » la viande. Les saucisses étaient ensuite mises à sécher au grenier, bien aéré, où régnait une ambiance propice.

Choix de charcuteries, et charcuteries de choix

Le jambon de Savoie, cru ou fumé, n'est pas sans rappeler celui de Parme. Pancetta et coppa produites en Haute-Savoie sont l'héritage des influences italiennes. Le saucisson de Savoie se décline en collection de saveurs : fumé, au poivre, au beaufort, aux noix, aux noisettes ou à la cendre. Les diots sont des petites saucisses fraîches pur porc à cuire. Les pormonaises ou pormoniers, saucisses composées de bas morceaux de porc (poumons, rognons, cou…) et de légumes verts selon les régions (épinards, choux, feuilles de blettes ou poireaux). La longeole, que Curnonsky qualifiait de simple saucisse campagnarde, est en réalité une spécialité du Chablais assez élaborée. Ce saucisson à cuire, 100 % cochon, parfumé au cumin et au fenouil, contient de la couenne qui lui donne du craquant et un bon gras. Accompagnée de pommes de terre, de choux, ou d'une poêlée de champignons, la longeole cuite à l'eau constitue un plat unique délicieusement rustique. Les atriaux sont des caillettes à la mode chablaise. Faites de chair de porc, de foie, les petites boules de farce assaisonnée sont emmaillotées dans une crépine. La recette des atriaux, fabriquées essentiellement l'hiver, demande un certain doigté dans l'équilibre des ingrédients. La saucisse de Magland, typique de la vallée de l'Arve, est fabriquée selon un savoir-faire ancestral avec fumage en cheminées au bois de hêtre ou sciure de résineux. Cette spécialité maglancharde très appréciée des connaisseurs se déguste aussi bien en rondelles, comme un saucisson sec, que cuite à l'eau.

Petite recette : la fricassée de caïon

En fricassée, le "caïon" (cochon en pâtois savoyard) est un plat copieux passé des tables de ferme aux cartes des restaurants. La viande est marinée dans le vin rouge et un soupçon d'eau-de-vie avant de mijoter en sauce avec oignons et lardons dans une grosse cocotte en fonte.

Le Chablais : ondes de goûts

Pêche au lac Léman

Immense, majestueux, outre bleu, le Léman, 580 km^2, donne l'illusion d'une petite mer que la France partage avec la Suisse sur fond de cimes enneigées. Bel endroit pour les touristes. Le lac se prête aux croisières en bateaux, régates et sports nautiques, invite sur ses rives à flâner dans les ruelles de ses villages médiévaux, et à se remettre en forme dans les grands hôtels. Sur un doux clapotis, à bord de barques colorées, des hommes en tenue de pêcheur quittent le port de Thonon-les-Bains. Scène de pêche en lumière du soir. L'eau réfléchit à la surface un ciel couchant orangé découpant les ombres de colverts, cygnes et grèbes huppés. Les filets maillants, dérivants ou fixes sont largués. Dans le mystère des profondeurs ou la fraîche transparence des rives du Léman, une vingtaine d'espèces colonise les eaux : truites, brochets, lottes, ombles chevaliers, féras, perches. Les petits matins roses sont propices aux belles prises. Un vol d'oiseau, cormorans et mouettes rieuses en tête, tourbillonne à l'arrière des embarcations. Un sillon creuse une vague d'écume. Sébastien Hyacinthe lève les filets. Ce jeune pêcheur diplômé d'aquaculture appartient à la petite communauté des 50 derniers professionnels exerçant sur le Léman français… Le métier est dur, les revenus modestes, mais il ne s'en plaint pas : « Je suis heureux les jours où je

ramène 80 kg de poissons avec un peu de tout, quelques ombles, de belles truites et même de vilaines lottes !». À quai, féras et autres produits du lac trouvent aussitôt preneurs. Sébastien Hyacinthe, fort d'une belle passion pour la pêche, assure la relève d'une profession qui se raréfie : seulement cinq licences professionnelles sont délivrées chaque année. Les pêcheurs du Léman donnent une âme à cette « petite mer » qui sans eux ne serait qu'une belle carte postale. Que seraient les sorties du dimanche sans les croquantes fritures de perchette ?

Gourmandises

Pourquoi n'y a t il presque plus de framboises de Machilly ?

Après-guerre, la framboise de Machilly subtilement parfumée était une référence en matière de fruits rouges. Elle était produite dans la région d'Annemasse par les double-actifs qui travaillaient à l'usine et exploitaient un petit lopin de terre où ils cultivaient des framboises. La production locale, stimulée par la présence d'un grand confiturier et d'une importante coopérative, a atteint les 1 500 t. Aujourd'hui, elle a presque disparu du paysage. Les propriétaires ont vendu leurs jardins à framboises à des promoteurs immobiliers dans ce pays proche de Genève où le terrain à bâtir vaut de l'or. Trois producteurs seulement perpétuent la culture « haut de gamme » des framboises de Machilly.

Frolanche

« Frolanches du Pelliahu » signifie en patois morzinois les « caresses du Savoyard ». Un nom devenu une douceur en chocolat noir. Cette spécialité, fourrée d'une ganache lactée à la framboise, est plus qu'une simple friandise. Produit emblématique créé par une vingtaine de chocolatiers, la frolanche affirme l'identité gourmande des Savoie. Les symboles du pays (le bouquetin, l'écusson et une barque) sont gravés sur les facettes de ce chocolat en forme de pyramide.

Les vins

Producteurs recommandés

Le cru Ripaille :
producteur unique, le Château de Ripaille.

Le cru marin :
le domaine Delalex et son fameux Clos de Pont.

Le cru marignan (AOC vin de Savoie) :
Château de la Tour de Marignan et domaine de Jacques Guyon.

L'AOC crépy :
Jacques Métral, Claude Mercier et le domaine Fichard.

Blancs du Léman

Les vins de Savoie, mosaïque de cépages et de terroirs, se distinguent dans le Bas-Chablais par la typicité rustique de blancs produits sur la rive sud du Léman et la côte d'Arve.

Lac, rive sud

Situé aux abords de Thonon-les-Bains, le cru ripaille règne sur un noble domaine. À quelques encablures du Léman, ce château de rêve et de rives repose sur un tapis de 22 ha de vignes, cépage chasselas. Le vignoble est à l'abri des rigueurs du climat grâce aux douces influences du lac. Ce terroir magnifique, déjà repéré à l'époque gallo-romaine, fut longtemps entre les mains des moines. Rendez-vous de chasse des comtes de Savoie, le château Ripaille vinifie dans son enceinte de pierres presque dorées un blanc sec, frais, vif et simple. Le cru ripaille (AOC vin de Savoie) diffuse des arômes de fruits jaunes ou secs et joue sur plusieurs notes florales dont l'aubépine.

S'épanouissant sur les communes de Marin et Publier, les pieds de vignes du cru marin se reflètent à fleur de lac. Comme son voisin ripaille, ce blanc du Léman est issu exclusivement du cépage chasselas. Marin donne des vins secs, perlants et légers aux arômes d'ananas et de citron.

À Sciez, le cru marignan (AOC vin de Savoie) est également un vin issu du chasselas, ce cépage bien à l'aise sur les rives du lac Léman. Son fameux goût de pierre à fusil est caractéristique des crus enracinés sur ce terroir tout en coteaux.

L'AOC crépy, l'une des plus anciennes de Haute-Savoie, date de 1948. Se dispersant sur le secteur de Ballaison, Douvaine, Loisin et Massongy, ce vignoble fut créé par les moines de Filly au XIIIe siècle. De cépage chasselas lui conférant des arômes floraux et d'amande douce, le crépy, légèrement perlé, est apprécié pour sa saveur de pierre à fusil typique des sols calcaires.

La côte d'Arve

Face au massif du Mont-Blanc, la côte d'Arve abrite un vignoble d'altitude faisant pétiller un cru surprenant, l'ayze. Épousant le nom de sa commune de production, cette AOC vin de Savoie déborde sur les territoires de Bonneville et Marignier où elle s'étend sur un peu plus de 30 ha. L'ayze se décline en vin tranquille ou pétillant. Ce dernier est vinifié en effervescent selon deux méthodes : la méthode traditionnelle, qui consiste à ajouter 8 g de sucre par litre lors de la mise en bouteille, provoque une légère fermentation. L'autre méthode est appelée « champenoise ». Après l'ajout de 13 g de sucre, les bouteilles sont mises sur lattes pendant huit mois avant dégorgement. L'ayze effervescent est issu de l'assemblage des cépages gringet, roussette, marsanne et fendant vert. L'ayze tranquille est un vin sec aux arômes exubérants de fruits exotiques et d'amandes douces hérités du cépage gringet et d'un terroir aux reliefs très alpins.

Producteurs recommandés

Le cru ayze :
le Domaine Belluard.

Eaux de montagne

Évian, brut de ciel

Évian vient du mot celte *evua* signifiant eau. Se reflétant dans les flots diaphanes du Léman, les Alpes aux neiges éternelles dessinent leurs paysages depuis 60 000 ans. C'est dans un environnement pur et tonique que se crée l'eau la plus bue au monde : Évian. Cadeau du ciel et de la terre, l'eau des contreforts du Chablais est le fruit d'un long processus tranquille qui prend une quinzaine d'années. C'est le temps nécessaire pour que pluie et neige fondue circulent souterrainement entre les épaisses couches de moraines argileuses et sables glaciaires du massif. Une fois chargée des meilleurs éléments minéraux, l'eau est acheminée à Amphion où se situe l'usine d'embouteillage. Aujourd'hui, Évian (filiale de Danone) est l'une des eaux les plus vendues de la planète (environ 1,6 milliard de bouteilles/an). Faiblement minéralisée, plate et légère, elle est recommandée pour les bébés. Sa réputation remonte à 1789 quand le marquis de Lessert, après s'être désaltéré à une fontaine du jardin Cachat d'Évian, constata une amélioration de sa santé. Peu après, en 1826, les ducs de Savoie autorisèrent la vente de l'eau, ouvrant la voie au succès commercial que l'on sait.

Eau de Thonon-les-Bains

Provenant de la fonte des neiges ou tombée du ciel, l'eau de Thonon-les-Bains est récupérée dans le ventre de la montagne. Traversant les roches calcaires et cristallines, véritable filtre naturel, elle s'enrichit au passage de sels minéraux et d'oligoéléments. C'est au XVIe siècle que saint François de Sales, prédicateur à Thonon, donne sa bénédiction à l'eau, déjà réputée sous l'Antiquité, qu'il appréciait fortement. En 1852, la source de la Versoie devient propriété de la ville grâce au don de Joséphine-Antoinette de Lort. Eau déclarée d'utilité publique en 1864, le coup d'envoi du thermalisme est donné dans la cité haut-savoyarde, qui prend le nom de Thonon-les-Bains en 1886.

evian
Minérale Naturelle

L'Albanais

Prenant naissance dans le Haut-Rhône, l'Albanais court jusqu'au lac du Bourget, incluant la Chautagne et la région de Rumilly dominée par le Clergeon, 1 025 m. À cette altitude, les vergers donnent des pommes et poires à croquer. Rumilly est une ville sérieuse accueillant un tissu de grandes entreprises et de PME. La production laitière s'illustre avec deux fromages : la tomme et l'emmental de Savoie. Les gorges du Fier et le château médiéval de Montrottier sécrètent la force des lieux inspirés. Les rives du Rhône fournissent des terrains propices aux belles appellations : roussette de frangy, seyssel et chautagne rouge.

Fromages esprit Savoie

L'emmental de Savoie

Plus ancien emmental de France, celui de Savoie apparaît dès le Moyen Âge. Mais c'est au XVIIIe siècle qu'il s'impose par le biais de modestes paysans savoyards. Véritables pionniers du système coopératif, ils mettaient leur production de lait en commun pour pouvoir fabriquer une grosse meule de fromage. Aujourd'hui l'emmental de Savoie IGP (30 000 t) est présent sur les deux départements, identifiable par la marque rouge « Savoie » inscrite sur le talon de la meule. Ce fromage en version lait de Savoie est un délice fromager typique grâce aux vaches tarines, abondances et montbéliardes et au talent des fabricants. Il se fabrique aujourd'hui à grande échelle. Appartenant à la famille des pâtes pressées cuites, l'emmental est un imposant fromage : une meule de 75 kg absorbe la production journalière d'un troupeau de 25 vaches soit 1 000 l de lait ! À l'image du pain, les trous de l'emmental sont dûs au levain qui est ajouté au lait lors de sa mise en cuves de cuivre. Ensemencé, il coagule et forme un caillé dont les petits grains sont brassés puis chauffés à 53 °C. Placée dans un gros moule, cette pâte est ensuite pressée, formant une meule que les fromagers plongent en bain de saumure pendant deux jours. Sous l'effet de la fermentation, celle-ci gonfle au cours de l'affinage d'abord en caves froides, puis tempérées et enfin chaudes. Dans les plus importantes coopératives, on affine jusqu'à 3 500 meules qui « respirent » doucement sur leurs immenses reposoirs en bois. Comme un maître de chais, l'affineur surveille des montagnes d'emmental et sonde régulièrement les meules en frappant leur carapace. Le degré de résonance augure du nombre de trous à l'intérieur. Il extrait de la meule bien bombée un soupçon d'emmental pour vérifier si la pâte est onctueuse ou ferme, douce ou piquante. Les lourdes roues de fromage sont régulièrement retournées, à l'aide d'une machine, progrès oblige. Après 10 semaines, les fromages monumentaux affichent leur croûte jaune d'or. La pâte trouée de l'emmental est souple, fondante, couleur ivoire à jaune pâle. Son goût franc et fruité fait l'unanimité.

Portrait

Marque Savoie

« Savoie, mon goût de cœur ! » c'est un cri d'amour en faveur des produits de terroir que lance l'association Marque collective Savoie. Créée en 1974, cette ambassadrice représente et défend les plus beaux fleurons du terroir. En partenariat avec les syndicats de produits, les producteurs et les filières concernées, Marque Savoie assure la promotion des salaisons, fromages, fruits issus de savoir-faire typiques parfois centenaires. La volonté est de mettre en avant la fiabilité et la sécurité des produits dont la qualité et la traçabilité sont garantis par des cahiers des charges pointus et des contrôles réguliers effectués par Certi'Alp pour les produits sous IGP, par l'INAO pour les AOC. Conseils généraux et chambres consulaires du commerce et d'industrie, des métiers et d'agriculture de chaque département y sont représentés. « L'AOC et l'IGP maintiennent le lien avec le territoire comme un lien de sang. Le produit AOC ne peut pas être délocalisé, il n'est pas reproductible à l'extérieur, ni à l'étranger » martèle Camille Beauquier, président de la Marque Savoie.

La tomme de Savoie

La tomme serait la doyenne des fromages de Savoie. Au Moyen Âge et pendant des siècles, le quotidien des paysans était une dure école de la vie avec ses âpres travaux de la ferme. Vivant presque en autarcie, les familles aux maigres ressources ne comptaient que sur leur lopin de terre et leur petit cheptel pour subsister. Le lait était providentiel pour les nombreuses bouches à nourrir. La crème était réservée pour faire le beurre, le petit-lait pour nourrir les cochons et le lait maigre pour fabriquer les tommes. Ce fromage des « pauvres » est devenu au fil du temps une tomme qui s'invite à tous les repas savoyards, voire aux goûters. Fruit de la générosité d'un terroir brouté par des vaches de races locales, son nuancier d'arômes fruités et herbacés offre à ce fromage de caractère une séduisante puissance. Tomme au lait cru, sa pâte pressée non cuite est jaune pâle, presque blanche, aérée par quantité de petits trous. Après de multiples retournements manuels sur planche d'épicéa, la tomme se pare d'une croûte rustique veloutée par le « poil », fleur de moisissures d'un bel affinage de 30 jours à trois mois en caves naturelles. La tomme, d'apparence grise, est estampillée « Savoie » en lettres majuscules. Ce produit fabriqué et affiné à plus 3 000 t dans les vallées de Maurienne, Tarentaise, Bauges et Chablais, bénéficie d'une Indication géographique protégée (IGP) : « tomme de Savoie ». De grande tradition fermière ou laitière, la tomme de Savoie se fait riche ou légère puisqu'elle affiche aussi bien 45 % de matière grasse que 10 %.

Ambiance fondue

Sous ses airs rustiques, cette spécialité venue de Suisse était à l'époque un plat relativement onéreux composé d'ingrédients de haute qualité. Devenue incontournable sur les tables savoyardes, la fondue fédère autour du réchaud bonne humeur et chaleur humaine. La recette paraît facile à réaliser mais elle ne supporte pas l'à-peu-près. Il faut d'abord choisir de bons fromages, emmental de Savoie et beaufort de préférence, que l'on fait fondre doucement avec du vin blanc sec de pays dans un caquelon frotté à l'ail. Ajouter poivre et muscade. L'art de touiller compte pour beaucoup dans la réussite de la texture finale. Ensuite, chaque convive plonge à l'aide d'une fourchette à fondue un petit dé de pain dans le fromage bouillant... en évitant de le perdre car les maladroits sont pénalisés par de drôles de gages.

Reportage

Abondance à la fruitière de Gruffy

L'intervention humaine reste indispensable quand il s'agit de ressentir l'évolution du produit.

La fruitière de Gruffy en Haute-Savoie, au carrefour des collectes de lait, s'intégre parfaitement dans son environnement rural. Habillée de bois, elle se donne des airs de chalet montagnard mais vit à l'intérieur au rythme d'outils de production des plus performants. Sa cave, creusée sous la montagne de Semnoz, restitue une atmosphère propice à l'affinage des fromages AOC. Avec les to(m)mes leurs voisines, des centaines de meules d'abondance nichent dans cette cave froide et humide aussi imposante qu'une cathédrale. On s'attendrait presque à voir surgir un moine en robe de bure, mais c'est un robot qui gère l'affinage des fromages. Cette incroyable machine, inventée en Suisse, reproduit à l'identique les gestes de l'homme, saisissant les meules une à une pour procéder à l'enmorgeage. La morge est un ferment qui pénètre par frottage dans la croûte et inocule à la pâte ce goût propre à l'abondance fait de douceur et d'amertume. Le robot remet même la meule de 10 kg à sa place sur des planches en épicéa. L'intervention humaine reste cependant indispensable quand il s'agit de ressentir l'évolution du produit, notamment au démarrage. Le lait cru entier, travaillé après sa traite, est emprésuré en cuve de cuivre. Le caillé ainsi obtenu, découpé, égoutté, chauffé, remplit les moules en hêtre tapissés d'une toile de lin. Après pressage, les meules au talon incurvé par le cercle de bois sont trempées dans un bain de saumure avant affinage.

Au bout de trois mois, la croûte bien ambrée, portant encore les stigmates du tissu de lin, annonce que le fromage est à point, même si les fins gourmets le préfèrent plus fait. La pâte onctueuse, qui contient au minimum 48 % de matière grasse, est couleur crème avec parfois de petits trous. Ses délicats arômes végétaux et de noisette font florès à la boutique-fromagerie de Gruffy.

De fabrication traditionnelle et technologique, l'abondance est à l'image de la fruitière, un produit du XXIe siècle !

FRANCE
ABONDANCE

Vins en rouge et blanc

Producteurs recommandés

L'AOC roussette de Savoie cru frangy : **Bruno Lupin et la maison Courlet.**

L'AOC seyssel : **la maison Mollex pour son fameux Clos de la Péclette.**

Le cru chautagne : **La cave de Chautagne.**

Entre bords du Rhône et rives de lac du Bourget, un bouquet de vins blancs et rouges donne de belles couleurs aux crus savoyards. La géographie des lieux, la typicité du terroir et le climat protégé de ce coin de charme en Haute-Savoie façonnent des originalités viticoles à découvrir loin des sentiers de vignes battus.

La vallée des Usses

L'AOC roussette de Savoie cru frangy est cultivée dans la vallée des Usses (affluent du Rhône) déjà connue des viticulteurs romains. À Chaumont, Desingy et Frangy, le cépage altesse, s'exprimant sur un sol calcaire, morainique et caillouteux, donne un vin sec et racé au nez de fleurs blanches. Moelleux et frais en bouche, le cru est apprécié localement à l'apéritif et avec des desserts savoyards.

Les rives du Rhône

À cheval sur les départements de Haute-Savoie et de l'Ain, les rives du Rhône hébergent dans un site exceptionnel l'AOC la plus ancienne de la région, remontant à 1942 : seyssel. Située sur 80 ha au flanc des communes de Corbonod et Seyssel, l'appellation seyssel est un vin blanc tranquille issu du seul cépage altesse. Le seyssel mousseux, quant à lui, est un assemblage des cépages molette, chasselas et altesse.

La chautagne

Le cru chautagne (AOC vin de Savoie 1973), entre le terroir de Seyssel et l'extrémité nord du lac du Bourget, émerge d'un vignoble particulier où le cépage gamay domine très largement les autres. L'appellation représente à elle seule plus de 45 % de la production des vins rouges de Savoie. Bénéficiant d'un micro-climat, la Chautagne, délimitée par les communes de Motz, Serrières, Ruffieux et Chindrieux est baptisée la « Provence de Savoie ». Jouxtant les coteaux de vignes, amandiers et oliviers poussent ici comme en terre méditerranéenne.

2004

Marc Veyrat : du virtuel dans la tartiflette !

La Ferme de mon père
367, route du Crêt
74120 Megève
Tél. 04 50 21 01 01

C'est un trublion de la cuisine française qui tire son chapeau pour faire des révérences à sa terre natale. Insoumis, insaisissable et sensible, Marc Veyrat dit tout haut ce qu'il a sur le cœur. On pourrait penser que c'est pour faire du cinéma, il n'en est rien. Marc Veyrat est nature dans sa quête d'absolue réflexion sur la gastronomie. Partisan d'un « nouveau » terroir, il continue à cueillir ses « fleurs » de montagne du côté de chez lui. À Veyrier-du-Lac ou Megève, ses étoiles (deux fois trois !) font briller des recettes virtuellement étonnantes.

« La notion de terroir est une fumisterie ! C'est l'homme qui fait le produit. »

Dans sa ferme megèvane dédiée à son père, Marc Veyrat installe ses audaces de cuisinier du XXIe siècle. Un alignement d'éprouvettes aux embryons de plantes fait partie du décor par ailleurs pur paysan avec vaches, cochons, couvées en sous-sol. Cependant, la ferme des velléités de Marc Veyrat n'a rien d'un éco-musée local. Bien qu'ambassadeur de son pays, il ne sublime pas le terroir, comme ses propos le laissent entendre : « La notion de terroir est une fumisterie ! C'est l'homme qui fait le produit. On veut que tout soit terroir, alors dans ce cas la lune est un pays de terroir ! » L'homme des Aravis tord le goût aux habitudes pour travailler des produits qu'il trouve plutôt mieux que dans les années 1970. La cuisine moléculaire dans l'esprit du catalan Ferran Adrià lui a ouvert le champ de codes gastronomiques inédits. Azote liquide, siphon, notions de chimie côtoient les bonnes poêles à cuire dans les cuisines où Veyrat et sa brigade de « faiseurs de saveurs » expérimentent en symbiose des recettes ébouriffantes. Le chef sans toque est un réinventeur de tradition quand il se lance dans la confection d'une « tartiflette virtuelle ». Le reblochon, accompagné d'un souffle de lardons, d'écume d'oignons et de pommes de terre privées d'amidon, sort transfiguré de ce choc des textures. Le chef détonnant, qui dit écouter le bruit de la tartiflette, interprète une cuisine aux vibrations encore insoupçonnées.

Tartiflette du XXIe siècle

Cuire les pommes de terre à l'eau salée en robe de chambre entre 40 et 55 min (ne pas rafraîchir). Éplucher, couper en dés d'un demi-centimètre et faire dorer à la poêle Téfal sans graisse.

Faire suer les oignons hachés avec un peu de beurre, mouiller avec 1 dl de vin blanc, réduire à sec.

Préparer les petits lardons très fins (2 à 3 mm de côté), ne pas blanchir.

Monter la crème fraîche.

Introduire le reblochon au four à micro-ondes. Tiédir en prenant soin d'enlever la croûte au préalable. Mixer le fromage pendant 1 min en incorporant petit à petit le mélange indiqué (1,5 dl de bouillon de légumes et 1 cube de bouillon de volaille). Vous devrez obtenir un ensemble crémeux, homogène et pas trop épais. Dans le plat Téfal, introduire les cinq éléments. Mélanger délicatement à l'aide d'une spatule et mettre à tiédir sur le réchaud (position 3, mettre le couvercle). Remplir chaque coupelle au fur et à mesure et parsemer d'une pincée de beaufort râpé et gratiner pendant 3 à 5 min à la demande des convives.

Ingrédients pour 4 personnes

- 600 g de pommes de terre
- 200 g de reblochon
- 80 g de crème fraîche montée
- 40 g d'oignons hachés réduits
- 30 g de beaufort râpé
- 1,5dl de bouillon de volaille
- 1 dl d'apremont
- 60 g de poitrine fumée pour les lardons,
- sel

Voyage gourmand en Rhône-Alpes

Textes
Françoise Petit, Jacques Paté

Photographies
Thierry Vallier

avec le concours de
Jean-Marc Blache
et
Pierre Huchette (vins de Savoie)
Christian Pedrotti (pêcheurs des lacs de Savoie)
Jeff Nalin (portraits de P. Orsi et G. Lassausaie)
Jean-Bernard Lassara (chocolats Valrhona)
et
FRANCEDIAS.COM :
Galette Pérouges, © Thierry Moiroux
Volaille Bresse, © Thierry Moiroux
Marché Cuisat, © Thierry Moiroux
Paysage de Bresse, © J.F Basset
Monastère de Chalais, © Roger Hémon
Pays de Gex, © Richard Matéo
Farcis d'Oisans, © Quyên Ngo-Dinh-Phu
Bison, © Alain Baschenis
Étangs du Forez, © Luc Olivier
Cerises, © Jérome Chabanne
Bleu de Termignon, © Jarry-Tripelon
Miel, © Jarry-Tripelon
Yvoire, © Gilles Place

Illustrations
Gilbert Houbre

Réalisation
Ædelsa Éditions
graphisme
Olivier Brunot
coordination des reportages
Virginie Retornaz
numérisation et pré-presse
Glénat Production
lecture-correction
Agathe Roso
Stéphanie Hourcade

Remerciements à
Valérie Desgranchamps
Damien Gateau
et
Marion Schneider

ainsi qu'aux entreprises et organismes qui ont bien voulu nous transmettre des photographies ou nous prêter leurs produits ou PLV.

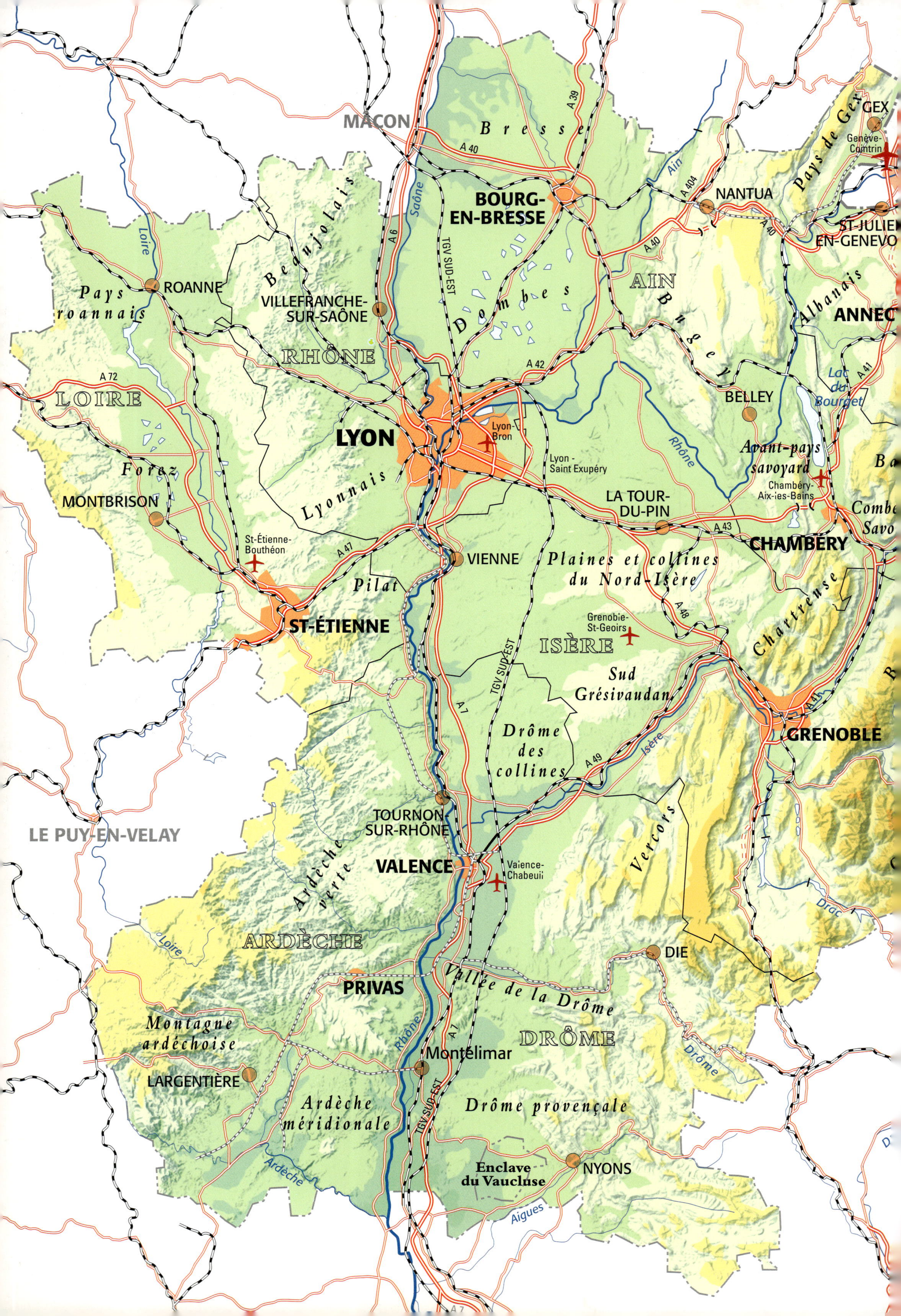

MACON
Bresse
A 39
A 40
Saône
Ain
A 404
NANTUA
GEX
Pays de Gex
Genève-Cointrin
BOURG-EN-BRESSE
A 6
TGV SUD-EST
A 40
ST-JULIEN-EN-GENEVOIS
Loire
Beaujolais
ROANNE
Pays roannais
VILLEFRANCHE-SUR-SAÔNE
Dombes
AIN
Bugey
Albanais
ANNECY
RHÔNE
A 42
A 72
LOIRE
LYON
Lyon-Bron
Lyon - Saint Exupéry
Rhône
BELLEY
Lac du Bourget
A 41
Avant-pays savoyard
Chambéry-Aix-les-Bains
Forez
MONTBRISON
Lyonnais
LA TOUR-DU-PIN
A 43
CHAMBERY
St-Étienne-Bouthéon
A 47
VIENNE
Plaines et collines du Nord-Isère
Pilat
A 48
Chartreuse
ST-ÉTIENNE
Grenoble-St-Geoirs
ISÈRE
TGV SUD-EST
Sud Grésivaudan
A 7
Drôme des collines
GRENOBLE
Isère
A 49
TOURNON-SUR-RHÔNE
LE PUY-EN-VELAY
Vercors
Ardèche verte
VALENCE
Valence-Chabeuil
Drac
Loire
ARDÈCHE
DIE
PRIVAS
Vallée de la Drôme
Montagne ardéchoise
Rhône
A 7
DRÔME
Montélimar
Drôme
LARGENTIÈRE
Ardèche méridionale
TGV SUD-EST
Drôme provençale
Enclave du Vaucluse
NYONS
Ardèche
Aigues